용서라는
고통

Healing Agony
Copyright ⓒ TAURUS BOOKS 2013
First published by The Continuum International Publishing Group
This translation is published by arrangement with Bloomsbury Publishing Plc

이 책의 한국어판 저작권은 유리장 에이전시를 통해 저작권자와 독점 계약한
황소자리에 있습니다. 신 저작권법에 의해 한국 내에서 보호를 받는 저작물이므로
무단 전재와 무단 복제를 금합니다.

용서라는 고통

스티븐 체리 | 송연수 옮김

황소자리

| 일러두기 |

- 성서 표기: 본문 속의 성경과 인명 한글 표기는 가톨릭 표기법을 따랐다. (예: 루카 복음, 마태오 복음)
- 그림 사용: 본문 속의 그림 및 사진은 글의 이해와 독서 편의를 위해 번역판에 새로이 추가하였다.
- 도서 제목: 본문에 나오는 도서나 영화 등의 제목은 원제목을 번역 표기하는 것을 원칙으로 하되 국내에 번역 출간 및 소개된 작품은 그 제목을 따랐다.
- 옮긴이 주: 옮긴이 주는 괄호 안에 줄표를 두어 표기했다. (예: . ―옮긴이)

차례

1장 손바닥 뒤집듯 할 수 없는 감정 7
2장 상처의 황무지 23
3장 고문 그 후 47
4장 용서할 의무? 85
5장 분노, 분개, 원한 115
6장 살인 그 후 141
7장 영성으로서의 용서 173
8장 용서자 신드롬 197
9장 악마와의 대면 225
10장 다시 상상하는 용서 255
11장 용서하는 마음 279
12장 현자의 선물 291

역자후기 311
참고문헌 315
찾아보기 319

1장 / 손바닥 뒤집듯
할 수 없는
감정

어느 날 나는 10대 아들을 잃은 한 어머니와 함께 텅 빈 성당에 앉아 있었다. 그녀의 아들이 살해당한 지 불과 며칠 만이었다. 가해자 네 명은 이미 경찰에 자수를 한 상태였다.

"그들을 꼭 용서해야 하는 건가요?" 그 어머니는 내 손을 부여잡고 흐느끼며 물었다.

"너무 이르지요. 용서를 떠올리기엔 아직 이릅니다." 나는 그녀의 손을 꼭 맞잡고 말했다. 속으로는 가족지원 담당경찰관이 어서 당도해 이 대화를 멈춰주길 간절히 기다렸다.

교구사제였던 내가 감당하기에는 너무나 버거운 순간이었기 때문이다. 고백하건대 그날 내가 그 어머니의 질문에 답하기 위해 의지했던 건 신학도 윤리학도 아닌, 심리학이었다. 용서에는 시간이 필요하다는 말 외에 달리 해줄 말이 없었던 것이다.

진실을 말하자면 용서에는 그 이상이 필요하다. 시간이 약이라는 말 말고도 더 중요한 것들이……. 당시 나는 그게 뭔지 시원스레 답하지 못했다. 그 후에도 좀더 나은 조언을 해주지 못했다는 생각에 몹시 혼란스러웠고 내내 마음이 편치 않았다. 그 어머니는 내가 용서를 주제로 박사학위 논문까지 썼다는 사실을 전혀 모르고 있었다. 나는 한때 내 논문이 혹여 소용될 순간이 찾아오면 나를 든든히 떠받쳐줄 버팀목이 되어주리라 믿었다. 수년간 용서에 관해 나름대로 깊이 연구해왔다고 자부한 터라 겉으로 드러내지는 않았지만 내심 그런 생각이 꿈틀거렸다. 그런데도 내 모든 노력들이 차가운 현실과 극심한 고통 앞에서는 한순간에 물거품처럼 사라져버렸다.

이 책은 용서가 자기 앞에 닥친 현실이 돼버린 사람들의 실제 '경험'과 그저 막연히 글로 써놓은 용서에 대한 '관념,' 그 사이의 괴리를 메우기 위한 시도에서 시작되었다. 이 주제에 대해 내가 맨 처음 읽었던 학술논문 한 편은 용서를 "관대한 신뢰의 모험"이라고 정의했다.[1] 말로 하기는 좋은 표현이다. 하지만 삶이 송두리째 파괴되고 가슴이 찢기는 고통을 겪고 있는 사람들이 과연 용서라는 걸 할 수 있을까? 도저히 용서가 안 되는 일을 당한 피해자를 곁에서 지켜봐야 하는 사람

---

[1] Kolnai, A. 'Forgiveness,' p.102.

은 피해자의 치유를 어떻게 도울 수 있을까? 용서 자체가 당장 불가능한데도 의무라도 되는 양 심리적 압박을 느끼는 사람들은 어떻게 해야 할까? 우리가 바로 그 피해자라면 어떻게 극복해나가야 할까? 이러한 질문들에 대한 깊은 고민이 이 책 속에 담겨 있다. 한편 여기엔 또 다른 차원의 문제도 겹쳐 있다. 왜냐하면 나는 성직자로서도 이 글을 쓰고 있기 때문이다.

나의 관심사는 피해자들이 상처를 딛고 앞으로 나아갈 수 있도록 또한 용기와 힘을 되찾고 영적·신학적 유대감을 가질 수 있도록 돕는 일이다. 성서든 예배든 성찬례든 윤리든, 기독교는 용서라는 말로부터 벗어날 수가 없다. 그럼에도 불구하고 우리가 말하고 행하고 제안하게 될 진지한 사고인 신학과, 용서가 중요해보이지만 도저히 불가능한 상황 간에는 괴리가 있다. 나는 이 괴리를 아들을 잃은 그 어머니를 위로하려 할 때 가슴 깊이 경험했다. 그건 너무나도 고통스러운 일이었다. 이후 수년간 그때의 경험을 돌이켜보면서 내 나름대로 하나의 결론에 이르게 되었다. 용서가 곧 고통이라는 것을! 용서는 결코 쉬운 해결책도 즉효의 처방도 아니다. 긴 시간이 걸리는 고통이다. 다만 그냥 고통이 아닌, *치유의 고통*이다.

혹 이 말이 다소 강하게 들릴지도 모르겠다. 반면 그리스도인들에게는 하도 많이 들어 어쩌면 당연하게까지 받아들여지는 말일 수도 있다. 내게 용서라는 주제가 처음으로 또렷하게 다가왔던 순간이 아직도 생생하다. 비극적인 폭력이나 개인적인 배신과 관계된 일도, 뜻밖의 피해자가 발생한 사건도 아닌 어느 날 고요한 미사 중에 일어난 일이었다. 사제로 임명된 지 얼마 되지 않아 아직 모든 게 익숙지 않았던 나는 경외감과 열의, 불안감이 뒤섞인 마음으로 성찬례를 집전하고 있었다. 온몸의 감각이 잔뜩 긴장된 상태에서 나는 단어 하나하나에 의미를 싣기 위해 갖은 제스처를 섞어가며 힘주어 말했다. 신도들이 "전능하신 하느님과 형제들에게 고백하오니, 생각과 말과 행위로 죄를 많이 지었으며,"라는 〈고백의 기도〉를 올렸고, 이어 내가 다시 하느님의 권능과 사랑을 대신해서 사죄경을 외울 때였다. "진실로 회개하는 자를 모두 용서해주시는 전지전능하신 하느님께서 너희 모두에게 자비를 베풀 것이며, 용서할 것이며, 죄로부터 사하여 주실 것이다."

그 순간 나는 내가 하고 있는 말에 담긴 엄청난 의미에 충격을 받았다. 죄가 용서된다는 말은 마치 지각을 뒤흔드는 것과도 같은 메시지로 다가왔다. 그런 생각에 휩싸여 있는 동안 사죄경은 어느새 '아멘'이라는 웅얼거림 속에 끝나가고 있었다. 별다른 감흥조차 없이……. 이 상황은 나를 갑작스런 궁금증에 빠뜨렸다. '지금 대체 무슨 일이 일어나고 있는 것인가?'

용서받는다는 것은 그 말이 전달하는 표면적인 의미보다 훨씬 더 극적인 무언가와 확실히 연관돼 있다. 인간의 언어로 용서란 한때 화나 분개를 느꼈던 사람이 그 감정을 내려놓을 때 일어나는 일을 일컫는다. 그때 나는 생각했다. '그러한 용서가 기독교 신앙의 핵심에 있다. 지각이 흔들리는 느낌이 들 만큼 중요한 요체다.' 그런데도 중요한 용서의 순간이 날씨 변화에 의해 이따금씩 느끼는 감흥만도 못하게 흘러가버리고 있었다.

용서에 대한 나의 탐구는 많은 책과 논문을 읽고, 사람들과 끝없이 대화를 나누고, 글을 쓰는 일로부터 시작됐다. 먼저 진실화해위원회 The Truth and Reconciliation Commission: TRC에 대해 알아보기 위해 남아프리카공화국에 다녀왔고, 9·11 사태가 일어난 뒤에는 다시 뉴욕으로 건너갔다. 남아공에서는 옛 아파르트헤이트(인종 격리 정책. —옮긴이)의 경계선을 종횡무진하며 내게 통찰의 실마리를 전해줄 온갖 사람들을 만나러 다녔다. 남아공 사람들은 이야기하는 걸 즐기는 편이었고, 나는 듣기 위해 갔으니 그야말로 훌륭한 조합이 될 터였다. 게다가 사람들은 열정적이고 낙천적이었다. 바야흐로 변화의 시기였고, 사람들도 저마다 꿈을 꾸며 발전과 정의를 증진시키기 위한 프로젝트에 막 착수하고 있을 때였다. 하지만 내가 막상 화해 과정에 초점을 맞추려 하자, 그간 국제적인 매체들을 통해 수없이 보고 들으며 품어왔던 내 기대는 여지없이 무너져버렸다.

우선 사람들의 얼굴에서 그 주제에 관해 지겨워하는 기색이 역력했다. 이는 내가 미처 예상치 못한 일이었다. 물론 용서와 화해에 대한 질문을 하기 위해 멀리서 남아공까지 찾아온 사람이 내가 처음은 아니었을 테니 이야기 자체에 권태감과 피로감이 묻어나는 것은 십분 이해할 만했다. 둘째, 진실화해위원회를 통해 지급판정이 내려진 보상을 관계당국이 약속대로 이행하지 않을지도 모른다는 의구심이 사람들 사이에 팽배했다. 자신들이 겪은 일들을 열심히 이야기하던 사람들은 초기 카타르시스적인 기대감이 꺼지고 나자 다시 낙담과 실의에 빠져들었다. 그러다보니 화해와 용서라는 주제도 갈등과 실망에 발목 잡히게 된 것이다.

나는 요하네스버그에서 한 여성과 대화를 나눴다. 그녀 역시 진실화해위원회를 통해 자신의 경험을 전했던 피해자지만, 순진하게도 내가 기대했던 '미소 짓는 용서의 아이콘'과는 거리가 멀었다.

"난 그들한테 똑똑히 말했어요. 내가 얼마나 고문을 당하고, 당하고, 또 당했는지를……. 그래봤자 결과적으로는 아무 일도 일어나지 않더군요. 난 여전히 일자리가 없고 쓰러져가는 판잣집에 살고 있어요. 더 최악인 건 뭔지 아세요? 나를 고문했던 그자가 여전히 경찰서에서 근무하고 있다는 거예요."

이외에도 나는 남아공에서 100만 개쯤 되는 사실들을 새로 알게 되었지만, 그중 아주 확연히 드러나는 몇 가지만 얘기하자면 다음과 같다. 첫째, 용서는 생각만큼 그리 간단치가 않다. 다시 말해 모든 용서 이야기는 헤아리지 못할 숨겨진 깊이를 가지고 있다. 둘째, 용서 이야기는 역사적인 맥락이 대단히 중요하다. 즉 과거에 무슨 일이 일어났는지 뿐만 아니라 앞으로 무슨 일이 일어날지도 같이 살펴야 한다. 아들을 잃은 한 어머니의 손을 잡고 텅 빈 성당에 앉아 있던 그날에도 이러한 진실의 일부가 내 마음 한편에 이미 자리했었는지도 모른다.

용서가 어떤 의미를 갖든 그 어머니가 처한 상황 앞에 펼쳐진 길은 결코 만만하거나 순탄할 리 없었을 것이다. 오히려 그런 길이 있을 거라고 쉽게 말하는 종교인을 그 어머니는 결코 원치 않았으리라.

질 스코트Jill Scott는 최근 발간한 자신의 책 《용서의 시학A Poetics of Forgiveness》 말미에 이렇게 썼다. "용서가 결코 간단히 이뤄질 수 없는 일이라는 걸 이제야 깨달았다."[2] 이것이 바로 용서 문제를 깊이 있게 다룬 책이 내린 결론이다. 이 구절은 누군가 선의로라도 용서가 쉽거나 간단한 일이 될 수 있다고 쉽사리 말하지 못하게 해준다. 다치고 상처받은 사람, 배신과 폭행을 당해본 사람들은 질 스코트의 결론을 가슴 저미도록 아프게 느낄 것이다. 어쩌면 용서 자체가 아예 불가능한 일, 상상조차 안 되는 일이라고까지 여길지 모른다. 그럼에도 불구하고 용서는 외면하거나 간과하기에는 너무나 크고 중요한 문제다. 한나 아렌트Hannah Arendt에 의하면, 용서야말로 "불가역성의 곤경"으로부터 헤쳐나오게 해줄 유일한 방법이기 때문이다.[3] 용서는 과거의 굴레로부터 벗어나게 해준다. 리처드 홀로웨이Richard Holloway의 표현을 빌리자면, 용서는 "과거의 쳇바퀴"에서 놓여나게 해준다.[4] 데스몬드 투투Desmond Tutu도 "용서 없이는 미래가 없다."라는 말로 용서의 진정한 의미를 짚어낸다.[5] 용서는 어렵지만 반드시 필요하다. 내가 지금껏

---

2 Scott, J. *A poetics of Forgiveness*, pp. 200-201.
3 Arendt, H. *The Human Condition*, p. 237.
4 Holloway, R. *On Forgiveness*, p. 53.

현실적인 도움을 줄 만한 무언가를 쓰기 위해 수많은 시간을 바쳐가며 고군분투孤軍奮鬪해온 이유도 여기에 있다.

뉴욕 방문 역시 내게 좋은 배움의 기회가 되었다. 정작 사람들이 주로 논하고 싶어 했던 주제는 화해였지만, 그래도 용서에 관해 빼놓을 수 없는 교훈 한 가지를 얻어왔다. 어느 날 나는 뉴욕시 브롱크스Bronx에 적을 둔 라이베리아 출신의 한 사제를 만나러 갔다. 우리는 성당 건물 복도 쪽 그녀의 사무실에 마주앉았다. 사무실에는 최근 자선판매 행사를 마치고 남은 물건들이 잔뜩 들어차 있었다.

"아, 그래요." 그녀가 운을 뗐다. "화해란 말하자면 문어와 비슷한 거라고 해야 할까요? 여러 개의 촉수가 달려 있다는 점에서 그렇지요."

그러다 용서라는 주제에 이르자 그녀는 라이베리아에 있는 어느 가족의 이야기를 들려주었다. 내용인즉 한 아이가 살해당했는데 그 아이의 부모는 가해자를 즉각 용서하려 했다는 것이다. 그녀는 아무래도 믿지 못할 일이었다고 말했다.

"도저히 그렇게 할 수 없는 거잖아요." 그녀는 계속해서 말했다. "용서는 손바닥 뒤집듯 할 수 있는 일이 아니에요. 감정이 그렇게 간단히 바뀌지는 않으니까요."

이 말이 그날 이후 지금까지 내 마음속에 깊이 새겨져 있다. 기막히고 억울한 일을 당한 피해자들을 어떻게 도와야 하느냐는 문제에 있

---

5 Tutu, D. *No Future Without Forgiveness*.

어서 내게 크나큰 영향을 주었던 말이다. 손바닥 뒤집히듯 쉽게 바뀌지 않는 것이 감정이라면, 우리가 할 수 있는 일은 도대체 무엇일까?[6] 이것이 용서가 제기하는 문제다.

1952년 C.S. 루이스C.S. Lewis는 베스트셀러인 자신의 저서 《순전한 기독교Mere Christianity》에서 이렇게 말했다. "사람들은 용서가 아름다운 일이라고 말한다. 정작 자신이 용서할 일을 당하기 전까지는……."[7] 1952년은 제2차 세계대전을 치른 지 불과 7년째 되는 해로, 사람들은 만일 루이스 자신이 폴란드인이거나 유대인이라면 게슈타포(독일 나치 정권의 비밀국가경찰.—옮긴이)를 용서하는 일에 대해 어떻게 생각할지 물었다. 그는 너무 어려운 문제라는 말로 이 진지하고도 엄중한 질문에 즉답을 피했다. 대신 그보다 더 정곡을 찌르는 질문에서부터 고민을 시작해야 한다고 제안했다. "오히려 친밀한 관계를 맺고 있으면서도 우리를 고통스럽게 한 사람은 용서할 수 있겠습니까?"

그가 왜 이런 말을 했는지 충분히 이해할 만하다. 극악무도한 잔혹

---

[6] 이 장의 초고를 읽은 어떤 사람은 내게 두 가지 이의를 제기했다. 첫째, 간혹 우리는 감정을 뒤집을 수 있으며, 둘째, 의도와는 상관없이 감정이 뒤집히기도 한다는 것이다. 둘 다 동의한다. 그러나 나는 용서가 의도적인 감정 변화로 이뤄질 수 있으리라고는 생각지 않는다. 더구나 용서라는 문제로 고심하고 있는 사람에게 누군가 옆에서 '손바닥 뒤집기' 식의 감정 변화를 시도해보라고 제안하거나 부추기거나 강요할 수 있으리라고는 더더욱 확신하지 못하겠다. 이 책은 '손바닥 뒤집기' 식의 감정 변화가 전혀 혹은 거의 불가능하지만, 그래도 쓰라린 고통과 '용서'라는 말을 동시에 품고서 어떻게든 살아나가려 애쓰는 사람들을 위한 책이다.

[7] Lewis, C. *Mere Christianity*, p. 101.

케테 콜비츠, 부모(《전쟁》연작 중에서), 1922-1923.

"용서는 손바닥 뒤집듯 할 수 있는 일이 아니에요.
감정이 그렇게 간단히 바뀌지는 않으니까요."
그렇다면 우리가 할 수 있는 일은 도대체 무엇일까?

행위를 저지른 가해자들을 용서하는 일은 당연히 어렵다. 게다가 용서하는 것과 용서받는 것으로 구분짓는 선명한 기독교적 공식을 끌어들일 수도 있다. 그러나 그렇다고 해서 가정이나 가까운 주변에서 벌어지는 가해행위를 용서하는 일은 상대적으로 쉬울 거라고 미루어 짐작해서는 안 된다. 모든 용서는, 특히 진정한 용서라면 하나같이 어렵고 힘들다. 왜냐하면 용서는 일어나지 말았어야 할 부당한 상처에도 자비를 보이려는, 그와 동시에 스스로를 치유하려 애쓰는 반응이기 때문이다. 심리치료학자인 버너딘 비숍Bernadine Bishop의 현명한 말처럼, 진정한 용서는 "처절한 몸부림, 요동치는 감정의 기복, 이루 다 헤아리지 못할 깊은 번민과 고뇌와 갈등의 결과다. 하지만 자아의 안팎에서 선악과 끈질기게 겨루고 난 후의 용서는 모든 것을 바꾸어놓는다."[8] '진정한 용서'가 필요한 까닭이 여기에 있다. 그러므로 용서라는 말이 가장 불가능한 단어가 돼버린 사람들에게 반드시 필요한 것은 역설적이게도, 용서다.

용서의 의미

한번은 연구차 '신학과 영성 그리고 정신건강'에 관한 회의에 참석

---

8 Bishop. B. 'The Visage of Offence,' p. 30.

해 '자기용서'라는 주제로 별도의 워크숍을 진행했다. 이 워크숍을 준비하기 전까지는 자기용서라는 문제를 진지하게 떠올려본 기억이 없었다. 윤리나 도덕책들의 영향 탓인지 용서의 개념은 용서를 하는 자와 용서를 받는 자가 서로 다른 사람일 때에만 의미가 통한다고 생각했다. 그러다 '자기용서'를 좀더 깊이 있게 파고들어가자 '용서'는 단순히 한 가지 뜻만 있는 것이 아니라는 확신이 생겼다. 차라리 핵심은 같지만 서로 명확히 구분되는 의미들이 모인 집합적 개념에 가깝다는 생각이 들었다. 그래서 회의에서 나는 서로 다른 세 가지 유형의 용서로 *신의 용서, 인간의 용서, 자기용서*에 대해 이야기하게 되었다. 이런 식의 분류가 현대 분석철학의 대가인 루드비히 비트겐슈타인Ludwig Wittgenstein 식의 태도일는지는 모르겠지만, '용서의 의미군'으로 생각하는 것이 어느 정도 도움이 될 거라는 결론에 도달했다.

방금 말한 용서의 의미군 중에서 '신의 용서'는 시조 또는 창시자격의 용서를 말한다. 사람들끼리의 용서인 '인간의 용서' 또는 '관계적 용서'는 대가족 안에 속한 핵가족에 비유된다. 선조격인 신의 용서에는 다른 자손들도 많지만, 이들은 모두 핵가족의 사촌들이다. '자기용서'와 '사면'이 그 예다.

비록 학자들 간에 완전한 합의가 이뤄진 건 아니지만 사면과 용서를 명확히 구별하고자 하는 의견이 대다수다. 사면은 법을 어긴 자에게 제도가 부과한 처벌을 면제해주는 것을 의미한다.[9] 반면 용서는 보다 개인적인 차원으로, 자신에게 상처준 자를 스스로 용서하는 것이다. 한편 자기용서도 용서의 한 유형으로 봐야 하는지, 즉 용서의 의미군에 포함시키는 것이 합당한지는 또 다른 논쟁거리다. '용서'라는 말이 자기용서라는 말에 이미 들어 있으므로 당연히 용서의 한 유형으로 봐야 한다고 주장하는 학자들도 있다. 내 견해를 말하자면, 이 경우는 완전한 자아로부터 동떨어진 자기 자신과 화해하려는 개인적인 노력에 가깝다는 점에서 '자기수용'이 보다 더 적확한 용어라고 본다.[10]

사례 연구가 아닌 이야기들

앞으로 이 책 곳곳에서 널리 알려진 다양한 용서 이야기들을 함께 만나고 탐색하게 될 것이다. 각 사례들을 압축적으로 요약해놓긴 했지만 비교적 폭넓은 내용을 담았다고 자부한다. 많은 이야기들을 소개하는 이유는 용서가 간단하고 쉬운 것이라고 단언하거나 어서 용서

---

9 용서와 달리 사면은 피해자의 감정이나 태도의 완화 또는 변화와는 아무런 상관이 없다. 사면되었다는 말은 형벌이나 벌금이 제도적으로 철회되었다는 뜻이다. 사면하는 자가 결국 피해자가 아닌 관습이나 규범의 집행자, 말하자면 제3자라는 것이다.

10 Vitz, P. C.와 Meade, J. M.은 'Self-forgiveness in Psychology and Psychotherapy: A Critique'라는 논문에서 "자기용서는 오해의 소지가 있는 부정확한 개념이며 특히 자기용서의 과정과 혜택이라는 측면에서 볼 때, 자기수용이 보다 정확하고 유용한 용어"라고 결론지었다. 또한 용서라는 단어로 인해 '자기용서'와 '인간의 용서'가 같은 선상에서 이해되는 오류가 발생한다고 지적하고, '자기용서'는 '자기수용'이라는 말로 대체되어야 한다고 주장했다(p. 261).

하고 "극복하라."고 설득하기 위함이 아니다. 감정적인 섬세함, 영적인 지혜로움, 지적인 준엄함으로 피해자의 깊고 복잡한 내면을 살피고 어루만지기 위함이다.

어떤 이론이나 원칙보다 이야기에 초점을 맞춘 것은 다음 두 가지 중요한 뜻에서 기인한다. 첫째, 용서는 이야기 형식으로 서술된다. 즉 반드시 시간과 함께 흘러가며 이루어진다. 둘째, 용서 이야기는 다른 어떤 이야기들 못지않게 *복잡하고 예측불가하다*. 바로 이 두 가지가 내가 용서를 '사례 연구'가 아닌 '이야기들'로 풀어나가려는 까닭이다. 용서에는 수수께끼 같은 불가사의한 측면이 숨겨져 있다. 결코 직선적이거나 단순하거나 명료한 문제가 아니다. 따라서 용서는 대표적인 사례나 전형적인 모델을 찾을 만한 주제가 못 된다. 그렇다고 해서 용서 이야기 같은 건 아예 존재하지 않는다는 뜻은 아니다. 반대로 용서 이야기는 틀림없이 존재한다. 다만 "용서는 한마디로 무엇이다."라고 집약할 수 없을 뿐이다.

용서를 종종 *여정*에 비유하는 것은 몇 가지 점에서 일리가 있다. 우선 여정은 시간이 걸린다. 용서도 마찬가지다. 그리고 여정은 한 장소에서 다른 장소로 이동하는 과정을 수반한다. 내면에서 일어나는 일을 은유적으로 묘사한다면, 용서도 이와 같은 과정을 거친다. 단, 용서를 여정으로 본다는 건 목적지와 시간에 대해 어느 정도 짐작하고 있음을 전제로 한다. 따라서 나는 여정보다는 '모험'이 보다 적절한 표현이 아닐까 생각한다. 언뜻 보면 '모험'이라는 말 역시 뭔가 신나고 흥분되는 일이 일어날 듯한 뉘앙스를 풍기기 때문에 용서와 꼭 어울리는 표현은 아니다. 심지어 피해자가 살아온 현실을 도외시한 철없는 비유로 들릴지도 모른다. 그럼에도 불구하고 용서 이야기에는 분명 *탐색*이라는 모험의 속성이 들어 있다. 명확하지 않은 목적지를 향해 가늠할 길 없는 시간을 거쳐 미지의 열악하고 두려운 영역을 지나가야만 하기 때문이다.

피터 셰퍼Peter Shaffer의 연극 〈고곤의 선물Gift of the Gorgon〉에 에드워드Edward와 그의 아내 헬렌Helen이 서로의 견해차로 팽팽하게 대립하는 의미심장한 장면이 나온다. 극작가인 에드워드는 IRA(아일랜드공화국군Irish Republican Army, 영국으로부터의 완전 독립을 주장하는 북아일랜드의 가톨릭계 과격파 무장조직. —옮긴이) 폭탄테러를 소재로 피의 복수가 진정한 정의의 실천임을 주장하는 희곡을 구상 중이었다. 그의 시각에서 볼 때 강력한 응징이야말로 무고한 사람들을 무차별 살해한 데 대한 가장 정의롭고 열정적인 대응이자 정의를 바로세우는 유일한 방법이라는 것이다. 하지만 헬렌은 복수심으로 가득 찬 열정은 도덕적으로 올바른 분노 표출이 될 수 없다며 강하게 맞선다.

열정이라고요? 에드워드. 열정이 그게 다가 아니라는 걸 깨닫지 못하는 건가요? 우리 안의 삐뚤어진 열정을 죽이는 것도 열정이에요. 말장난하려는 게 아니에요. 가장 진실하고 용감하고 성숙한 열정은 발을 구르며 자신을 몰아가지 않아요. 분노에 휩싸여도 그 분노에 휩쓸리길 거부하는 게 열정이에요. 이 세상 그 무엇도 의지력으로 스스로를 변화시킬 수 있는 건 없어요. 오직 인간만이 그런 특권을 가지고 있죠. 피비린내 나는 참극을 끊임없이 부추기며 우리 옆구리를 파고드는 이 뾰족한 창을 우리 스스로 뽑아버리지 않으면 안 돼요. 그것도 아주 조심스럽게 빼내야 하죠. 그 속의 창자까지 같이 딸려나오게 해서는 안 되니까요.[11]

용서를 한다는 것은 이처럼 도덕적이면서도 개인적인 어려운 도전과 마주하는 일이다. 내 옆구리에 깊숙이 박힌 창을 내 손으로 뽑아내는 일이다. 내 도덕적 감수성, 내 자존감, 내 원칙, 내 희망인 내 속의 창자들을 절대로 다치지 않게 하면서 정말로 조심스럽게 빼내야 하는 일이다. 헬렌은 이를 "우리 안의 열정을 죽이는 열정"이라고 표현했다. 헬렌이 주장하는 열정은 내가 상처받거나 남이 상처받는 걸 보았을 때 감정적인 반응을 보이지 말라는 뜻이 아니다. 분노, 복수, 비통, 원한을 넘어서서 앞으로 나아가는 더 나은 방법을 찾으려는 열정을 말하는 것이다. 우리가 받은 상처에 평생 사로잡혀 있거나 우리를 다치게 한 자들에 의해 한계가 지워진다거나, 그로 인한 피해의식에 짓눌리고 꺾이지 않으려는 열정을 말하는 것이다.

---

[11] Shaffer, P. *The Gift of the Gorgon*, pp. 56–57.

2장 / 상처의 황무지

 가장 슬프고도 무거운 삶의 한 단면은 누구든 부당한 피해나 상처를 입으면 이중, 삼중 아니 그 이상의 고통을 겪는다는 것이다. 예를 들어 폭탄테러로 팔이나 다리, 신체 일부를 잃은 사람은 현재 겪는 상처와 고통에 더해 장애를 평생토록 짊어지고 살아가야 한다. 살인사건으로 가족을 잃은 사람은 살인자가 종신형을 살다간 그 후로도 여전히 유가족으로 남아 있어야 한다. 그나마 이는 그저 겉으로 드러난 객관적인 사실일 뿐이다. 마음속에 숨겨진 상처의 후유증은 이보다 더 깊고 오래간다. 이른바 '묻지마 범죄'의 피해자는 대개 자존감과 자신감을 상실하고, 힘 있는 자가 휘두른 가혹한 협박과 폭력에 굴복당한 이는 말 못할 수치심과 자기 모멸감을 겪는다. 역설적이지만 아는 사람으로부터 범죄 피해를 당한 사람은 스스로 죄의식과 굴욕감에 시달린다.

피해를 입은 주관적인 상태를 지칭하는 가장 기본적이고 공통적인 단어는 *상처*다. 그러나 흔하디흔한 '상처'라는 말로 거칠고 메마른 황무지가 되어버린 마음을 어찌 다 형언할 수 있으랴. 보통 우리가 상처받았다고 말할 때는 단순히 우리에게 고통이 가해진 *사실*만이 아니라, 고통이 우리 속으로 파고들어가는 *현실*까지 포함한다. 상처는 우리의 방어막을 뚫고 감정과 태도 속으로 침투해 들어온다. 때로는 자의식 깊은 곳으로 끈질기게 스며들어와 자아정체성마저 헝클어놓고 무너뜨린다. 피해자가 겪은 상처는 삶의 방향감각을 잃게 만들 정도로 심각한 트라우마를 남긴다. 상처는 우리를 뒤흔들고 조각내고 부숴버린다. 풀 한 포기 나지 않는 메마른 황무지로 우리를 하염없이 끌고 가버린다.

대개 우리는 신뢰하던 사람이나 기관이 우리를 실망시킬 때 마음에 큰 상처를 입는다. 이런 일을 한 번이라도 겪어본 사람은 더 이상 다른 사람을 믿기 어려운 상태가 된다. 우리가 신뢰하고 있음을 상대가 존중해주기를 기대하는 이유도 이 때문이다. 지극히 당연한 현실이라 의식하지 못할 뿐, 신뢰 없이는 삶을 지속해나가는 일이 불가능하다. 가령 버스표를 내면서 기사에게 일일이 운전면허증을 제시하라고 요구할 순 없는 노릇이다. 들어가본 적도 없는 주방에서 내오는 음식이 의심된다면 식당에서 마음 놓고 음식을 사먹을 수도 없다. 누군가 뒤에서 우리를 떠밀 거라는 두려움이 있다면 절벽 가장자리나 부둣가를 따라 걷는 일은 상상도 할 수 없다.

사람들은 점점 불신의 시대가 되어간다고들 말한다. 그렇지만 현실적으로 사람들에 대한 신뢰를 거두고는 살아갈 방도가 없다. 그렇지 않고서야 어떻게 하루라도 정상적인 일상을 영위할 수 있겠는가? 이렇듯 우리는 생활과 감정을 공유하는 사람들에게 신뢰를 보내면서 살아간다. 배우자나 자녀는 물론, 우리가 믿고 의지하는 전문가들과 우리에 대한 기밀정보를 확보한 기관에까지……. 심리학자 에릭 에릭슨Eric Erickson에 의하면, 인성은 일련의 기본적인 갈등해결 과정과 함께 발달한다. 특히 유아기에 경험하는 맨 첫 단계의 갈등은 '신뢰와 불신'이다. 신뢰는 의지하고 보호받고 사랑받는 데서부터 출발하며, 신뢰라는 탄탄한 기반 위에서 바르고 건강한 인성이 형성된다. 따라서 신뢰는 대단히 중요한 문제다. 신뢰가 깨졌을 때 뿌리가 뽑힌 듯한 충격을 받는 것도 이 같은 이유에서다.

1982년, 드니즈 그린Denise Green의 18세 아들 윌리엄 그린William Green이 영국 리버풀의 앨더헤이 병원Alder Hey Hospital에서 사망했다. 병원은 부모의 동의 절차도 밟지 않은 채 사망한 다른 아이들과 윌리엄의 장기를 적출했다. 드니즈 그린은 5년이 지나서야 신문기사를 통해 이 사실을 알게 되었다. 그녀가 병원에 항의 전화를 하자 담당자는 사무적인 태도로 다음과 같이 대답했다. "아드님의 뇌와 폐, 간, 비장, 신장, 소장, 대장, 생식기를 보관하고 있습니다." 그 후 몇 해에 걸쳐 드니즈 그린 가족은 윌리엄의 장례식을 두 번이나 더 치러야 했다. 그녀의 차오르는 울분과 분노는 결코 삭혀지지 않았다. 게다가 이 일로 처벌받은 사람은 단 한 명도 없었다. 드니즈 그린은 "정의가 무너졌다. 그리고 모두의 마음도 무너졌다."라고 한탄했다.[1]

이 일은 고문이나 살인사건에 비하면 다소 사소한 범죄라고 치부될지 모른다. 만약 윌리엄이 병원 직원의 부주의나 과실로 사망한 경우라면 전혀 다르게 받아들여질 것이다. 하지만 이 사건을 좀더 면밀히 들여다보면, 신뢰가 깨졌다는 데 문제의 핵심이 있음을 알 수 있다. 드니즈 그린은 당시 직원의 사무적인 전화 응대에 자신이 어떻게 반응했는지 언급하지 않았다. 불신감, 충격, 분노, 이 모든 반응들의 조합 또는 그 밖의 어떤 반응이었을지 우리로서는 알지 못한다. 단지 우리가 아는 건 그날 이후 그녀가 신뢰 상실을 경험한 다른 사람들의 쓰라린 아픔에 귀 기울이고, 신뢰가 깨진다는 게 얼마나 파괴적인 일인가를 똑똑히 인식하게 됐다는 사실이다. 그녀는 말했다. "그런 쪽으로는 절대 가고 싶지 않았어요." 이어서 용서의 길을 어떻게 해서 선택하고 걷게 되었는지 그녀는 이렇게 설명했다. "이미 벌어진 일은 내 통제권 밖이지만, 내가 할 수 있는 반응은 내 통제권 안에 있으니까요."

우리는 불현듯 우리 내면의 좋지 않은 품성이나 태도를 알아차릴

---

1 이 장에 인용된 모든 말은 용서 프로젝트(The Forgiveness Project)에 게재된 이야기들에서 발췌한 것이다. 드니즈 그린의 이야기는 http://theforgivenessproject.com/stories/denise-green-england/.에서 찾아볼 수 있다.

때 종종 당혹감과 불편함을 느낀다. 메리 폴리Mary Foley의 경우도 마찬가지다. 2005년 런던에서 그녀는 생일파티 도중 분노에 찬 10대가 휘두른 칼에 당시 15세에 불과했던 어린 딸을 잃고 말았다. 그녀는 자신의 딸을 칼로 찔러 죽인 10대 소녀를 용서하기로 결심했다. 그녀는 이렇게 말했다. "내가 그 아이를 용서하지 않으면 비통과 분노가 나를 완전히 다른 사람으로 만들어버릴 것 같았어요. 아마 샬럿(죽은 딸의 이름)도 분명 그런 나를 좋아하지 않았겠죠. 다른 내 가족이나 친구들도 마찬가지였을 거예요."[2] 자신이 겪은 상처가 자신의 본모습에까지 영향을 미치고 있음을 깨달을 정도로 메리는 자기인식 능력과 분별력을 갖춘 사람이었다. 깊은 상처를 받은 후에 그러한 자기인식이 발전되는 사례가 극히 드물지는 않지만, 그렇다고 매번 가능한 일도 아니다.

이렇듯 상처는 우리의 자기인식 능력을 교묘하게 앗아간다. 하지만 동시에 과도한 자의식, 심지어 지나친 자기몰입을 불러오기도 한다. 사람은 너무 깊은 상처를 받으면 종종 자기 안으로 웅크리고 들어가는 경향이 있기 때문이다. 그러한 '웅크림'은 고통에 따른 자연적인 반응이다. 육체적인 고통은 우리의 관심을 온통 그 고통에만 쏠리게 만든다. 마음의 상처도 이와 다르지 않다. 그래서 우리가 마음의 상처를 입으면 내면으로 자꾸만 웅크리고 들어가는 것이다. 물론 이와는 완전히 다른 쪽으로 향하기도 한다. 자신에게 상처준 사람에게 모든 관

---

[2] http://theforgivenessproject.com/stories/mary-foley-england/.

심을 집중한 채 그 상처를 도로 되갚아줄 방법만을 찾는 경우다. 두 경우 모두 반사적인 대응인데다 우리의 본모습을 잃게 만든다는 점에서는 별반 차이가 없다.

하지만 이러한 반응들이 칵테일처럼 한데 뒤섞이면 그 결과는 우리를 순식간에 완전히 다른 사람으로 만들어버릴 만큼 강력하고 위협적이다. 한때 자기인식 능력도 탁월하고 타인에게 친절한 호의를 베풀며 곧잘 쾌활하게 어울리던 사람도 크나큰 상처를 입고 나면 그 기억을 곱씹으며 당시 상황에 무한 반복적으로 되돌아간다. 자존감, 자신감, 신뢰, 인간성, 타인과 세상에 대한 관심, 정상적인 일상 모든 것을 앗아가버리는 상처는 우리의 사소한 행동에서부터 말과 태도, 모든 관계에까지 고스란히 그리고 지속적으로 영향을 미친다. 그런 일들이 우리 안팎에서 벌어지고 있음을 우리가 스스로 인지하고 있는지 아닌지의 여부는 확실치 않다 하더라도, 상처는 분명 우리의 삶과 인간관계에 깊고 선명한 자국을 남긴다. 따라서 메리 폴리가 보여주었듯이 용서로 향하는 여정은 현재 우리에게 가해지는 장기적인 피해들, 즉 가혹한 상처가 미치고 있는 지속적인 영향들을 제대로 파악하는 것에서부터 시작된다.

상처의 단계

용서가 어렵고 수수께끼처럼 여겨지는 이유 중 하나는 우리가 용서라는 말과 개념, 과정이 한 번에 많은 걸 제시해줄 수 있으리라 기대하기 때문이다. 저마다 서로 다른 피해 상황들이 용서라는 개념 하나로 전부 설명될 거라고 여기는 탓이다. 먼저 아래 사례들을 생각해보자.

- 누군가가 길거리에서 당신에게 실수로 부딪친 경우
- 누군가가 당신의 지갑을 훔친 경우
- 당신의 배우자가 당신의 동료와 바람을 피운 경우
- 당신이 사랑하는 사람이 살해당한 경우
- 당신이 고문당한 경우

우리는 위와 같은 서로 다른 피해 상황들에 대해 각기 다른 방식으로 반응한다. 반면 '용서'라는 말은 초기 단계의 피해 상황에서부터 그 다음 모든 단계의 피해 상황에 이르기까지 두루 쓰인다. 이 단어 하나가 이렇듯 다양한 피해 상황에 적용됨을 깨닫고 나면 '용서'가 왜 그토록 이해하기 어려운 말인가를 일부나마 인식하게 된다. 용서라는 단어가 쓰인 여러 인용문을 살펴봐도 개념이 좁혀지기는커녕 오히려 손에 잡히지 않는 느낌을 받는 이유도 같은 이치다. 그러나 용서의 의미를 올바르게 파악하지 못하면 용서를 실천하는 일도 그만큼 어려워진다.

앤서니 배쉬Anthony Bash는 이 주제에 관한 그의 첫 번째 책 《용서와 기독교 윤리Forgiveness and Christian Ethics》에서 용서에는 다양한 종류가 있다고 언급하고,[3] 용서가 이루어질 때는 용서를 쉽게 인지할 수 있지만 용서 그 자체는 "딱 잘라 말할 수 있는 것"이 아니라고 말한다. 배쉬는 그의 사고를 보다 발전시킨 두 번째 책 《용서Just Forgiveness》에서 "두터운" 용서와 "엷은" 용서의 차이를 이렇게 구분한다. 두터운 용서가 견고하고 충분하게 잘 엮인 용서라면, 엷은 용서는 다소 부족하지만 그래도 용서로 간주될 수 있는 용서라는 뜻이다.[4] 배쉬에 따르면, 대부분의 용서는 두텁지도 엷지도 않은 그 사이 어딘가에 있다. 그러므로 그는 이를 "반응의 스펙트럼"이라는 말로 표현한다. 상처에 다양한 스펙트럼이 있듯이 용서 반응에도 다양한 스펙트럼이 있다는 얘기다.

"용서란 무엇인가?" 하는 질문에 단순 명료한 정답이 없는 것과 마찬가지로, 아마도 하나같은 용서 과정이란 없다고 말하는 편이 옳을 것이다. "용서 과정에서 그 다음에는 무슨 일이 일어나야 하는가?" 또는 "무슨 일이 일어나게 되는가?" 하는 질문에 한 가지 답은 없다. 용서는 참으로 어렵고도 복잡한 일이다. 용서를 제대로 이해하기 위해서는 용서의 의미를 파고들려는 노력을 기울여야 하지만, 용서가 "한

---

3 Bash, A. *Forgiveness and Christian Ethics*, pp. 159-173.
4 Bash, A. *Just Forgiveness*, p. 37.

마디로 정의할 수 없는 것"이라는 점도 받아들일 준비가 되어 있어야 한다. 요컨대 용서 문제를 다루려면 분석적인 태도와 상상력, 이 두 가지 요소가 모두 필요하다. 이에 앞서 사람들이 서로에게 가하는 상처들을 다음 네 단계로 나누어 생각해보기로 하자. *사소한 상처, 실제적 상처, 심각한 상처, 파괴적 상처.*

첫 번째 단계는 사소한 상처다. 이 단계는 '상처'라는 말조차 침소봉대針小棒大로 들린다. 여기서 말하는 상처는 경미하고 우발적이며 종종 의도적이지 않은 것이다. 이런 상처가 유발되는 사건들은 대개 참을 만한 일일 뿐만 아니라 넓은 아량으로 눈감아줘야 할 일들이다. 두 번째 단계는 *실제적 상처*, 즉 *진짜 상처*를 말한다. 부당한 피해를 주는 건 맞지만 크게 위험한 결과를 초래하지 않는 일들로, 가령 얼마간의 돈을 도둑맞거나 하필 속임수에 걸려들거나 혹은 평소 믿을 만한 사람이라 여겼던 누군가로부터 뒤통수를 얻어맞는 일이 여기에 해당한다. 이러한 상처는 그 순간 "도대체 제대로 되는 게 하나도 없어!"라는 불평 한마디 내뱉게 만들긴 해도 우리 마음을 완전히 혼란에 빠뜨리거나 삶 전체를 엉망으로 만들어버릴 정도는 아니다. 맨 처음의 충격이나 실망감이 걷히고 나면 대개는 시간이 지나면서 점차 가라앉는다.

세 번째 단계는 *심각한 상처*, 다시 말해 *고통스러운 상처*다. 고통, 당혹, 분노, 슬픔을 복합적으로 경험하게 되는 이 단계에서의 용서는 두 번째 단계에서보다 훨씬 더 복잡하다. 가슴을 후벼파는 일을 당하고 난 뒤 마음속에 깊은 생채기가 난 경우다. 화나고 분하고 억울하고 혼란스럽고 어처구니없고 슬프고 허탈한, 온갖 힘겨운 심리적 반응들이 한꺼번에 밀려온다. 윤리적인 관점에서는 정도의 차이만 있을 뿐, 이 단계가 두 번째 단계와 크게 다를 바 없는 상처로 보일지 모른다. 하지만 심리적인 관점에서 보면 상당히 다를 뿐만 아니라 훨씬 더 고통스럽다. 두 번째 단계와 세 번째 단계의 차이점은 두터운 용서와 엷은 용서로 표현한 배쉬의 견해와 일맥상통한다. 좀더 풀어서 설명하자면 두 단계의 차이를 칼로 무 자르듯 명확하게 구분할 수는 없지만, 같은 부당한 상처라 하더라도 정신적·정서적으로 큰 충격을 주는 상처와 그런대로 감내하며 살아갈 만한 상처로 구분하는 것이 합당하다는 논리다.

네 번째 단계의 상처는 다른 단계의 상처들과 비교해 질적으로나 유형적으로 판이하게 다르다. 한 사람의 인생에 엄청난 타격을 가한다는 점에서 *파괴적*이라고 부를 만한 상처다. 모든 것이 산산이 부서지는 경험이라고도 표현한다. 이 단계의 상처는 피해자의 건강은 물론, 인격과 정체성까지도 서서히 무너뜨린다. 용서가 도저히 불가능할 뿐만 아니라 말도 안 되는 일로 여겨지는 단계가 바로 이 단계다. 동시에 용서라는 문제가 절박해지는 단계이기도 하다.

앞서 예로 제시한 피해 상황들로 다시 돌아가서, 사람들은 대개 각 사례들을 저마다 다른 단계에 적용시킨다. 예를 들어 '길거리에서 부딪침을 당하는 경우'는 가장 첫 단계인 사소한 상처에 속하지만, '지갑을 도단당한 경우'는 사소함을 넘어선 실제적 상처에 해당한다. 그러나 이 일이 아무리 속상하게 여겨진다 해도 더 나쁜 경우들에 비하면 별일 아닐 수도 있다. 삶의 방향감각을 잃는다든지 통제 불능의 스트레스를 겪지는 않을 거라는 얘기다. 반면 배우자가 자신의 동료와 불륜관계에 빠졌을 때 느끼는 배신감은 '실제적' 상처 그 이상이다. 아마도 정신적 고통과 심적 혼란, 정서적 아픔을 한꺼번에 수반하는 세 번째 단계의 '심각한' 상처로 경험할 것이다. 심지어 어떤 사람은 자아정체성까지 '허물어뜨릴' 정도의 극심한 충격인 '파괴적' 상처로 받아들이기도 한다.

사랑하는 사람이 살해당했거나 자신이 직접 고문을 당한 사례로 넘어가면, 대부분의 사람들은 거의 절망적인 상태에 빠져든다. 고문은 모두가 알다시피 죽음보다 더한 고통으로 사람을 심리적으로 철저히 와해시키는 행위다. 그만큼 고문 피해자는 자신의 모든 것이 송두리째 '파괴되는' 고통을 겪는다. 사랑하는 사람이 살해당한 경우도 고문 피해보다 덜하다 더하다 따지기 힘들 만큼 '파괴적' 고통을 안겨준다.

여기서 나는 두 가지 중요한 문제를 지적하고자 한다. 첫째, '용서'라는 말은 사소한 상처에서부터 가장 심각한 상처에 이르기까지 매우 다양한 상황에 걸쳐 쓰인다. 둘째, 용서와 관련된 문제들은 객관적인 가해 사실(피해)이 아니라 가해행위가 초래한 주관적인 경험(상처)이라는 틀에서 생각해야 한다. 용서는 우리가 받은 상처, 즉 우리가 겪은 피해의 결과에 대한 반응이다. 단, 가해행위들은 제각각의 사람들에게 서로 다른 방식으로 상처를 입힌다.

위에서 언급한 네 단계의 상처들을 좀더 면밀히 살펴보기로 하자. 우선 첫 번째 단계의 상처는 그다지 원치는 않지만 무심코 겪게 되는 일들과 관계된다. 도덕적으로 별로 심각하지 않은 일들이기 때문에 이에 대처하는 가장 현명한 방법은 그냥 무시하거나 '정중히 용서'할 기회로 삼는 것이다. 예를 들어 누군가가 생각 없이 또는 사려 부족으로 당신에게 사소한 불편함을 끼친 데 대해 사과한다고 치자. 그럴 때 우리는 기꺼이 상대를 용서한다. 마찬가지로 우리가 직장에서 부득이하게 동료에게 언짢은 지적을 해야 한다거나 회의 중 논란이 되는 발언을 해야 할 때, 미리 용서를 구하는 이유도 우리의 행동이 당연히 양해받을 만한 일이라고 예상하기 때문이다. 하지만 이러한 용서는 부당함이나 죄의식, 분노와는 상관이 없는 말 그대로 정중한 용서일 뿐이다.[5]

그러한 상황들에까지 '용서'라는 단어를 사용하는 것은 어쩌면 용서의 의미를 평가절하하는 적절치 못한 용례인지도 모른다. "미안하다."라는 말 역시 슬픔의 원인조차 없는 온갖 상황에 마구 쓰이면서 그 말

---

[5] 이 말은 어쩌면 지나친 단순화일지도 모른다. 마트에서 만일 누군가가 전화통화를 하느라 카트를 잘못 밀어 당신의 발목에 세게 들이박는다면, 당연히 심한 통증에 화가 치밀어오를 것이다. 이때의 상처는 물론 다른 단계의 상처다. 반면 위에 언급된 상처는 일상에서 유발되는 사소한 마찰들이지, 상대의 무책임으로 말미암은 고통스러운 상처가 아니다. 후자의 경우는 피해자의 고통과 가해자의 부주의 정도에 따라 그 이상의 단계에 속하기도 한다. 이를테면 운전자가 음주나 과속, 휴대전화 사용 등으로 누군가에게 큰 상해를 입혔다면 네 번째 단계의 상처에 해당될 수 있다는 얘기다.

의 본래 가치가 떨어진 지 오래다.[6] 이 말은 이제 적절히 사용하기만 하면 당신으로 인해 불편과 짜증을 느낀 사람들에게 굳이 "경의를 표하며⋯."와 같은 상투적 표현을 쓰지 않고도 상대를 존중하는 마음을 점잖게 전달하는 방편이 되었다. 그러므로 이런 종류의 용서나 "미안하다."는 말이 적용되는 상황과 나머지 다른 단계들에 해당하는 용서의 상황을 혼동하는 것은 잘못이다. 왜냐하면 나머지 단계들에는 도덕적인 문제, 바로세울 필요가 있는 정의의 문제가 결부돼 있기 때문이다.[7]

두 번째 단계의 상처와 세 번째 단계의 상처는 윤리적인 면에서 정도만 다를 뿐 상당한 공통점을 가지고 있다. 두 번째 단계인 실제적 상처는 첫 번째 단계처럼 사소하지 않다. 가령 물건을 도난당하거나 명예를 훼손당하거나 부당한 처우를 받을 경우, 무시나 복수 또는 용서 이 세 가지가 우리 앞에 놓인 선택지이며, 그 선택은 사람들마다

---

[6] 일례로, "누군가가 미안하다는 말만 해주면 모든 것이 다 잘 될 거라고, 그 이후로는 문제 없이 지내게 될 거라고 믿곤 한다." Davidson, M. *Sorry*, p. x.
[7] 상처의 첫 번째 단계에서는 대개 무시 혹은 복수라는 두 가지 반응을 선택한다. 우선 복수의 경우, 단순히 불편하거나 짜증나는 일에 대해 복수한다는 것은 매우 편협한 행동이다. 따라서 이런 행동은 칭찬이나 장려할 일도, 관대하게 보아 넘길 일도 아니다. 반대로 성가신 일이었지만 별다른 해가 없었다고 해서 무조건 용서하는 것도 가볍지 않은 실수다. 이때의 용서는 어쩌면 젠체하려는 허풍이 깔린 행동일 수 있다. 정의의 문제가 결부돼 있지 않다면 애초부터 용서할 일 자체가 없는 것이기 때문이다. 사소한 불편을 초래한 데 대해 용서를 구하는 것은 분별 있는 행동이지만, 그에 대한 반응으로서의 용서는 상황을 잘못 이해한 데서 비롯된 행동이다. 이 단계에서 사람들이 용서를 구할 때는 동의를 표하는 것이 올바른 반응이다. 단, 이러한 반응의 의미는 너그러운 마음으로 참겠다는 용인의 표시다.

그리고 처한 상황에 따라 각기 달라진다. 하지만 두 번째 단계와 세 번째 단계의 차이점은 확실히 존재한다. 똑같이 억울한 상황이라 하더라도 두 번째 단계에서는 그 고통이 참기 힘들 만큼 비참하거나 갈피를 못 잡게 만들 정도로 혼란스럽지는 않다. 정서적 반응이라는 측면에서 볼 때 피해자가 평생 감내하며 살기 어려운 지경에까지 몰리지는 않는다. 반면 세 번째 단계에서는 그 정서적 반응이 강하다 못해 피해자의 정서 전반을 지배할 정도가 된다. 가장 단순한 사례에서는 극도의 화로 표출되지만, 대부분의 경우 여러 감정이 한데 뒤섞인 반응으로 나타난다. 상처의 성격과 깊이, 우리 각자의 기질이나 처한 상황이 전부 반영되는 탓이다.

따라서 앞에 제시한 예 중 "당신의 배우자가 당신의 동료와 바람을 피운 경우," 응당 분노하겠지만 이것만이 유일한 감정은 아닐 것이다. 대개 실망감, 질투, 자기 책망, 죄의식, 기타 여러 가지 감정들이 한꺼번에 솟구친다. 그러나 궁극적으로는 사람들마다 여러 가지 감정의 조합이 서로 다른 순서와 비율과 강도로 나오게 마련이다.

위 감정이 세 번째 단계에 대한 반응이라면, 네 번째 단계에서는 이보다 훨씬 더 심각한 반응이 예상된다. 이 단계는 우리의 평소 경험이나 상상, 대처능력을 능가하는 듯하지 않은 고통과 맞닥뜨리게 되는 상황을 지칭한다. 이 단계의 고통은 실로 엄청난 것이어서 피해자는 평생토록 트라우마에 시달리게 된다. 이러한 상처는 피해자의 몸과 마음을 피폐하게 만들어 용서를 떠올릴 여력마저 빼앗아가버린다.[8]

내가 지금까지 상처의 단계들을 설명하는 데 긴 지면을 할애한 이유는 용서라는 말을 꺼내는 것이 기대될 만한 상황도 있지만 용서가 어렵거나 아예 불가능한 상황도 있다는 점을 상기시키기 위해서다. 보다시피 '용서'라는 말이 광범위하게 쓰여도 용서가 거론되는 현실은 천차만별이다. 게다가 상처를 받아들이는 방식도 사람들마다 현격히 다르다. 단, 상처의 첫 번째 단계에서 '피해자'라는 단어는 너무 강하고, 그러다보니 '용서'라는 말도 무겁게 들린다. 이 단계는 상처라기보다 어쩌다 일어난 사소한 불편에 가깝다. 이때 요구되는 마음가짐은 용서가 아니라 관용 혹은 아량이다. 이 둘의 문제를 여기서 더 상세히 논하지는 않겠지만 용서와는 별개임을 분명히 하기 위해 잠깐 언급하고자 한다. 관용이나 아량과 달리 '용서'를 하려면 우선 부당한 피해를 받고, 그에 상응한 상처를 겪었어야 한다. 따라서 상처의 정도와 유형과 상황은 제각기 다르지만 대체로 적어도 두 번째 단계 이상이 되어야 용서라는 문제를 본격적으로 상정할 수 있다고 본다.

마지막으로 두 가지만 강조하자면 첫째, 상처의 네 단계는 주관적인 구분이므로 상황이 진행됨에 따라 서로 겹치기도 한다. 둘째, 상처의 단계가 용서에 관한 생각과 기타 여러 반응에도 차이를 불러온다.

---

8 어떤 사람들은 남들에 비해 더 심각한 트라우마를 겪는가 하면, 또 어떤 사람들은 아픔과 충격을 비교적 잘 견디고 떨쳐버린다. 그러므로 사람들마다 그들이 겪는 고통에 대해 각자 나름의 방식대로 반응하도록 기다려주고 다독여주는 편이 합리적이고 올바른 태도다. '상처'받았을 때 '아파할' 권리도 있기 때문이다.

물론 이 두 가지가 용서 문제에서 고려해야 할 유일한 사항은 아니지만, 그렇다고 이를 소홀히 하면 특정 사례에서 어떤 사항이 용서 문제와 관련되는지 밝혀내는 데 곤란을 겪기 쉽다.

용서와 의지

심각한 상처를 입거나 크나큰 상실을 경험하고 난 뒤 피해자는 진창에 빠져 헤어나지 못하는 자신의 현실과 차갑게 마주치게 된다. 대개 처음에는 일종의 무감각 상태가 한동안 지속되다가 이마저 사라지고 나면 급기야 날카로운 신경쇠약 증세로까지 이어진다. 무감각 상태(어쩌면 이 상태를 훨씬 넘어선 상태)에 빠져 있는 동안 피해자는 자신이 실제로 원하는 것이 무엇인지조차 명확히 인지하지 못한다. 피해자의 상황이 이렇다보니 의지나 욕구라는 문제의 표면에도 미치지 못하게 된다. 그야말로 상처의 황무지에 버려진 형국이다.

이것이 우리가 용서를 이해하려고 할 때 반드시 숙고해야 할 사안의 복잡성이다. 사람들은 진정한 용서는 마음에서 자연스럽게 우러나오는 것이라고들 말한다. 또 그래야만 한다. 어느 누구도 다른 사람에게 용서하라고 강요할 수는 없다. 그것이야말로 말도 안 되는, 터무니없는 일이다. 용서하지 *않을* 자유가 있어야만 용서도 가능하다. 억지로 강요된 용서는 용서라고 부를 수 없다. 질 스코트는 이 점을 강조하기 위해 "용선(용서+선물forgifting)"이라는 용어를 만들어냈다.[9] 그럼 여기서 한번 생각해보자. 용서가 정말 마음에서 우러나야 하는 것이라면 용서하고 싶은 마음이 들 때 비로소 용서할 수 있다면, 그 말은 의지가 있어야만 용서할 수 있다는 뜻 아닌가? 우리 자신에게 용서하도록 설득해야만 가능한 일 아닌가?

이 질문에 답하기 위해서는 부서지고 갈라진 의지, 진창에 빠진 마음이라는 현실을 반드시 헤아려야 한다. 명료함, 강직함, 일관성, 목적지향성 같은 자질들은 당장 큰 상처를 받은 사람의 마음상태에선 기대하기 힘들다. 일단 피해를 입고 나면 각자 정도는 다르겠지만 감당할 길 없는 정신적 충격에 휩싸여 온전히 자기 자신의 모습을 되찾지 못하는 경우가 대부분이다. 심리적으로 완전히 '무너진' 상태는 아닐지라도 적지 않은 혼란을 겪게 마련이다. 어떤 피해자는 정신적 혼란 속에서도 자신이 정말 원하고 바라는 것이 무엇인지 생각해내기도 하지만 또 다른 피해자, 그중에서도 기독교적 심성을 가진 사람은 정확히 자신이 무엇을 원하는지 전혀 확신하지 못하는 '의지의 혼란'을 겪기도 한다.

이는 말할 수 없는 극심한 분노에 시달리면서도 동시에 용서하려는

---

9 "*용선*은 소위 끝나지 않는 춤이다. 서로 끊임없이 의미를 만들고 주고받으며 분노를 조금씩 밀어내고 서로에게 다가가는 일이다." Scott, J. '*Forgifting*: Poetic and Performative Forgiveness in the South African Truth and Reconciliation Commission,' p. 215. 그녀의 이 같은 말은 "용서(프랑스어로는 'par-don')는 베풂을 통해 이루어지는 것이다."라는 줄리아 크리테바(Julia Kriteva)의 주장에 따른 것이다.

욕구나 충동을 느끼는 경우다. 그러나 이 말도 어쩌면 지나친 단순화일지 모른다. 내가 방금 '극심한 분노'라고 말했지만 실상 부정적 반응은 격분에서 분개에 이르기까지 매우 다양하게 표출될 수 있으며, '용서하려는 욕구'에도 얼마만큼의 진심과 솔직함이 담겨 있는지 깊이 따져보긴 어렵다. 어떤 사람은 진정 마음으로 용서하고 싶어도 더 큰 슬픔과 분노에 짓눌려 차마 엄두를 못 내는가 하면, 또 어떤 사람은 정당한 의분을 느끼면서도 마음 한구석 용서하지 않으면 안 된다는 죄책감에 휩싸이기도 한다.

이러한 도덕적 긴장은 피해자가 겪는 고뇌의 일부이기도 하지만, 그만큼 용서를 가치 있게 만드는 영적·윤리적 요건이기도 하다. 만약 정의나 도덕규범이 그저 복수의 문제라면 고뇌할 필요 없이 계획대로 실행하면 그만이다. 인과응보의 문제라면 적절한 처벌을 가하면 될 일이다. 존엄성이나 존중과 상관없는 인내의 문제라면 참고 견디기만 하면 된다. 반면 용서는 끊임없는 내적 갈등의 긴장상태와 결부된다.

그러므로 용서하려는 의지나 욕구의 문제를 이해하려면 그 상황이 간단명료치 않다는 현실도 반드시 명심해야 한다. 용서가 *단순히* 의지의 문제로만 치부된다면 용서하고 싶어도 용서할 수 없는 마음을 달리 설명할 길이 없다. 게다가 상처의 단계가 높아질수록 그런 입장에 처할 가능성은 더 커지기 십상이다. 1장에서 언급한 불과 며칠 전에 아들을 잃고도 용서 문제를 제기했던 어머니를 떠올려보라. 누구

펠릭스 누스바움, 생시프리앵 수용소에서 열쇠를 쥔 자화상, 1933.

용서하지 '않을' 자유가 있어야만 용서도 가능하다.
억지로 강요된 용서는 용서라고 부를 수 없다.

든 깊은 상처를 받으면 용서가 상상이 안 되면서도 동시에 절박한 문제가 되어버린다.

어느 정도는 용서가 의지의 문제이긴 하지만, 바로 그 점 때문에 의지에 반해 용서하라고 말할 수 없다. 그렇게 되면 더는 의지의 문제가 아닌 것이 돼버린다. 따라서 의지를 거스르고 용서한다는 말은 그 자체로 언어도단이다. 이렇듯 복잡 미묘한 상황에 처한 피해자로서는 상처가 크면 클수록 용서의 고통도 깊을 수밖에 없다. 모든 힘든 문제를 어떻게든 해결하고 가능한 한 상처 이전 가까이로 되돌릴 수 있는 길이 '용서'라고 보는 것은 순진하다 못해 비현실적인 발상이다. 단, 여기서 '용서'라는 말의 본질 그리고 '용서'라는 말이 품은 희망까지 놓아서는 안 된다.

트라우마

사람들은 용서에 대해 생각하고 글을 쓸 때 피해자에게 일어난 일을 설명하며 종종 '피해'나 '가해'라는 단어를 사용한다. 그렇지만 이 단어들은 높은 단계의 상처, 특히 '용서할 수 없을' 만큼 심각한 고통을 안겨준 '파괴적' 상처에는 부적당한 표현이다. 피해자에게 다시는 돌이킬 수 없는 충격적 결과를 초래한 상처이기 때문에 용서라는 말을 꺼내는 것조차 부적절하게 여겨질 수 있다.

이러한 상처를 입은 사람들이 감당할 고통을 이해하기에 앞서, 니체Nietzsche의 격언을 잠시 떠올려보자. "나를 죽이지 못하는 것은 나를 더욱 강하게 한다What does not kill me makes me stronger." 살면서 겪는 고난은 오히려 내면을 강하게 단련시키는 일종의 '인격형성의 경험'임을 뜻하는 말이다. 물론 그런 측면도 없지 않다. 겪는 당시에는 그 경험이 말할 수 없이 괴롭고 힘들었지만 결국은 우리를 성장시키는 발판이 되어 또 다른 시련이 닥쳐왔을 때 보다 수월하게 대처하고 극복할 수 있게 해준다. 가령 우리가 기울인 노력과 일궈낸 성과에 크게 못 미치는 평가를 받았다거나 차를 급히 몰다 위기일발의 순간을 가까스로 모면했다거나 산행에 나섰다가 갑작스레 아찔한 일을 겪은 이후에는 보다 강인하고 신중한 자세를 갖기 위해 더 준비하고 노력하게 된다. 어릴 적 비에 한 번씩 흠뻑 젖고 나면 어딘가 더 꿋꿋해지기도 하고, 한편으로는 우산이나 우비를 더 잘 챙기게 되는 것과 같은 이치다.

그러한 경험들은 니체의 말처럼 우리를 *죽이지*는 않는다. 대신 살아가는 데 필수적인 덕목들, 이를테면 강인함과 현명함, 적응력과 대처능력 등을 기르는 밑바탕이 된다. 다만 일부 경험들이 우리를 단련시키는 결과를 가져온다고 해서 죽지 않을 만큼의 다른 시련들도 모두 그럴 거라고는 말할 수 없다. 오히려 그런 경험들을 극악무도한 잔혹행위가 초래한 결과들과 같은 선상에 놓고 보는 것은 개인, 관계, 나아가 공동체의 정의까지 해치는 일이다.

니체의 격언이 용기를 북돋기 위한 말임에도 불구하고, 어떤 경험들은 도리어 우리를 쓰러뜨린다. 그런 상태에서는 대처한다 해도 다시 상처받고, 더욱 무력해질 뿐이다. 수치심과 자기비하의 정도가 지나치게 깊어지면 끝내 자아정체성을 회복하지 못하기도 한다. 고문이 그 극단적인 예다. 고문은 생각보다 우리 주변에서 드물지 않게 일어난다. 집요하고 만성적인 속성을 가진 괴롭힘이 모두 이에 해당한다. 놀이터에서 공원에서 학교 운동장에서 가정이나 직장에서 꽤 오랜 기간 동안 자기보다 강한 누군가에 의해 학대받는 일, 정치·사회·경제적 억압에 시달리는 일은 전부 고문이다. 니체의 격언이 순진한 생각이거나 거짓임을 드러내는 상황이라고 볼 수 있다. 니체의 격언이 적용되려면 적어도 개인적인 치유 그리고 억압이나 괴롭힘의 중단이라는 두 가지 조건이 충족돼야 한다. 이 두 가지는 용서를 조금이라도 시도해볼 동기를 갖게 만드는, 그조차 안 된다면 용서라는 건 상상 밖의 일이지만 그래도 일말의 의향이나마 가져볼 수 있게 해주는 가장 근본적인 조건이다.

고문, 폭행, 수년간의 학대나 괴롭힘은 피해자의 자아 전체까지는 아니더라도 자아의 핵심 부분을 해치고 망가뜨리는 행위다. 이런 일은 오랜 기간 사랑과 신뢰를 쌓아온 친밀한 관계나 대체로 평온하고 원만해 보이는 상황에서도 일어난다. 비벌리 플래니건Beverly Flanigan은 자신의 책 《용서할 수 없는 일을 용서한다는 것Forgiving the Unforgivable》에 이를 자세히 설명한다.

그녀는 관계라는 맥락에서 볼 때 "용서할 수 없는 일"은 대개 중요한 "피해"로 경험되는 "사건"으로 시작된다고 말한다. 예를 들어 "거짓말, 외도, 성폭행, 또는 약속 위반" 같은 경우들이다.[10] 이런 일들이 "용서할 수 없는 일"인가 아닌가의 여부는 그 다음 상황이 어떻게 전개되는지에 달려 있다. 첫 번째 시나리오는 뉘우침 후 용서가 이뤄지는 경우다. 두 번째 시나리오는 소위 "거짓 화해"라는 과정을 통해 관계가 서서히 와해되는 경우다. 마지막 세 번째 시나리오는 "피해자의 근본적인 신념 체계에 돌이킬 수 없는 엄청난 타격"을 가해 "용서할 수 없는 상처"가 생기는 경우다. 그녀는 이 상태를 다음과 같이 표현한다.

> 도덕 체계를 변화시키고 관계를 결렬시키는 상처는 한 번의 도덕규범 위반으로 시작되지만 결코 거기서 멈추지 않는다. 점차 소용돌이를 일으키며 피해자의 다른 신념들까지 하나하나 파괴해나가다가 끝내는 그 피해자마저 파괴해버리고 만다.[11]

객관적인 관점에서만 보면 친밀한 관계에서의 단순한 원칙과 약속 위반이 문제인 것처럼 생각되지만, 피해자의 관점에서는 상당히 다르게 받아들여질 수 있다. 여기서 문제가 되는 것은 가해행위의 유형이 아니라 관계 자체의 핵심인 신뢰가 깨졌다는 현실이다. 누군가 신

---

10 Flanigan, B. *Forgiving the Unforgivable*, p. 22.
11 Flanigan, B. *Forgiving the Unforgivable*, p. 26.

뢰를 저버리면 속으로 파고드는 배신감으로 인해 자존감, 자신감 같은 인격적 측면들이 큰 손상을 입는다. 심지어 지금껏 살아온 삶 전체를 부정하기도 한다. 이 점이 가장 흔하면서도 잔인한 배신의 한 양상이다. 그 전까지는 모든 게 다 좋아보였다. 신뢰, 사랑, 존중이 상호적인 것이라 믿었다. 그러다 배신을 당하면, 그것도 여러 차례 겪고 나면 모든 것을 완전히 다른 각도에서 바라보게 된다. 큰 상처를 남기는 배신은 피해자를 용서할 능력조차 없는 존재로 만들기도 한다.

여기서 중요한 건 이러한 용서 능력의 상실은 배신행위에 따른 결과이지 배신당한 사람의 잘못이 아니라는 점이다. 따라서 이 상황에 처한 피해자를 도우려는 사람은 이 사실 말고도, 이로 인해 피해자의 고뇌가 더욱 깊어질 거라는 사실까지 염두에 둬야 한다. 의심할 줄 모르는 사랑이 있던 자리에는 피해의식이 대신 들어차고, 피해의식은 다시 급격한 증오감으로 발전한다. 자아의 일부가 죽고 없어진 공간에는 상실감만 크게 자라난다. 사랑하는 관계를 지탱하고 유지시켜줄 용서할 능력마저 사라져버리고 나면 점점 더 불편하고 불쾌한 상황으로만 치닫게 될 뿐이다. 배신을 예로 든 이유는 상처가 단순히 가해나 피해 차원의 문제가 아니라 트라우마와 피해의식이라는 미묘하면서도 유해한 측면들의 조합임을 보여주기 위해서였다.

3장 / 고문
그 후

1990년대 런던 웨스트엔드West End에서 〈죽음과 소녀Death and the Maiden〉라는 연극이 유례없이 성공적으로 상연된 적이 있다. 칠레 출신 희곡작가인 아리엘 도르프만Ariel Dorfman이 극본을 쓴 이 연극은 로만 폴란스키Roman Polanski 감독에 의해 곧이어 영화화됐다(우리나라에 〈진실〉이라는 제목으로 소개된 이 영화는 남미의 한 국가를 배경으로 군사독재 치하에서 눈이 가려진 채 잔악한 고문을 당한 여자(시고니 위버 분)가 15년 만에 가해자(벤 킹슬리 분)로 확신되는 남자를 우연히 만나면서 벌어지는 몇 시간 동안의 사건전개와 등장인물의 심리를 다루고 있다. 제목 '죽음과 소녀'는 에곤 실레나 에드바르 뭉크의 그림 등 여러 예술 작품들의 고전적 테마로 쓰였으며, 이 영화에서는 남자의 가해행위를 입증할 결정적 단서인 동명의 슈베르트 음악을 가리킨다.—옮긴이). 항간의 관심을 끌어모은 이 연극의 주제는 다음과 같은 질문으로 요약될 수 있다.

"만약 아무도 없는 곳에서 당신을 고문했던 자의 목숨을 손아귀에 쥐게 된다면 당신은 과연 어떻게 할 것인가? 그자에게 당신은 무엇을 요구할 것인가?"

연극에서 고문 피해자인 폴리나Paulina가 이 상황에 처한 주인공이다. 그녀는 모든 가능성들을 고려한 다음, 제일 먼저 복수를 떠올린다. 자신이 당한 대로 "조직적으로, 한순간 한순간, 이 도구 저 도구를 모두 써가며" 똑같은 고문을 가해야겠다고 다짐한다.[1] 맨 처음에 품었던 이 욕구는 진실한 자백을 받아내고야 말겠다는 욕구로 점차 바뀌어간다.

"그자를 녹음기 앞에 꿇어앉힌 다음 자기가 한 짓을 내게 낱낱이 고하게 할 거야. 그런 다음 그 내용을 직접 제 손으로 다 쓰게 해야지. 서명도 받아두고, 영원히 기록으로 남기는 거야."[2]

연극이 진행되면서 그녀는 결국 그의 자백을 받아낸다. 하지만 막상 그가 자백하고 나자 두 가지 문제가 그녀를 또 다른 곤경에 빠뜨리고 만다.

첫째, 그의 말에서 뉘우침이나 후회의 기미가 전혀 보이지 않는다. 둘째, 그녀가 죽이겠다고 위협하자 그는 자신이 한 자백을 간단히 철

---

[1] Dorfman, A. *Death and Maiden*, p. 34.
[2] Dorfman, A. *Death and Maiden*, p. 35.

회해버린다. 그렇지만 그는 그녀를 고문했던 자만이 알고 있을 법한 일을 이미 언급했고, 거기서 그녀는 그가 자신을 고문했던 자라는 심증을 굳힌다. 악랄한 고문을 자행하고도 전혀 반성하거나 사죄하지 않는 자가 눈앞에 버젓이 서 있음을 새삼 깨달은 그녀는 총으로 쏘아 버리겠다고 위협하며 열까지 세기 시작한다. '아홉'에 다다른 순간, 갑자기 막이 내린다. 이윽고 대형 거울이 나타나 관객을 비추면서 스스로에게 질문을 던지도록 유도한다. 이 연극은 아무런 답을 내놓지 않는다. 아니, 애초부터 답은 없다. 용서에 관한 고통스러운 문제를 새로운 틀 안에서 관객에게 오히려 되물을 뿐이다.

"만일 당신이 가해자의 생사여탈권을 쥔다면 어떻게 하겠는가? 한때 당신을 잔인하게 고문했던 자가 전혀 가책이나 회오의 기색을 보이지 않는다면 당신은 과연 어떻게 하겠는가?"

고문은 다양한 이유에서 시작된다. 때로는 정보를 캐내기 위해 소위 '시한폭탄' 상황이라는 명분하에 '정당화'되기도 한다. 가령 테러리스트에게서 핵심 정보를 신속히 빼내기만 하면 끔찍한 계획범죄로부터 수많은 사람들을 구해낼 수 있다는 논리가 그 예다. 때로는 특정 집단이나 국민을 공포에 몰아넣음으로써 세력을 약화시키기 위해, 또는 반대세력에 대한 억압을 강화하거나 그들의 입을 틀어막기 위해 고문이 자행된다. 뿐만 아니라 고문은 포로들에게 가하는 극심한 처벌의 형태로 공공연히 악용되기도 한다. 이러한 고문은 근거(비뚤어진 근거이긴 하지만)가 있을 때만 저질러지는 것이 아니다. 1장에서 언급한 어머니의 아들도(재판과정 중에 드러난 참혹한 진실을 그대로 옮기자면) 며칠간 끔찍한 고문을 당한 끝에 목이 졸려 숨졌다. 참척慘慽의 고통을 겪은 그 어머니가 알게 된 더욱 소름끼치는 진실은 가해자들에게 아무런 살해 동기가 없었다는 점이다.

고문은 흔히 힘의 우위를 확보한 사람이 자신의 쾌락과 오락을 위해 고의로 타인을 이용하려는 욕구에서 비롯된다. 혹은 일부러 작정한 것은 아니더라도 그러한 욕구의 유혹을 떨쳐내기 힘들다는 기막힌 이유에서 시작되기도 한다. 영화 〈죽음과 소녀〉는 연극과는 다른 결말을 보여준다. 영화에서 폴리나를 고문했던 의사 미란다Miranda의 마지막 자백은 이것이었다.

"나는 할 수 있었기 때문에 했을 뿐이다."

통상 가혹하고 굴욕적인 고통을 의도적으로 가하는 행위로 정의되는 고문은 다양한 행태로 그 모습을 드러낸다. 어떤 경우에는 극심한 육체적 고통을 유발하는 데 보다 초점을 맞추기도 하고, 혹은 갖가지 수단을 이용해 공포를 조성함으로써 수치심과 모욕감을 일으켜 개인의 가치와 존엄성을 훼손하려는 의도가 더 큰 경우도 있다. 두 경우 모두 피해자를 무력화하고 정체성을 손상시키는 전략으로 육체적·심리적 고통을 이용한다. 특히 심리적 고통은 수년간, 심지어 수십년간 지속된다. 아예 평생토록 피해자의 삶을 지배하기도 한다.

고문과 고통에 관한 글을 썼던 일레인 스캐리Elaine Scarry는 고문으로 인한 고통은 "말로 형언할 수 있는 수준"을 넘어서기 때문에 피해자를

"언어능력을 갖추기 이전 상태의 인간"으로 전락시킨다고 주장한다. 고문 피해자인 야코보 티머만Jacobo Timerman은 자신의 실제 경험을 이렇게 증언한 바 있다.

"전기 충격이 가해지면 감지할 수 있는 건 오로지 살점이 떨어져 나간다는 느낌뿐입니다. 그저 짐승처럼 큰 소리로 울부짖게 되지요."[3]

특히 정치적 동기에 의한 고문은 피해자의 목소리를 교묘하게 박탈해버린다. 스캐리에 의하면, 육체적 고통이 심리상태에 가하는 충격은 실상 정치적 고문의 필수요소다. 육체적 고통을 가함으로써 피해자가 오직 그 고통에만 관심을 쏟도록 만들려는 책략이다. 그것도 철저한 주의집중을 요하는 관심이다. 다른 모든 지각은 물론 의식마저 잃게 만든다는 점에서 사람들은 고문을 "암흑과 같은 고통"이라고도 표현한다. "극에 달한 고통만이 유일한 현실이 된다."[4] 이는 과거와 미래에 대한 의식, 그러니까 정체성과 연속성에 대한 인식이 모두 상실됨을 뜻한다. 결국 시간은 고통의 순간에 멈춰진 채 고문 경험만이 끈질기게 지속된다. 고문 피해자인 쉐일라 캐시디Sheila Cassidy는 이렇게 말한다.

계속되던 고문이 잠깐 멈춘 사이 침상에 웅크리고 누웠을 때였어요. 더 이상 아무 감각도 느껴지지 않고 아무것도 보이지 않더군요. 마치 푹 꺼진

---

[3] Cavanaugh, W. *Torture and Eucharist*, p. 35.
[4] Cavanaugh, W. *Torture and Eucharist*, p. 37.

구덩이를 아래로 한 채 허공에 매달려 있는 것 같았어요. 과거도 미래도 없이 극심한 고통만이 유일한 현실이었죠. 닥쳐올 고통에 대한 두려움 외엔 아무것도 없었어요.[5]

《고문과 성체성사*Torture and Eucharist*》라는 책에서 고문의 현실을 신학적으로 다룬 윌리엄 캐버너William Cavanaugh는 고문은 공동체를 산산이 부수고 "개인들"로 만들어버린다고 갈파했다. 여기서 말하는 개인은 독립적이고 완전한 인격체로서의 개인이 아니라, 모든 유의미한 사회적 연결망에서 차단된 객체, 극단적으로 고립된 자, 자신의 본모습과 목소리를 완전히 빼앗긴 사람을 지칭한다.

고문 피해자들을 직접 만나본 심리학자들 모두 고문은 자아분열을 통한 파멸을 획책한다고 주장한다. 고문에 따른 무력감이 극에 달하면 피해자는 주체가 아닌 객체로 전락하고 만다. 자아가 완전히 와해되어 스스로를 보호할 능력조차 상실한다. 결국 자아의 궁극적 부정인 죽음만이 유일한 선택지로 남는다.[6]

고문 피해자들의 상당수가 실제로 자살을 택하거나 기도한다. 고문의 목적은 인간의 존엄성 파괴와 자유의 박탈이다. 따라서 고문이 성

---

5 Cassidy, S. *Audacity to Believe*, p. 198.
6 Cavanaugh, W. *Torture and Eucharist*, p. 40.

공적일수록 용서 자체가 불가능해진다. 왜냐하면 용서는 자유 의지가 있는 사람만이 할 수 있는 행위이기 때문이다. 그러나 고문의 후유증 속에서도 용서 이야기로 이해될 만한 사례들이 있다. 그중 하나가 잘 알려진 에릭 로맥스Eric Lomax의 이야기다. 그는 제2차 세계대전이 한창이던 무렵 극동지역의 한 이름 없는 전쟁포로였다.

철도원

전쟁포로였던 에릭 로맥스가 자신이 겪은 일들을 담담히 풀어놓은 《철도원The Railway Man》은 원제보다 '용서에 관한 책'으로 더 유명하다. 21세기에 들어서면서 용서라는 문제가 제2차 세계대전이 끝난 직후보다 사람들 마음에 훨씬 가깝게 다가오는 모양이다. 그렇지만 정작 '용서에 관한 이야기'는 책 말미에 가서야 등장한다. 1996년에 출간된 이 책이 용서에 관한 새로운 관심의 파장을 불러일으키긴 했으나, 용서가 쉽거나 간단히 이뤄질 수 있다는 언질 혹은 심한 구타와 고문이 있었음에도 화해와 용서가 이뤄졌다는 교훈을 찾아보기는 힘들다. 고문을 겪은 지 한참 뒤인 1987년만 해도 로맥스는 일본군 가해자와 연락하느니 차라리 자신의 오른팔을 잘라내버리는 게 낫겠다고 생각할 정도였다.[7]

오히려 이 책을 통해 로맥스는 일본의 여러 포로수용소들을 전전하며 겪은 끔찍한 경험을 토대로, 수십년이 흘러도 용서가 얼마나 하기 힘든 일인지를 새삼 일깨워준다. 이 같은 생각은 책이 출간되고 난 지 몇 년 후, 웹 사이트 '용서 프로젝트The Forgiveness Project'에 올라온 그의 이야기에 보다 자세히 나와 있다.[8] 전후 작은 마을로 돌아와 신앙생활을 하며 평범하게 지내면서도 소소한 일상마저 견디기 어려워하는 (이해할 만한 일이다) 처지를 써내려간 대목에도 그러한 심정이 그대로 묻어난다.[9] 하지만 그 밑에 깔린 더 깊고 중요한 이야기는 그가 처음 고문 피해자 보호 의료재단the Medical Foundation for the Care of Victims of Torture(이하 의료재단)의 지원을 받게 되면서부터 서서히 모습을 드러낸다. 용서 이야기의 시발점은 의료재단 직원들이 로맥스라는 한 피해자가 겪은 육체적 고통에 대해, 나아가 그 고통이 심리상태에 지속적으로 영향을 미치는 과정에 대해 진심으로 귀 기울이는 모습을 보여준 첫 장면으로 거슬러 올라간다.

로맥스는 의료재단을 처음 방문하던 날, 재단이사장인 헬렌 뱀버Helen Bamber가 따뜻하게 맞아준 감동적인 순간을 이렇게 회고한다.

---

[7] Lomax, E. *The Railway Man*, p. 232.
[8] http://theforgivenessproject.com/stories/eric-lomax-scotland/.
[9] 그가 고문 경험과 그 영향을 자신의 신앙과 관련지어 생각했었는지의 여부는 책에 전혀 나타나 있지 않다.

그녀는 전혀 서두르지 않았다. 쇠털 같이 많은 나날들이 무한정 널려 있다는 듯 내내 여유롭고 공감어린 태도를 보여주었다. 무엇보다 내게 시간을 주었다는 것, 반복되는 일상의 압박이 내가 하려는 말들을 의미 없이 떠내려 보내지 않게 해준 것만으로도 놀랍고 고마운 일이었다.[10]

로맥스에게 그 만남은 마치 "미지의 세계, 보살핌과 이해의 세계를 향해 열려 있는 문을 통과해 들어가는 것"과 같았다.[11] 그의 이야기에 귀 기울여 준 사람은 뱀버만이 아니었다.

몇 번씩이나 속으로 경탄했다. 재단이사장부터 나이 어린 신참 직원들까지 모두 내 이야기를 듣고 또 들어주었다. 내가 속내를 털어놓기 시작했다는 것조차 믿기지 않을 정도였다.[12]

내가 이 상황을 특별하게 보는 이유는 로맥스가 혼자만의 고통스러운 기억들을 기꺼이 그와 나누려는 사람들과 처음으로 함께했다는 점 때문이다. 그들은 로맥스가 과거를 회상하고 얘기하는 동안 열심히 들어주었고, 그 과정에서 그는 서서히 자신의 목소리를 되찾아갔다. 경청 속에 녹아든 '함께함'의 경험을 통해 로맥스는 타인뿐만 아니라

---

10 Lomax, E. *The Railway Man*, p. 235.
11 Lomax, E. *The Railway Man*, p. 236.
12 Lomax, E. *The Railway Man*, p. 237.

자신에게도 속마음을 드러내보일 용기를 얻었고, 그제야 비로소 고문 경험이 지속적으로 자신의 인성과 성격에 영향을 미쳐왔음을 납득하게 되었다. 두 해에 걸쳐 한 달에 한 번씩 정기적으로 이어진 공감과 수용의 '길잡이 대화'가 로맥스의 자기인식에 큰 변화를 가져온 것이다. 이 점은 그의 다음과 같은 언급에도 잘 나타난다.

> 생전 처음으로 한 인간으로서의 나 자신을 인식할 수 있게 되었다. 고문 경험이 내 모습에 대한 이해의 열쇠를 일부 쥐고 있었다는 걸 말이다. 내가 왜 이리 완고하고 수동적이고 조용한 적의를 품고 사는 이상한 사람이 돼 버렸나……. 그 이유를 비로소 깨달았다. 내가 왜 분노를 드러내놓고 표현하지 못한 채 살아왔는지, 왜 그토록 권위를 받아들이기 힘들어했는지, 왜 때때로 아무런 감정을 느끼지 못하는지도…….[13]

의료재단의 관심과 보살핌 속에 두 해쯤 흐른 어느 날, 로맥스는 우연히 나가세 타카시Nagase Takashi라는 사람이 쓴 글을 접하고 (그의 표현을 그대로 옮기자면) "아주 낯설고 기이한, 어떤 냉랭한 기쁨"을 경험하게 된다. 사진 속 한 노인의 얼굴을 보자마자 그 '유명한 물고문' 당시 현장에 있던 통역관임을 알아차린 것이다. 지금은 물고문이라는 말 대신 '워터보딩waterboarding'이란 표현을 쓰기도 하지만 이 단어는 로

---

13 Lomax, E. *The Railway Man*, p. 237.

맥스가 겪은 끔찍한 경험에 비하면 터무니없이 아무것도 아닌 일처럼 들린다. 그러나 2008년 〈타임스The Times〉에 그가 기고한 글에는 그 공포가 적나라하게 드러난다.

나를 긴 의자에 바로 누이더니 이미 부러져서 쓸모없게 된 내 팔을 가슴께에 엇갈려 얹고, 천으로 내 얼굴을 덮은 다음 호스에 연결된 수도꼭지를 틀었다. 너무나도 간단한 일이었다. 상급교도관이 뭔가를 말하라고 다그치면서 회초리로 이따금씩 매질을 해댔고, 내 팔은 그 고통을 고스란히 맞을 수밖에 없었다. 그때 이 과정을 전부 지켜보면서도 전혀 동정심을 내비치지 않던 통역관이 내 왼손을 꼭 잡았다. 마치 죽지 않고 살아 있나 확인하려는 것 같았다.[14]

고문과 학대를 포함해 온갖 가학행위에 연루된 자들 중에서 나가세라는 통역관만은 로맥스가 유일하게 목소리와 얼굴까지 기억하는 사람이었다. 그런데 바로 그 통역관이 당시의 기억으로 인해 매일 밤 악몽에 시달린다는 사연을 글로 남긴 것이다. 거기에는 이후 나가세가 일본군 치하에서 죽임을 당한 수많은 전쟁포로들을 기리기 위해 자선사업을 벌이는 등 백방의 노력을 기울이고 있다는 말도 적혀 있었다. 로맥스는 이 대목에서 "복수의 짜릿한 승리감"을 맛보았다고 술회했

---

[14] Lomax, E. 'Waterboarding: The Most Horrific Experience of My Life,' *The Times*, 2008년 3월 4일.

다. 평생토록 고통받아온 사람이 혼자만은 아니었다는 사실에 묘한 기쁨을 느꼈던 것이다. 하지만 동시에 알 수 없는 유대감 같은 걸 느끼기도 했다면서, 로맥스는 이렇게 토로했다.

그도 어쩌면 나의 비명 섞인 고뇌와 공포의 잔상에 이끌려 살아갈 수밖에 없었는지도 모른다.[15]

그렇다고 해서 로맥스가 겪은 고통의 무게까지 과소평가해서는 안 된다.

물고문의 전 과정은 온몸의 근육이 뒤틀리는 길고긴 고통스러운 순간의 연속이었다. 물이 세기를 달리하며 코로 쉼 없이 흘러들어오는 동안, 익사 직전까지 숨이 끊어질 듯 막히는가 싶더니 이내 다시 구토와 기침이 터져나왔다. 아무리 순화해서 표현한다고 해도 내 평생 최악의 끔찍하고 섬뜩한 경험이었다. 그 사이에도 질문은 계속 이어졌다. 고문이 얼마나 지속됐는지 전혀 알 수가 없었다. 몇 날 며칠 잠시도 쉬지 않고 고문이 진행되는 동안 무의식과 반의식 상태가 교대로 찾아왔을 뿐이다. 그러다 마침내 나는 감방에 던져졌다. 너무 비좁아서 운신하기조차 힘든 어두운 골방으로……. 이 무렵, 내 동료들 중 두 명이 맞아 죽었다. 변소에 버려진 시체

---

15 Lomax, E. *The Railway Man*, p. 240.

는 이날 이때까지도 아마 그 자리에 그대로 남아 있을 것이다.[16]

고통스러운 고문의 기억에다 통역관에 대한 의외의 인식까지 겹친 상황은 로맥스에게 예상치 못한 난제였을 것이다. 그런 만큼 어떠한 반응을 표명하기까지 얼마간의 시간이 소요될 수밖에 없었다. 그렇지만 오래지 않아 그는 나가세를 만나야겠다고 마음먹었다. 용서를 염두에 둬서가 아니었다. 나가세가 글로 쓴 후회에 과연 얼마큼의 진정성이 들어 있는지 만나서 직접 확인해보자는 것이 그의 본심이었다. '그가 진심으로 뉘우친 것일까?' '정말 진지한 참회일까?' '그의 회오가 비로소 고통의 현실과 맞닿은 것일까?' 이 무렵부터 어떤 사람들은 로맥스에게 이제 그만 용서하고 잊으라고 조언하기 시작했다. 그는 이에 대해 이렇게 썼다.

보통 같으면 나는 어떤 문제를 놓고 웬만해선 대놓고 논쟁하지 않는다. 그래도 이 문제만큼은 나도 의견을 내지 않을 수 없다. 용서하라고 충고를 건넨 대다수는 내가 치른 종류의 경험을 한 번도 겪어본 적 없는 사람들이었다. 나는 용서할 의향이 없다. 아직까지는, 아니 아마도 절대로.[17]

---

[16] Lomax, E. 'Waterboarding: The Most Horrific Experience of My Life,' *The Times*, 2008년 3월 4일.
[17] Lomax, E. *The Railway Man*, p. 241.

실상 그의 마음은 용서와는 전혀 거리가 멀었다.

솔직히 그를 죽도록 패버리고 싶다는 생각이 여전히 자주 들었다. 그때 의료재단 직원인 스튜어트가 살인 그 너머를 보라고 설득했다.[18]

이 와중에 로맥스의 마음속에 들기 시작한 생각은 나가세와 어떤 방식으로 만날 것인가의 문제였다. 그는 자신의 정체를 미리 밝히고 싶지 않았다. 나가세와 직접 대면하는 순간, 이왕이면 텔레비전 카메라 앞에서 내가 바로 지도를 제작하고 소지했다는 이유로 고문당했던 그 전쟁포로라며 불쑥 나설 참이었다. 하지만 일은 계획대로 흘러가지 않았다. 그 사이 뜻하지 않게 일본인 역사교수 한 사람이 로맥스를 찾아와 '노무샤romusha'(노무자勞務者를 지칭하는 일본어로 제2차 세계대전 중 인도네시아를 비롯한 일본 점령지의 강제노동자를 일컬음. —옮긴이) 연구를 진행하고 있다며 그에게 간곡한 도움을 청한 것이다.[19] 이 만남은 로맥스의 마음속에 일본과 일본인에 대한 전혀 다른 형태의 관심을 심어주는 계기가 되었다. 나가세는 악랄한 고문 가담자이며, 일본인들은 방자하고 잔인한 족속일 뿐이라는 생각에서 한 발짝 빗겨나

---

18 Lomax, E. *The Railway Man*, p. 242.
19 다양한 국적과 언어를 가진 약 25만 명의 사람들이 일제 치하에서 철도원으로 강제노역을 당했다. 그럼에도 불구하고 이 문제는 아직까지 제대로 알려지거나 연구된 적이 없다. Lomax, E. *The Railway Man*, p. 244.

제2차 세계대전 참전 당시의 에릭 로맥스(왼쪽)와 나가세 타카시(오른쪽).

에릭 로맥스는 제2차 세계대전 당시 버마-시암에 이르는 '죽음의 철도' 건설에 일본의 전쟁포로로 동원돼 3년 반 동안 강제노역과 고문을 당했다. 당시 기억은 로맥스의 여생을 지배했고 그는 1996년 회고록 《철도원》을 출간한다. 2012년 10월, 94세의 나이로 사망했다.

어쩌면 그 이상의 존재일 수 있다는 가능성이 그에게 현실로 다가오기 시작했다.

그 일이 있은 직후 로맥스는 나가세가 쓴 70쪽 가량의 소책자 《십자가와 호랑이 Crosses and Tigers》를 읽어내려가던 중, 징집된 나가세가 포로수용소에서 느꼈던 심정을 토로하는 대목에서 예기치 못한 충격을 받는다. 나가세가 포로수용소를 연민의 눈으로 바라봤음을 깨달았기 때문이다. 결국 나가세라는 인간도 군법에 복종해야 할 의무와 괴로워하는 포로들에 대한 연민, 그 사이에 끼인 고통받는 영혼에 지나지 않았던 것이다. 나가세의 심적 고통은 로맥스를 고문하던 당시 상황을 묘사하는 구절에도 절절히 드러난다.

> 극심한 고문을 당하는 포로를 지켜보면서 나는 정신이 나갈 지경이었다. 떨리는 내 몸을 어떻게든 진정시키려 필사적으로 안간힘을 썼다. 그가 내 눈앞에서 죽을지도 모른다는 엄청난 두려움이 밀려왔다. (…) 포로가 "엄마! 엄마!" 하며 울부짖는 모습을 보면서 나는 그의 어머니에게 속으로 이렇게 웅얼거렸다. "어머니, 지금 당신 아드님에게 무슨 일이 일어나고 있는지 아세요." 나는 지금도 그 끔찍한 순간을 회상할 때마다 온몸이 사시나무 떨듯 떨려오는 것을 멈출 수가 없다.[20]

---

20 Lomax, E. *The Railway Man*, p. 248–249.

이 작은 책자에는 또 한 가지 뜻밖의 사연이 얽혀 있다. 태국 칸차나부리에 위치한 전사자 묘지를 방문했을 때의 일을 상세히 서술한 대목에서 나가세는 당시 상황을 이렇게 묘사하고 있다.

> 7,000여 명의 전사자들이 잠든 묘지 한가운데 서서 하얀 십자가 아래에 가만히 화환을 내려놓고 묵념을 올렸다. 그때 나는 내 몸이 사방으로 노란색 빛줄기를 내뿜고 있다는 느낌을 받았다. 그러더니 이내 몸 전체가 투명해지는 것 같았다. 그 순간 나는 생각했다. '그래, 바로 이런 거야! 용서받는다는 것이.'[21]

로맥스는 이 구절을 일면 무덤덤하게 읽었지만 용서받았다는 나가세의 느낌에 대해서만큼은 의구심을 품지 않을 수 없었다. 그는 자신의 책에 이렇게 적었다.

> 신은 그를 용서했을지 모르지만 나는 그를 용서한 적이 없다. 한낱 인간의 용서와는 완전히 다른 문제니까 말이다.[22]

한편 로맥스의 아내는 나가세가 수기에 쓴 내용을 매우 불쾌하고 모욕적으로 받아들였다. 그녀는 곧장 나가세에게 편지를 썼다. 편지

---

21 Lomax, E. *The Railway Man*, p. 251.
22 Lomax, E. *The Railway Man*, p. 252.

에는 두 사람이 직접 만날 것을 제안하는 내용과 함께 이런 질문이 덧붙여져 있었다.

"'용서받은' 나가세 씨는 어떤 기분일까요? 전쟁포로로 붙잡혀 있던 내 남편은 아직 당신을 용서하지도 않았는데 말이에요."[23]

나가세는 편지를 받고 이렇게 답신을 보냈다.

"당신의 그 말씀이 죽비처럼 저를 내리쳤습니다. 저의 더럽고 추한 과거를 다시 상기시켜주었습니다."

그 편지 말미에는 이런 말이 씌어 있었다.

"당신 편지가 비수처럼 제 마음 깊숙이 꽂혀 들어왔습니다."[24]

그 답신의 효과는 실로 놀라웠다. 로맥스의 아내는 그의 편지에 진심으로 감동했고, 동시에 분노도 눈 녹듯 녹아내렸다. 로맥스 역시 그때 자신이 보였던 반응을 다음과 같이 적고 있다.

그 순간 나는 내 몸을 두르고 있던 딱딱한 갑옷을 전부 벗어버리고, 도저히 생각할 수도 없는 일을 처음으로 생각하게 되었다. '이제는 좋은 마음을 가지고 나가세와 얼굴을 마주볼 수도 있겠구나.' 용서가 추상적인 관념을 뛰어넘어 실질적인 가능성으로 변모한 것이다.[25]

---

23 Lomax, E. *The Railway Man*, p. 253.
24 Lomax, E. *The Railway Man*, p. 255.
25 Lomax, E. *The Railway Man*, p. 255.

이는 대단히 중요한 의미를 가진 순간이다. 우리는 여기서 세 가지 측면을 눈여겨봐야 한다. 첫째 끝끝내 무너지지 않을 것 같던 벽이 허물어졌다는 점, 둘째 상상력의 해방(도저히 생각할 수 없는 일을 생각하게 된 것)이 이뤄졌다는 점, 셋째 용서가 추상적인 관념이 아닌 실질적인 가능성으로 떠올랐다는 점이다. 그야말로 해방과 발견, 치유와 재통합의 순간이었다. 로맥스는 완전히 새로운 사람으로 바뀌기 시작했다. 여기서 말하는 '새로운 사람'이란 그가 자신의 의지대로 스스로를 재창조했다거나 그의 성격이 완전히 개조됐다는 뜻이 아니다. 과거의 고통스런 기억과 그 기억을 좀더 나은 것으로 만들겠다는 책임감, 이 둘을 통합시켜나갈 가능성이 생겨나면서 찾아온 변화였다. 그리고 이 변화로부터 과거의 기억과 미래의 책임감을 통합시키기 위해 지금 어떤 것들이 필요한지 생각하고 말할 수 있는 능력과 소망이 자연스럽게 흘러나왔다.

일년 후, 로맥스와 나가세 두 사람은 태국 칸차나부리에 소재한 콰이강의 다리 인근에서 직접 만났다. 로맥스는 처음엔 데이비드 린David Lean의 영화 〈콰이강의 다리The Bridge On The River Kwai〉 덕에 "너무 유명해져버린" 곳이라 망설였지만(영화를 보면 그렇게 살찐 포로들이 어디 가당키나 하느냐면서), 나가세가 화해의 불교사찰을 건립하기로 한 취지를 살려 이곳을 만남의 장소로 정했다고 말했다.

로맥스는 그 만남에 대해 비교적 소상히 기술했다. 나가세가 내내 감정이 북받쳐 어쩔 줄 몰라 했기 때문에 오히려 신중하고 차분한 로맥스의 성격이 진가를 발휘했다. 로맥스는 그 상황을 이렇게 표현했다.

"내 성격이 그를 '돕는 데 도움'이 된 셈이었어요."[26]

나가세는 처음엔 그저 "정말, 정말 미안합니다."라는 말밖에 하지 못했지만 로맥스의 배려에 힘입어 말을 이어나갔다.

"당신을 잊은 적이 없습니다. 단 한시도……. 당신의 얼굴, 특히 당신의 두 눈이 언제나 잊혀지지 않았습니다."

그 뒤의 상황에 대해 로맥스는 이렇게 기록하고 있다.

그가 손을 잡아도 되는지 묻고는 조심스레 내 손을 잡았다. 나를 심문했던 그가 내 손을 잡은 것이다. 그의 손보다 훨씬 더 큰 내 손을. 그러고는 한없이 쓰다듬었다. 그렇지만 당혹스럽다는 느낌은 들지 않았다. 그는 이내 손목을 두 손으로 잡고는 내가 고문당하던 그날(그가 고문이라는 단어를 입에 올렸다), 맥을 짚었었다고 말했다. 그가 자신의 수기에도 썼던 그 말이 떠올랐다. 막상 서로 얼굴을 마주 대하고 있자니, 그의 슬픔도 내 슬픔만큼이나 깊었을 거라는 느낌이 전해져왔다. "나는 일본 제국주의 육군의 일원이었고 당신 나라 사람들을 아주, 아주 나쁘게 대했습니다."라는 그의 말에 나는 위로하듯 이렇게 말해주었다. "우리 둘 다 살아남았습니다." 이제는 정말 그렇게 믿고 있다.[27]

---

26 Lomax, E. *The Railway Man*, p. 263.
27 Lomax, E. *The Railway Man*, p. 264.

이 이야기는 여기서 끝날 수도 있었다. 하지만 로맥스는 용서 문제가 이것으로 다 해결됐다고 보기에는 미흡하다 여겼다.

"나는 내 결정의 구속력을 의식하고 있는 나가세에게 어떻게든 응답해줘야 한다고 느꼈다."[28]

여기서 눈여겨볼 만한 것은 이 단계부터 로맥스가 나가세의 필요에 이끌리게 되었다는 점이다. 용서받지 못한 악행은 악행을 저지른 자의 다음 생에서 다시 되풀이된다는 불교적 사고방식을 로맥스는 누군가로부터 이미 들어 알고 있었다. 비록 불교의 가르침을 다는 이해하지 못했지만, 그는 나가세를 더 이상의 고통으로부터 자유롭게 해주고 싶었다. 그러자 어떤 절차를 통해 용서를 전할까 하는 문제만이 남게 되었다.

기회는 그들이 둘 다 일본에 머물 때 찾아왔다. 그동안 단둘이 있었던 적은 단 한 번도 없었다. 로맥스가 둘만 남겨지기를 청했을 때, 나가세는 머뭇거렸고 그의 아내도 염려를 표하며 영어로 겨우 "심장heart"이라고만 말했다. 그의 노쇠한 체력과 취약한 건강상태를 상기시키는 말이었다. 그러다 마침내 두 사람만 남게 되자 로맥스는 미리 써두었던 편지를 나가세에게 찬찬히 읽어주었다. 전쟁은 이미 50년도 전에 다 끝난 일이라는 단언과 함께 나가세가 겪었을 고통, 화해를 위해 그가 한 노력들 그리고 군국주의에 대항한 그의 용기 있는 자세를

---

[28] Lomax, E. *The Railway Man*, p. 269.

인정해주는 내용이었다. 그런 다음 그는 이렇게 끝맺었다.

"1943년 칸차나부리에서 일어났던 일을 결코 잊을 순 없지만, 나는 당신을 전적으로 용서합니다."[29]

나가세는 주체할 수 없는 감정에 하염없이 눈물을 쏟았다.

되짚어보기

로맥스의 용서 이야기에서 주목해야 할 두 가지 사실이 있다. 첫째, 용서는 사건 이후 거의 반세기라는 오랜 기간에 걸쳐 이뤄졌다. 둘째, 50년이라는 세월 중 처음 40년간은 별다른 일이 일어나지 않았다. 진정한 치유과정은 그가 의료재단의 보살핌 속에서 자신의 이야기를 사람들에게 털어놓으면서 시작됐다. 진심어린 공감과 경청을 통해 해방감과 자유를 느끼게 된 그가 비로소 본모습을 되찾아갔던 것이다. 그는 자신이 겪은 일들에 대해 이렇다 할 설명을 따로 하지 않는 대신, 적합한 단어들을 찾아 그의 감정과 심리를 묘사해나갔다. 이를 통해 우리는 육체적인 상처보다 정신적·정서적 상흔이 훨씬 더 깊음을 뚜렷이 인식할 수 있었다. 또한 그가 스스로 어떻게 자기인식을 향상해나갔는지, 일본인 역사교수의 뜻밖의 방문이 마음을 여는 순간과 어

---

[29] Lomax, E. *The Railway Man*, p. 275.

떻게 맞물리게 되었는지 그리고 트라우마로 암전되다시피 했던 삶에 어떻게 관심과 호기심의 빛이 어리게 되었는지에 대해서도 우리에게 얘기해주었다.

시간의 길이가 이 이야기에서 눈에 띄는 요인이긴 해도 우리가 보다 더 주시해야 할 요인은 일련의 사건들이 일어난 타이밍이다. 차근차근 전개된 사건들이 로맥스의 이야기를 진정한 용서 이야기로 변모시켰던 것이다. 지금까지 살펴본 바와 같이 그는 반세기가 다 되도록 용서할 의도를 전혀 갖고 있지 않았다. 로맥스가 나가세의 《십자가와 호랑이》라는 책을 처음 읽었을 때만 해도, 그는 나가세와 정서적으로 교감할 준비조차 돼 있지 않았다. 그러다 분노가 스며든 로맥스 부인의 편지가 결정적인 전환점으로 작용하면서 비로소 나가세의 슬픔까지도 이해할 수 있는 계기가 찾아왔다.

로맥스의 의지와 상관없는 또 다른 요인들도 살펴볼 필요가 있다. 우선 나가세의 인간성이다. 포로수용소에서 근무했던 모든 통역관들이 나가세처럼 피해자의 고통에 그렇게 민감하게 반응하지는 않았을 것이다. 속죄하는 마음으로 자신의 죗값을 치르기 위해 노력하는 사람도 드물 것이며, 이 모든 걸 책 속에 거짓 없이 담아내는 사람 역시 찾아보기 힘들 것이다. 설사 그렇게 했다 한들 지도를 소지했다는 이유로 가혹한 고문을 당한 당사자의 손에 그 책이 떨어질 가능성은 매우 희박할 것이다. 더구나 피해자의 마음속 깊은 아픔에 대해 진심으로 사죄하고 참회의 뜻을 표하는 경우(가령 로맥스 부인의 편지를 받고 나가세가 진심으로 용서를 빌었던 것처럼)도 그리 흔치는 않을 것이다. 이 모든 일들로 미루어볼 때 로맥스의 역할을 과소평가하려는 의도는 전혀 없지만, 로맥스가 스스로 용서 이야기를 썼다기보다 용서 이야기 안에 들어와 있는 자신을 발견한 것이라고 결론내리는 편이 더 옳을지도 모른다.

이는 우리 가슴에 반드시 새겨둘 만한 의미 있는 결론이다. 정확하게 말해서 로맥스는 결코 용서를 의도하거나 성취하지 않았다. 하나의 복잡하고 불확실한 줄거리가 전개되는 가운데 자신에게 주어진 역할을 해나가는 과정에서 자연스럽게 이뤄진 용서였다. 그는 그 역할을 존엄성과 진정성으로, 마침내는 관용과 호의로 훌륭히 해냈다. 여기서 놓치지 말아야 할 포인트는 이 용서 이야기의 전체 줄거리가 주인공의 의지에 따라 흘러가지 않았다는 점이다. 이 사실은 우리가 로맥스의 용서 이야기를 제대로 이해할 수 있게 해주는 열쇠이자, 깊은 상처를 안고 살아가는 피해자들이 꼭 기억해야 할 중요한 시사점이다.

간단히 요약하면, 용서할 수 있느냐 없느냐의 여부가 전부 우리에게 귀착되는 건 아니다. 우리의 역할은 이 이야기에서처럼 정직과 진심, 관용과 용기를 갖고 주어진 일을 해나가는 것이다. 이 이야기를 읽고 나서 내가 내린 결론은 다음과 같다. 용서라는 단어의 뉘앙스가 아무리 복잡 미묘하더라도 '용서'라고 불리는 덕목이나 자질이 따로 있다거나 그런 덕목이나 자질을 갖춘 사람이 따로 있다고 생각하는 것은 전혀 도움이 되질 않는다는 것이다.[30] 결국 용서에는 여러 가지 사건들과 그에 따른 반응들, 그리고 몇 가지 덕목들만 있을 뿐이다. 그 덕목들이 수많은 우발적인 상황들에 따라 소용이 될 때도 있고 안 될 때도 있겠지만 말이다. 그러한 점에서 로맥스의 이야기는 분명 용서 이야기이면서도, 어쩌면 용서 이야기라고 부를 수 없을지도 모른다. 모든 용서 이야기는 그 자체로 아름답지만, 단순히 피해자가 분노를 씻어내고 사과를 받는다고 해서 간단히 마무리지어지는 일이 아니다. 용서는 그보다 낯설고 훨씬 더 예민한 것이다. 쉽사리 알기 어렵고 상처받기 쉬운 것이 용서다.

로맥스의 이야기로 다시 돌아가보자. 한때 그는 용서가 전혀 불가능하고 상상도 할 수 없는 일이라 여겼지만, 점차 용서가 현실적이고 유의미한 가능성으로 변모해가는 상황 속에 이끌려 들어갔다. 하지만 이러한 변화는 의료재단의 보살핌과 그에 따른 치유과정이 없었더라면 시작조차 되지 않았을지 모른다. 의료재단과의 인연은 일본과 일본인에 대한 새로운 관심으로 이어졌고, 이는 다시 로맥스가 나가세의 책을 접하는 우연을 낳았으며 마침내 두 사람이 직접 만나는 계기로까지 발전했다. 또 한 가지 명백한 사실은 어떤 이유에서든 두 사람이 이 모든 과정을 통해 유대감을 형성할 수 있었다는 점이다. 그중 결정적인 진전은 로맥스가 나가세를 과거 그가 저지른 악행의 결과로부터 풀어주기로 한 결심이었다. 진심으로 뉘우칠 줄 알았던 나가세

---

30 용서의 덕목을 포괄적으로 다룬 논문으로는 *American Philosophical Quarterly* 32, 1995: pp. 289-306에 실린 Robert C. Roberts의 'forgiveness' 참조.

의 속죄와 참회에 대한 반응이었던 것이다.

이 사례는 얽히고설킨 실타래가 오랜 기간 동안 여러 차례에 걸쳐 한 올 한 올 풀려간 *진정한 용서 이야기*다. 이 이야기가 새삼 주목받는 이유는 실타래의 수많은 올들처럼 그들 사이에 여러 가지 사건들이 맞닿아 있었다는 점 말고도, 추상적인 관념에 그쳤던 용서가 마침내 현실적인 가능성이 되기까지 '상상력의 해방'을 자극하는 여러 요인들이 복합적으로 작용했다는 점 때문이다. 반세기라는 오랜 시간, 의료재단의 관심과 지원, 특별한 계기가 되었던 뜻밖의 사건들, 나가세의 인간성 등 용서는 단순히 의지나 미덕의 문제가 아니었다. 만일 우리가 이 이야기를 *이상적인* 용서 이야기로 간주한다면, 로맥스와 나가세의 경우처럼 피해자와 가해자가 서로 맞닿을 여지가 많지 않은 다른 피해자들에게 용서가 자칫 이룰 수 없는 일로 받아들여질 가능성이 있다.

해바라기

사이먼 비젠탈Simon Wiesenthal은 《해바라기*The Sunflower*》라는 책을 통해 유대인 강제포로수용소에서 겪었던 일화를 들려준다. 그는 어느 날 영문도 모른 채 죽음을 목전에 둔 한 나치 친위대 장교의 침상 곁에 불려갔다. 나치 장교는 비젠탈에게 죽기 전 자신의 악행을 고백하고 용서받기를 원한다고 말했다. 하지만 비젠탈은 나치 장교의 말이 끝나자마자 아무런 대답도 하지 않은 채 그대로 나와버렸다. 수용소로 돌아온 그는 다른 포로들에게 이 일을 털어놓았다. 나치 장교에게 아무런 답변도 해주지 않고 뒤돌아 나온 그의 행위는 과연 옳았던 걸까? 동료들 중 아담Adam과 아더Arthur는 이 질문 자체가 잘못이라며 반박하고 나섰다. 나치당원이 한 명 더 죽은 것일 뿐, 그 이상도 이하도 아니라는 것이다. 또 다른 동료 조섹Josek도 비젠탈이 옳은 일을 했다면서 이를 두고 고뇌하는 일이 오히려 잘못이라고 말했다. 이어 그 나치 장교의 손에 죽거나 다친 사람이 숱하게 많기 때문에 비젠탈 혼자 용서할 일은 아니라며, 만약 그가 원한 게 면죄 선언이었다면 비젠탈이 아니라 신부를 불러들였어야 한다고 덧붙였다. 2년 후, 비젠탈은 죽은 동료를 대신해 새로 들어온 한 폴란드 신학대생에게 똑같은 질문을 던졌다. 그는 비젠탈이 나치 장교의 이야기를 끝까지 들어준 건 잘한 일이지만, 그가 뉘우치는데도 아무런 긍정적 반응을 보여주지 않은 것은 비열한 행동이었다고 지적했다.

  전쟁이 끝나고 나서 비젠탈은 이 이야기를 글로 쓴 다음 서른여섯 명의 유명인사들에게 돌려 자문을 구했다. 비젠탈의 이야기와 서른여섯 명의 답변을 모아 출판한 책이 《해바라기: 심포지엄*The Sunflower: A Symposium*》이다.[31] 논의과정에서 종종 간과되긴 하지만 《해바라기》라는

---

31 Wiesenthal, S. *The Sunflower*.

제목부터가 이 이야기를 왜 용서 이야기라고 할 수 없는지 짐작케 하는 단초다. 비젠탈 자신의 유해는 아무런 표식 없는 공동묘지에 뉘일지언정, 나치 장교의 유해는 발밑 땅속에서부터 해바라기가 싹을 틔우는 국립묘지에 묻히게 될 것임을 암시하기 때문이다. 이 모멸적인 익명성은 나치 장교가 비젠탈에게 용서를 구걸하며 했던 말에도 역력히 드러난다.

"나는 자네가 누군지 몰라. 유대인이라는 것만 알지. 그거면 충분해."[32]

《해바라기》는 이 상황을 바라보는 다양한 시각들을 제시한다. 이 사례를 앞서 언급한 것처럼 용서와 사면으로 구분해서 본다면 문제는 조금 쉬워질 수 있다.[33] 나치 장교는 면죄 선언을 원했고 면죄 선언은 사면의 일종이다. 그래서 비젠탈이 누구건 그에게는 전혀 상관이 없었다. 그저 자신을 짓누르던 죄의식을 덜어줄 누군가가 필요했을 뿐이다. 심판대에 서는 저승에까지 죄의식을 안고 가지 않겠다는 이기심의 발로였다. 그렇더라도 신부를 불러들일 처지는 못 된다는 건 그도 충분히 감지하고 있었다. 대부분의 피해자들, 자신 때문에 죽거나 다친 사람들의 '대리인'들이 지켜보는 앞에서 그런 욕심을 채우겠다는 건 뻔뻔하기도 하거니와 가능하지도 않다고 판단한 것이다. 실상, 강제수용소라는 여건에서 공식적인 용서 절차를 차리겠다는 의도는 그 자체로 어불성설이다. 물론 이렇게까지 해야 했던 나치 장교의 심리

---

32 Wiesenthal, S. *The Sunflower*, p. 54.
33 이 책, pp. 18–19.

상태를 전혀 이해 못하는 바는 아니다. 그는 나름대로 자신이 뭔가 고귀한 일을 하고 있다고 느꼈을지 모른다. 공식적인 종교 예식을 치러줄 신부보다 희생자들의 목소리를 대변할 포로에게 요청하는 편이 더 훌륭한 일이 될 거라고 단정했을 수도 있다. 그러나 너무나도 어이없는 아이러니는 그가 용서를 구하는 순간까지 비젠탈이라는 한 사람의 정체성을 전혀 무가치한 것으로 묵살해버렸다는 사실이다. 이러한 행위는 특히 가스실 같은 집단처형장이나 강제수용소가 상징하듯, 나치 체제가 유대인들에게 갖고 있던 기본 태도를 오히려 더 부각시키는 꼴이 되었다.

《철도원》에 비춰 이 이야기를 읽으면, 다음과 같은 점들을 확실히 이해하는 데 도움이 된다(참고로《철도원》은 비젠탈이 심포지엄에 착수하고 난 다음 한참 뒤에야 나온 책이다). 설령 나치 장교가 자신이 가담했던 잔학행위에 진심으로 괴로운 감정을 느낀다고 치자. 하지만 어느 누가 이 감정을 그 자리에서 당장 인정해줄 수 있겠는가?《철도원》에서 살펴본 것처럼 로맥스가 나가세 측으로부터 흘러나온 수기나 각종 글들 혹은 그가 주도한 자선 프로젝트 등을 이해하기 시작하는 데만도 꽤 오랜 시간이 걸렸다.

시간적인 요인 외에도 로맥스가 마침내 나가세에게 공감을 느끼기까지는 여러 가지 사건과 상호작용들이 개입돼 있었다. 이 모든 일들을 나치 장교가 죽기 직전에 다다라서야 내뱉은 후회의 말 몇 마디에 어찌 비할 수 있겠는가. 용서가 진정한 의미를 띠려면 회한에 찬 요구에 억지로 떠밀린 반응이어서는 안 된다. 여전히 억압적인 폭력이 지속되고 있는 상황에서 자나 깨나 뇌리에서 떠나지 않는다는 이유만으로 자기가 저지른 잔학행위를 후회하는 걸로는 절대 충분치가 않다. 더구나 정작 자신을 용서해줄 사람은 자유의 몸도 아닌 상태에서 말이다. 그것은 마치 유괴범이 인질을 붙잡아놓고 마구 구타한 다음 풀어줄 생각은 하지도 않은 채 용서를 구하는 행위와 같다.

나치 장교가 비젠탈로부터 기대한 바는 로맥스가 나가세에게 정식으로 용서의 편지를 읽어준 것과 같은 일이었다. 그렇지만 로맥스는 책에서도 밝힌 바와 같이 그런 절차가 꼭 필요한 건지 완전히 확신하지 못했을 뿐 아니라, 애초 그 계기가 된 '불교의 가르침'을 제대로 이해하지도 못했다. 그럼에도 불구하고 로맥스는 결국 그 일을 훌륭히 해냈다. 그가 나가세와 단 둘만 남았을 때 행한 일이었다. 로맥스는 그 이유를 세세하게 설명하지 않았다. 책 속에 그 편지 내용을 전부 공개하지도 않았다. 여기서 우리는 용서가 명확한 한계를 지니면서도 여러 가지가 겹쳐진 불가사의한 영역임을 실감할 수 있다. 우선 용서는 매우 사적인 문제였지만 공적인 영역에 걸쳐 있었다. 또한 로맥스 측에서 보면 용서였지만 나가세 측에서 보면 용서와 사면 둘 다였다.

《철도원》의 사례에서 모호성과 명료성, 수수께끼와 공식적인 종결, 상반된 이 모든 요소들이 공존할 수 있었던 까닭은 두 사람이 정식으로 만나게 되기까지의 전 과정을 포함한 긴 시간과 특수한 상황 때문이다. 반면 비젠탈은 차가운 상황 속에 억지로 불러들여졌다. 그것도 자유박탈의 표식인 죄수복까지 입혀진 채로. 그런 기막힌 상황에서 비젠탈은 두 가지 불가능한 일을 동시에 해달라는 요구까지 받은 것이다. '사면'과 '용서.' 사면은 권한을 가진 자만이 할 수 있는 일임에도 불구하고 비젠탈에게는 아무런 권한이 주어지지 않았다. 나치 장교가 '비젠탈이 유대인이라는 사실'을 상기시키면서 그에게 얼마간 권한을 부여하려 했지만, 이는 오히려 비젠탈을 더 난처하고 혼란스러운 상황으로 몰아붙이는 결과만 가져올 뿐이었다. 끔찍한 홀로코스트를 겪고도 '유대인으로서' 나치 장교를 사면할 권한을 갖겠다고 나설 이는 아마 단 한 명도 없으리라.

신학적 이슈들과는 별개로 기본적으로 나치 장교의 요구는 인간성과 개성의 부정이라는 근원적인 공격성, 즉 사람을 물건 다루듯 대하는 태도를 더 강하게 표출한 행위였다. 어느 누구도 그런 짧은 마주침에서 인간적인 용서의 토대가 생기리라고는 기대하기 어려울 것이다. 더 큰 비극은 정의의 개념조차 희박했던 나치 장교가 자신이 사면을 구하는 방식이 도리어 용서를 당치 않은 일로, 아예 불가능한 일로 만들고 있음을 전혀 깨닫지 못했다는 데 있다. "용서란 무엇이다."라고 콕 집어서 말하긴 어렵지만, 용서는 서로 간의 존중이라는 바탕 위에서 자유의사를 가진 사람이 상대에게 자발적으로 주는 선물이다. 개인의 자유에 대한 인정과 존중 없이는 용서란 절대 있을 수 없다. 자유와 존엄성을 박탈당한 사람에게는 자기 의지대로 베풀거나 거둘 것마저 남아 있지 않은 까닭이다. 용서는 오직 자유로운 사람만이 할 수 있다.

물론 비젠탈이 용서하는 척 시늉만 할 수도 있었다. 아니면 용서했다고 스스로 믿어버리는 걸로 끝낼 수도 있었다. 하지만 어느 쪽을 가정하든 줄거리만 달라진다고 진정한 용서 이야기로 바뀌지는 않는다. 중요한 것은 용서가 무턱대고 언제나 가능한 건 아니라는 깨달음이다. 용서는 특정한 조건이나 환경뿐 아니라 서로 간의 미묘한 상호작용, 상처의 결과에 대한 관심과 배려, 정의에 관한 요구와 기대를 필요로 한다. 용서는 어떻게 보면 가능성이다. 그러므로 용서가 가능하지 않을 때도 있다. 용서는 마술사의 묘기처럼 모자에서 툭 튀어나오는 토끼가 아니다.

심포지엄에 참여했던 많은 신앙인들은 비젠탈에게서 일말의 용서 정신을 찾으려 애썼다. 그들은 자신을 이 상황 속에 투영하고 상상 속에서나 가능한 이상적인 용서, 친절하고 동정어린 용서를 그려내고 싶었을 것이다. 물론 나도 그 마음에 십분 공감한다. 하지만 문제는 거기서부터 용서가 어떤 틀에 갇히기 시작한다는 점이다. 마치 용서를 한 치도 남김 없는 완전무결한 것이라거나 꼭 하지 않으면 안 되는 의무라는 양 착각하게 된다. 정의로운 용서는 그런 게 아니다. 용서는 마음으로부터 우러나오는 자발적인 선물이어야 하다. 어떤 권한을 가진 자에 의해 객관적인 근거에 따라 주어지는 사면과는 다르다.

동정심 혹은 측은지심을 보인다는 것은 단순히 공정성을 구하는 것보다 더 역동적이며 그만큼 더 많은 조건들이 요구된다. 어떤 의미에서 보면 먼저 상대에게 공감하며 다가가려는 마음이다. 비젠탈의 이야기에서 그 상대는 임종을 막 앞두고 가책과 공포에 휩싸인 채 침상에 누워 있는 한 나치 장교였다. 그는 유대인 강제수용소에서 한 포로를 불러들여 용서를 구했다. 하지만 안타깝게도 그의 행위는 동정과 공감이 생겨날 여지를 실질적으로 더 좁히는 결과를 초래했다. 비젠탈의 삶과 장교의 삶 사이에 엄청난 간극이 존재했음에도 불구하고, 비젠탈 혼자서만 그 간극을 메우도록 요구받은 상황이었기 때문이다.

설사 이 상황에서 공감이라는 요소가 있었다 해도 결국은 일방적일 수밖에 없었다. 나치 장교에게 있어 공감은 그의 이해능력 밖의 문제였다. 그가 유일하게 알고 있는 것이라곤 힘의 행사뿐이었다. 반면 공감과 용서라는 쉽지 않은 노력은 정작 자유조차 주어지지 않은 포로에게 강요되고 있었다. 그 상황에서 비젠탈이 할 수 있는 전부는 요구받은 대로 하지 *않음*으로써 자신의 자유를 옹호하는 일이었다. 그는 자신의 존엄성과 영적 자유를 *지켜내기 위해* 아무 말 없이 그대로 뒤돌아 나올 수밖에 없었다. 비젠탈로서는 무슨 일이 있더라도 그 두 가지만은 절대 포기할 수 없었다. 그렇지 않으면 죽음을 앞둔 나치 장교가 풀려고 했던 그 덫이 거꾸로 자신을 옭아매는 새로운 덫이 될 거라는 사실을 잘 알고 있었기 때문이었다. 비젠탈의 침묵은 그래서 더 고귀하고 용기 있는 행위였다.

만일 나치 장교가 비젠탈을 개성을 지닌 한 인격체로 인정해주었더라면, 비젠탈의 존엄성이 부정당하는 비극을 알아차렸더라면 그는 죽기 전 얼마간이라도 심적 고통으로부터 놓여나고 어쩌면 용서도 받게 되었을지 모른다. 그러나 아이러니하게도 나치 장교는 공감어린 이해를 전혀 표하지 않았고, 당연히 비젠탈도 용서를 생각할 수 없었다. 용서란 상대의 마음과 정신세계로 걸어 들어가는 일이다. 그 과정에서 서로를 인지할 수 있는 가능성이 생겨나고, 용서의 밑바탕이 되는 일종의 '관계'가 맺어지게 된다.

《철도원》에서 일어난 일이 바로 이것이었다. 로맥스가 용서할 수 있었던 이유는 나가세가 그의 고통에 인간적으로 공감해주었기 때문이며, 그로 인해 로맥스가 자신의 정체성과 존엄성을 다시 되찾았기 때문이다. 물론 당장 어떤 반응을 보여야 한다는 기대에 짓눌리지 않아도 될 만큼 긴 세월과 헬렌 뱀버를 위시한 의료재단 직원들의 관심과 배려라는 요소가 있었기에 가능한 일이었다.

결론적으로 《해바라기》는 용서 이야기가 *아니다*. 오히려 영적 고통의 이야기다. 비인간적으로 감금당한 사람에게 용서를 요구하는 행위는 그 자체로 잔인하고 가혹하다. 나치 장교가 미처 깨닫지 못했다 하더라도 결과적으로 비젠탈에게 씻을 수 없는 괴로움을 안겨주었다. 인간이 누릴 수 있는 가장 높은 경지의 희열, 자신의 존엄성과 가치를 발견할 수 있는 기쁨, 즉 공감과 동정으로 다가가 자비와 용서를 베푸는 일을 강요함으로써 비젠탈을 정신적 고통 속에 더욱 깊이 빠뜨리는 결과를 낳았다. 이미 포로의 신체를 지배한 상황에서 그것도 모자라 그의 목소리와 감정, 영혼까지 지배하려는 시도를 한 것이나 다름없었다. 아무 말 없이 뒤돌아 나온 비젠탈은 옳았다. 자유를 박탈당하

사이먼 비젠탈은 유대인 강제포로수용소에서 맞닥뜨렸던 용서 문제를 서른여섯 명의 유명인사들에게 물었고, 그들의 답변과 자신의 이야기를 엮어 《해바라기》를 출간했다.

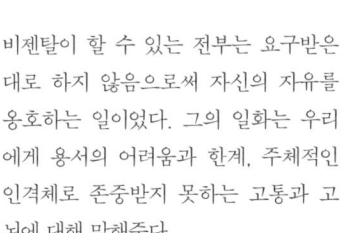

비젠탈이 할 수 있는 전부는 요구받은 대로 하지 않음으로써 자신의 자유를 옹호하는 일이었다. 그의 일화는 우리에게 용서의 어려움과 한계, 주체적인 인격체로 존중받지 못하는 고통과 고뇌에 대해 말해준다.

고 목소리도 부정되었던 그는 대본을 건네받았지만 연기하기를 거부했을 뿐이다. 악을 보고도 호의를 보이는 것은 초인에게나 가능한 일이다. 그는 깊은 고뇌를 품고 그 자리에서 물러나왔다. 이 일화가 비젠탈에게 남긴 것은 인간 내면의 가장 진실한 목소리가 요구된 상황에서 오히려 그 목소리를 부정당하는 딜레마에 봉착했다는 기막힌 깨달음이었다.

전쟁이 끝난 뒤 비젠탈은 자신의 목소리를 되찾고 정의를 추구하는 일에 착수했다. 책《해바라기》에는 그 후 비젠탈이 어떻게 이 나치 장교의 어머니를 찾아내게 되었는지 그리고 어떤 과정을 거쳐 보다 넓고 깊고 동정적인 시각에서 그 나치 장교를 한 인간으로 바라보게 되었는지에 대한 이야기들이 적혀 있다.

만일 나치 장교가 죽지 않고 살았더라면 두 사람 사이에 어떤 변화가 찾아왔을지 알 수 없다. 그럼에도 불구하고《해바라기》가 우리에게 전해주는 메시지를 곰곰이 되새겨볼 필요가 있다. 용서의 어려움과 한계에 대해, 주체적인 인격체로 존중받지 못하는 고통과 고뇌에 대해……. 그가 이 이야기를 쓰는 과정은 자신의 목소리를 되찾아가는 과정이었다. 한때 어느 나치 장교의 침상 곁에서 침묵할 수밖에 없었던 목소리는 이제 책을 쓰고 심포지엄을 추진하면서 윤리적이고 영적인 대화를 활발히 진척시키는 목소리로 바뀌어갔다. 용서를 고취시킬 수 있는 한 가지 방법은 용서가 불가능한 상황도 있다는 깨달음을 바탕으로 진지한 대화를 진전시키기 위해 노력하는 일이다. 그러한 대화 속에는 이 질문도 반드시 포함돼야 한다.

"용서라는 말을 꺼내기도 불가능한 상황이라면 당신은 어떻게 하겠는가?"

4장 / 용서할 의무?

 2006년 10월, 펜실베이니아의 작은 마을인 니켈 마인즈Nickel Mines에서 끔찍하고 잔인한 범행이 저질러졌다. 다섯 명의 여학생이 총에 맞고, 또 다른 다섯 명이 중상을 입은 이 사건의 범인은 어처구니없게도 같은 마을에 사는 한 남자였다. 그는 여학생들을 학교 교실에 몰아놓고 총격을 가한 다음, 체포되기 전 스스로 목숨을 끊었다. 사건 직후 여학생들이 속해 있던 아미쉬 공동체Amish community(현대 기술 문명을 거부하고 소박한 농경생활을 하는 미국의 한 종교 집단. —옮긴이)는 믿기지 않는 반응을 내놨다. 아미쉬 공동체 일원들 모두 너나 할 것 없이 희생자들의 가족뿐 아니라 살인자의 가족도 다 같이 위로하고 돕자며 발 벗고 나선 것이다. 그들은 살인자의 가족은 물론, 심지어 살인자에게까지 용서를 표했다. 그 후 이 이야기를 인터뷰 형식으로 엮은 책 《아미쉬의 은총Amish Grace》을 통해 아미쉬 공동체 신학이 세상에 널리 알려지게 되었다. 아미쉬 공동체의 한 노인은 열정에 찬 목소리로 이렇게 설명했다.

예수님께서 '주님의 기도'에서 강조하셨던 것도 용서입니다. 주님의 기도에 잇따라 나오는 두 구절도 용서에 관한 말씀이라는 걸 알고 계신지요? 그러니까 용서는 주님의 기도에서 핵심이라 할 수 있습니다. 정말로 강렬한 메시지인 거죠.[1]

그 두 구절이란 다음과 같다. "너희가 다른 사람들의 허물을 용서하면, 하늘의 너희 아버지께서도 너희를 용서하실 것이다. 그러나 너희가 다른 사람들을 용서하지 않으면, 아버지께서도 너희의 허물을 용서하지 않으실 것이다."(마태오 6.14-15) 극작가이자 신학자인 찰스 윌리엄스Charles Williams는 용서에 관한 자신의 책에서 "너희가 다른 사람들의 허물을 용서하면, 하늘의 너희 아버지께서도 너희를 용서하실 것이다Your heavenly Father forgive us our trespasses **as** we forgive those who trespass against us."라는 성경구절 원문의 표현인 "~면as"에 주목했다. 그는 아미쉬 신학과 매우 유사한 시각으로 접근했다. "영어의 어떤 단어도 이

---

1 Kraybill, D. B., Nolt, S. M., Weaver-Zercher D. L. *Amish Grace: How Forgiveness Transcends Tragedy*, p. 95.

구절의 '~면$_{as}$'보다 더 큰 두려움의 가능성을 품고 있는 단어는 아마 없을 것이다."[2] 그는 "용서하라, 그렇지 않으면!"이라는 일종의 위협이 담겨 있다고 본 것이다. 그는 이어 "용서는 하느님의 본성이므로 그리스도인들에게는 절대적으로 요구되는 덕목이다."라고 썼다.[3] 이 장에서 우리는 용서에 관한 신약성서의 가르침이 정말로 이렇게 단순명료한지 탐색해보고자 한다. 그리스도인들에게는 항상 용서해야 할 명백한 의무와 책임이 따르는 것일까?

용서는 신약성서에서 확실히 선명한 존재감을 드러내는 주제다. 마르코 복음의 첫 번째 기적 '중풍 병자를 고치시다'(마르코 2)에서뿐만 아니라 '되찾은 아들의 비유'(루카 15) '죄 많은 여자를 용서하시다'(루카 7) '예수님과 자캐오'(루카 19)를 포함한 루카 복음의 예화와 이야기들에서 용서에 대해 배우게 되며, '매정한 종의 비유'(마태오 18)에서는 용서 의지에 대한 경고가 느껴지기도 한다. 또 '십자가에 못 박히시다'(루카 23.34)에서 죽음을 앞둔 예수님으로부터 그리고 '스테파노가 순교하다'(사도행전 7.60)에서 최초의 순교자인 스테파노로부터 직접 용서에 관한 말을 들을 수 있다.[4]

---

[2] Williams, C. *He Came Down From Heaven and The Forgiveness of Sins*, p. 157.
[3] Williams, C. *He Came Down From Heaven and The Forgiveness of Sins*, p. 165.
[4] "주님, 이 죄를 저 사람들에게 돌리지 마십시오."(사도행전 7.60)라는 스테파노의 말은 역대기 하권 2역대에 나온 즈카르야의 말(역대기 하권 2역대 24.22)과 강하게 대비된다. "여호야다 사제의 아들 즈카르야가 하느님의 영에 사로잡혀, 백성 앞에 나서서 말하였다. (…) 그러나 사람들은 그를 거슬러 음모를 꾸미고, 임금의 명령에 따라 주님의 집 뜰에서 그에게 돌을 던져 죽였다. 즈카르야는 죽으면서 '주님께서 보고 갚으실 것이다.'라고 말하였다."

사도 바울은 용서가 교회의 생명과 에토스의 핵심이라고 보고, 콜로새 신자들에게 보낸 서간에서 이렇게 기술하고 있다.

> 그러므로 하느님께 선택된 사람, 거룩한 사람, 사랑받는 사람답게 마음에서 우러나오는 동정과 호의와 겸손과 온유와 인내를 입으십시오. 누가 누구에게 불평할 일이 있더라도 서로 참아주고 서로 용서해주십시오. 주님께서 여러분을 용서하신 것처럼 여러분도 서로 용서하십시오.(콜로새 3.12-13)[5]

에페소 신자들에게 보낸 서간에서도 유사한 구절이 발견된다.

> 모든 원한과 격분과 분노와 폭언과 중상을 온갖 악의와 함께 내버리십시오. 서로 너그럽고 자비롭게 대하고, 하느님께서 그리스도 안에서 여러분을 용서하신 것처럼 여러분도 서로 용서하십시오.(에페 4.31-32)

마태오 복음 18장에 베드로가 "주님, 제 형제가 저에게 죄를 지으면 몇 번이나 용서해주어야 합니까?"라고 물었을 때 예수는 그에게 "일곱 번이 아니라 일흔일곱 번까지라도 용서해야 한다."(마태오 18.22)고 답했다. 이 짧은 대화 뒤에 이어지는 '매정한 종의 비유'에서 어느 매

---

[5] 모든 성경구절은 새개정표준판(The New Revised Standard Version)에서 인용한 것임을 일러둔다.

정한 종은 주인에게 큰 빚을 탕감받고 그 자리에서 용서받았음에도 불구하고, 자신에게 훨씬 적은 빚을 진 동료를 용서하려 하지 않았다. 이 이야기를 듣고 화가 난 주인은 그 종을 고문 형리에게 넘겨 "빚진 것을 다 갚게 하였다."(마태오 18.34) 곧이어 "너희가 저마다 자기 형제를 마음으로부터 용서하지 않으면, 하늘의 내 아버지께서도 너희에게 그와 같이 하실 것이다."(마태오 18.35)라는 구절이 뒤따라 나온다. 유사한 메시지는 다음 마르코 복음에도 있다. "너희가 서서 기도할 때에 누군가에게 반감을 품고 있거든 용서하여라. 그래야 하늘에 계신 너희 아버지께서도 너희의 잘못을 용서해주신다."(마르코 11.25)

니켈 마인즈의 한 노인이 상기시킨 바와 같이, '주님의 기도'에서 한 제자가 기도하는 법을 물어 예수가 가르칠 때에도 용서가 중점적으로 언급된다. "저희에게 잘못한 모든 이를 저희도 용서하오니 저희의 죄를 용서하시고 저희를 유혹에 빠지지 않게 하소서."(루카 11.4) 마태오 복음에도 똑같은 내용이 씌어 있을 뿐만 아니라 이를 더 강조하기 위한 구절이 '주님의 기도' 뒤에 덧붙여져 있다.(마태오 6.14-15)

이런 구절들은 우리가 다른 사람을 용서하는 만큼 우리도 똑같이 용서받는다는 메시지로 해석된다. 물론 강력한 약이다. 단, 용서를 독약으로 생각해서는 안 된다. 신은 우리가 불가능한 일을 하는 걸 원치 않으신다. 신과 인간으로서의 우리를 혼동하는 건 더더욱 원치 않으신다. 이러한 메시지들의 위험성은 인간도 신과 같은 방식으로 용서해야 한다는 뜻으로 잘못 읽힐 수 있다는 데 있다. 하지만 신의 용서와 인간의 용서는 완전히 다르다. 두 용서는 한 가족의 구성원들처럼 서로 연관돼 있지만 각자 분명히 다르다. 따라서 이러한 구절들을 해석할 때 그 차이를 반드시 고려해야만 한다. "신과 똑같은 방식으로 너희도 용서해야 한다."는 의미로 받아들이지 말라는 뜻이다.[6] 그건 절대로 불가능한 일이기 때문이다. 그 구절들이 전달하려는 진짜 메시지는 이것이다.

"신께 용서를 구하는 과정의 핵심적 일부로서 너희도 용서하는 마음을 갖도록 노력해야 한다."

톰 라이트Tom Wright는 '용서에 관한 인간의 논리'라는 차원에서 이해해야 한다고 주장한다. 그는 마태오 복음 18장을 구체적으로 언급하며 다음과 같은 견해를 피력하고 있다.

> 예수는 어떤 임의적이고 추상적인 계명으로서 "너희가 시험을 통과하지 못하면 신은 너희를 용서치 않을 것이다."라는 뜻으로 말하지 않았다. 보다 큰 차원에서 도덕적 우주와 인간의 본성이라는 하나의 사실에 주의를 모으고자 한 것이다. 실질적으로 예수가 전하고자 한 메시지는 용서받는 능력과 용서하는 능력은 곧 하나이므로, 한쪽 문을 열면 다른 한쪽 문이 열리는 것이며, 한쪽 문을 닫으면 다른 한쪽 문도 닫히는 것이라는 의미를 담고 있다.[7]

---

6 "신은 인간과 같은 방식으로 용서할 수 없다."는 철학자 앤 미나스(Ann Minas)의 주장을 앤서니 배쉬가 바꾸어 제시한 것이다. Bash, A. *Just Forgiveness*, pp. 26-27.

톰 라이트의 견해는 우리의 사고를 용서의 '윤리'에서 용서의 '정신'으로 전환시킨다. 앤서니 배쉬도 마르코 복음 11장 25절을 들어 유사한 입장을 밝히면서, 신은 용서하지 않는 자로부터 용서를 거두어간다는 뜻이 아니라 용서하지 않는 자는 용서를 받을 능력이 없다는 뜻이라고 주장한다.[8] 나는 이 같은 사고의 전환이 용서의 본질에 관해 보다 유용하고 올바른 통찰을 제시한다고 생각한다. 기도와 마찬가지로 용서는 단순한 의무가 아닌 정신의 문제다. 기도와 용서는 온전하고 충만한 삶을 살아가기 위해 지속적으로 지녀야 하는 자세다. 콜로새서에 적힌 구절은 비단 기도에 관한 내용이 아니라 우리가 함양해야 할 품성, '동정, 호의, 겸손, 온유, 인내'에 관한 내용이다. 이 다섯 가지 품성이 기본 덕목이라면, 용서는 그러한 덕목의 작용이자 결과다.

위에서 언급한 에페소 신자들에게 보낸 서간에 나온 구절(에페 4.31-32, 격분, 분노, 폭언, 중상, 악의를 내버리는 결심을 촉구하는 내용 뒤에 이어지는 "하느님께서 그리스도 안에서 여러분을 용서하신 것처럼 여러분도 서로 용서하십시오forgiving one another as God in Christ has forgiven you.")은 아무래도 선명하게 해석되지 않은 감이 있다. "용서하신 것처럼as"이라는 표현을 *용서하셨으므로*since라는 표현으로 대체하면, 용서의 윤리에서 용서의 마음과 정신으로 그 의미가 전환된다. 하느님께서 그리스도 안에서 여러분을 용서하셨으니까(또는 용서하셨으므로) 여러분도

---

7 Wright, N. T. *Evil and the Justice of God*, p. 103-4.
8 Bash, A. *Just Forgiveness*, p. 67.

서로 용서해야 한다는 뜻이다. 단, 여기서 말하는 우리가 '하는 용서'와 우리가 '받는 용서'는 같으면서도 *다르다.*

'용서할 의무'가 가장 선명하고 강력하게 나타난 구절은 마태오 복음 18장이다. 그렇다면 이 구절도 '무슨 일이 있더라도' 확고하고 완전한 용서자가 되라는 뜻이 아니라 용서하는 자세와 태도를 가지라는 뜻인가? 정말로 용서하는 마음, 용서의 정신에 관해 말하는 것인가? 나는 그렇다고 생각한다. 모든 성서해석에 관한 한, 간결하고 함축적인 문구에서 올바른 메시지를 얻어내기 위해서는 그 구절이 쓰인 맥락을 잘 파악해야 한다. 이 예화의 맥락은 주인으로부터 엄청난 빚을 탕감받고 용서받은 종이 정작 동료의 애절한 청은 들어주지 않고 자신에게 진 빚을 다 갚을 때까지 동료를 감옥에 가둔 내용이다. 이 예화에는 하느님의 뜻에 따라 자비가 이뤄지는 방식이 뚜렷하게 명시돼 있다. "내가 너에게 자비를 베푼 것처럼, 너도 네 동료에게 자비를 베풀었어야 하지 않느냐?"(마태오 18.33) 그러나 이 질문은 수사적으로 표현된 것이다. 하느님의 사랑이나 은총, 자비에 대한 예수님의 가르침은 언제나 한결같다. 이 이야기는 어떤 한 사람이 누려야 할 보상이나 이익이 아니라, 바로 그 보상이나 이익이 또 다른 사람에게 전달될 때 충만한 결실을 맺게 되는 치유의 기쁨을 말하고 있다.

이 이야기의 맥락을 좀더 넓혀보면 얼마나 자주 용서해야 하는가에 대한 베드로의 질문을 생각해볼 수 있다. "주님, 제 형제가 저에게 죄를 지으면 몇 번이나 용서해주어야 합니까?"(마태오 18.21) 예수의 일흔일곱 번이라는 대답은 이 질문의 취지 자체를 무색하게 만들기 위해 쓰인 표현이므로, 일흔일곱 번은 양적인 문제가 아닌 질적인 문제로 바꿔 생각해야 한다. 따라서 이 말은 여러 번 용서하라는 뜻이 아니라 마음으로부터 용서하는 사람이 되라는 뜻이다.

용서에 대한 예수의 가르침을 제대로 이해하려면 그 사회적·윤리적 함의부터 명확히 짚어내야 한다. 용서에 관한 깨달음 없이는 하느님의 나라로 들어갈 수 없다. 사실 여기에는 더 깊은 뜻이 담겨 있다. 하느님의 나라로 들어가기 위해 우리에게 꼭 필요한 건 사랑이다. 신에 대한 사랑, 자신에 대한 사랑(자아도취나 자기중심적 태도가 아니다), 이웃에 대한 사랑 그리고 적에 대한 사랑……. 사랑은 여러 관계에 따라 다양한 형태를 띤다. 사랑은 우리의 품성과 인격, 성향과 태도에 전반적인 영향을 미치고, 그에 따라 연민, 친절 등과 같은 덕목으로 발현된다. "그리스도인은 어떤 상황에서도 용서해야 하는가?"라는 질문은 간단하고 쉽게 다룰 만한 문제가 아니다. "당연하다. 마태오 복음 18장에도 그렇게 씌어 있으니까."라고 바로 답을 낼 수 있는 문제가 아니라는 것이다. 하지만 *이런 질문*이라면 다르다. "그리스도인은 용서하는 마음을 가져야 하는가?" 이에 대한 대답은 "물론, 그렇다."이다.

이제 우리 앞에 놓인 문제, 내가 그 해답을 찾기 위해 고군분투해왔던 질문으로 넘어가보자. "용서가 어려운, 불가능한, 상상조차 하기 힘든 심지어 그릇된 것으로 여겨지는 상황에 처할 때 용서하는 마음을 가진 사람은 어떠해야 하는가?" 여기서 제기되는 용서의 근본 문제는 "우리에게 부당한 상처를 준 사람을 어떻게 사랑하는가?"로 귀결된다. 이 질문에 대한 답은 이를 둘러싼 여러 문제들과 따로 떼어 생각하기 어렵다. "우리에게 부당한 상처를 준 자를 어떻게 사랑하는가?"라는 문제에 쉬운 답을 찾을 수 없는 것은 "신을 어떻게 사랑하는가?" "자신을 어떻게 사랑하는가?" "이웃을 어떻게 사랑하는가?"라는 문제들에 쉬운 답이 없는 것과 같은 이치다.

이러한 질문들에 답하는 일은 충분한 시간과 함께, 깊고 신중하고 세심한 숙고를 요한다. 그렇다고 해서 그대로 적용시키거나 당장 실행할 수 있는 어떤 관념이나 이론으로 귀착되는 것도 아니다. 우리의 마음가짐, 시간을 어떻게 보낼 것인가의 문제, 다른 사람들에 대한 배려와 존중, 기타 수많은 사소한 행동들과 전부 관련된 일이다. 한마디로 요약하면 마음의 성향과 연관된 문제다. 우리가 인간으로서 어떻게 '사랑'하는가의 문제다. 그만큼 용서는 복잡하고 미묘한 것이다.

이 같은 분석에서 이끌어낼 수 있는 요지는 '용서할 의무'에 대한 예수의 가르침이 우리의 도덕기준과 양심, 정의감을 모두 내버리고 "신이 나를 용서하시므로 나도 당신의 죄를 묻지 않고 무조건 용서하겠다."라고 말하라는 것이 *전혀 아니라*는 점이다. 오히려 그 가르침의 진정한 메시지는 한쪽엔 닫히고 다른 한쪽엔 열린, 그런 분열된 마음으로는 하느님의 나라로 들어가는 '전환'의 순례길에 오를 수 없다는 뜻이다. 다시 말해 분개과 증오, 비통을 마음속에 계속 쌓아둔 채로 예수를 따를 수는 없다는 의미다.

　우리가 부당한 상처를 입은 피해자라면 인지적·감정적, 어쩌면 행동적으로 부정적인 반응을 표출하는 일은 정당하다. 가해행위가 잘못된 것임을 알아차리고 이에 억울한 감정을 느끼고 뭔가 응분의 조치를 취하는 행위는 당연하다는 얘기다. 단, 성경 구절을 잘 읽어보면 예수의 가르침은 모든 일을 전체적인 맥락에서 바라보아야 한다고 강조하고 있다. 가령 엄청난 유산을 물려받은 뒤 값싼 물건을 파는 길거리 행상인에게 거스름돈을 덜 받은 경우라면 그 정도의 손해는 잊어버리는 것이 맞다. 반면 폭력배에게 괴롭힘을 당한 경우라면 이는 전혀 다른 맥락이다.

　상황을 *일체성*과 연관시켜보면, 예수의 가르침 중 가장 핵심적인 측면을 이해할 수 있다. 우리가 하느님의 사랑을 올바로 느낀다면, 중력과 같은 그 사랑의 힘에 이끌려 가치 있는 사람이 되고자 노력할 것이다. 우리가 그 사랑을 얻을 능력이 없다 해도 혹은 그 사랑을 받을 자격이 없다 해도 미력이나마 그 사랑에 부응하고 보답하려는 열망을 품을 것이다. 이로부터 나오는 변화가 소위 우리가 말하는 '뉘우침'이다. 우리가 우리의 죄를 뉘우치면 하느님은 우리를 용서해주신다. 그리하면 우리는 하느님의 초월적 사랑 안에서 더 넓은 시야를 갖게 된다. 우리가 타인을 바라보고 그와 관계하는 방식을 새로이 깨닫게 된다. 그 과정에서 다시 스스로를 자격 없고 부족한 사람으로 여기며 더 크게 뉘우치게 된다. 이러한 순환은 정신뿐만 아니라 사회적인 차원이기도 하다. 진심으로 뉘우치는 사람은 자기를 넘어서서 자기 밖을 바라보고 소망하고 사랑한다.

하느님의 사랑은 자비롭고 창조적인 사랑과 용서의 소용돌이로 우리를 이끈다. 이러한 상승의 소용돌이는 전환의 힘과 함께, 폭력은 폭력을 낳고 복수는 복수를 낳는 하강의 소용돌이와 맞서는 반작용의 힘을 띤다. 용서에 관한 예수의 가르침은 "용서할 수 없을 때에도 무조건 용서하라."가 아니라 "악의 소용돌이에서 벗어나 사랑의 소용돌이로 들어가라."는 뜻이다. 그럼으로써 그 소용돌이가 우리의 존재 그리고 행동과 태도를 포함한 우리 모습 전반에 새로움을 일깨우고 영향력을 미치도록 하라는 의미다. 어떤 부당한 피해를 당하더라도 즉각적으로 '용서'라는 기독교적 반응을 내보이라는 뜻이 아니다. 또 "그리스도인은 자신을 지속적으로 억압하고 학대하는 자에게 어떤 태도를 취해야 하는가?"라는 질문에 대한 답이 곧 "그리스도인이라면 당장 누구든 용서하라."가 아니라는 말이다.

하지만 그렇다고 해서 가해자가 우리 앞에 무릎 꿇고 후회하며 자비를 구할 때까지 마음껏 보복의 논리를 펴라든가, 비통과 증오를 품고 살라는 의미 역시 아니다. 위 질문에 대한 올바른 답은 "예수를 따르는 사람이라면 누구나 용서하는 마음을 갖도록 노력하라."이다. 예수가 제자들에게 심어주려던 태도, 또 사도 바울이 교회의 에토스로 삼으려던 정신은 바로 '되도록, 가능하면, 용서하려는 성향' 즉 '용서하는 마음'이다.

이는 세례를 받을 때나 성찬례를 할 때 그리스도인들 앞에 놓인 도전과제이기도 하다. 용서하는 마음은 기독교 정신의 밑바탕이자 핵심이기 때문이다. 용서하는 사람이 된다는 것은 기독교 정신의 진수를 함양한다는 말과 같다. 그와 함께 우리가 하느님이 아님을 깨닫고, 우리 자신을 하느님께 열어둠으로써 하느님이 우리 안에서 또 우리를 통해 하느님의 뜻을 행하심을 받아들인다는 의미다. 따라서 질문은 "내가 과연 용서할 수 있는가?"가 아니라 "용서하는 마음을 가진 나는 이 상황에서 어떤 선택을 할 것인가?"여야 한다.

그렇다면 다시 처음으로 돌아가서, 니켈 마인즈 살인사건 직후 아미쉬 공동체가 보여준 용서는 어떻게 봐야 할까? 아미쉬 공동체가 살인자의 가족에게 먼저 다가선 일은 용서의 정신을 보여준 숭고한 행동이었다. 하지만 엄밀히 얘기해서 그 행위 자체가 용서는 *아니었다*. 살인자의 가족들은 살인자와 혈연관계가 있다는 것 외엔 아무런 잘못이 없기 때문이다. 이 이야기에서 정작 우리가 눈여겨봐야 할 점은 아미쉬 공동체의 관대한 정신이다. 나와 내가 속한 공동체가 충격과 비탄에 잠겨 있을 때에도 다른 사람들의 어려움을 생각할 줄 아는 정신적인 성숙함이다. 그럼에도 불구하고 이를 용서로 보기에는 무리가 있다. 사랑의 정신과 용서의 에토스를 보여준 사례인 것만은 부정할 수 없지만, 상황이 다르게 전개되었더라면 지금과는 전혀 다른 결말을 보여주었을지도 모른다.

만약 살인자의 가족이 공동체의 보복이나 복수의 대상이 되었더라면 우리는 아마 이 공동체의 도덕적 사유와 정신에 의문을 표했을 것이다. 마찬가지로 살인자의 가족이 깨끗이 무시됐었더라도 냉담하고 가혹한 처사라는 논란이 일었을 것이다. 그러므로 이 이야기를 주목할 만한 사례로 만든 것은 아미쉬 공동체가 '용서'와 같은 특정 행위를 보였다는 사실이 아니라, 공동체 내의 기대와 한계를 명확히 함으로써 특정행위가 '개인적·사회적 마음의 습관'으로 정착될 수 있도록 기여했다는 사실이다.

아미쉬 공동체가 직면했던 상황은 정말 끔찍했지만 그렇다고 전혀 상상 못할 만큼 불가사의한 일은 아니었다. 이렇게 말하면 잔인하게 들릴지 모르겠지만, 어쩌면 그보다 더 가혹한 시련을 겪었을 가능성도 배제할 수 없다. 이를테면 기존 사건과는 전혀 다른 방향으로 그 자가 살인도 자살도 하지 않은 채 여학생 한 명을 인근 농장으로 납치 유괴했다고 치자. 혹은 더 심각하게 여학생을 성폭행하고 살해한 뒤 한 치의 뉘우침도 없이 버젓이 눈앞에 나타났다고 치자. 말로 형언하기 힘들 정도로 참담하지만 안타깝게도 일어날 수 있는 일이었다. 이때 떠오르는 문제는 과연 그러한 상황에서 예수의 가르침인 용서가 무엇을 의미하느냐는 점이다. 이는 개인과 공동체를 산산이 찢어놓는 문제일 뿐 아니라 그런 상황에서의 용서는 힘겨운 투쟁이자 고통일 수밖에 없다.

신약성서를 제대로 이해하기 위해서는 '용서'를 어떤 상황에서든 당연히 따라나와야 할 훌륭한 행동양식이라거나 독실한 그리스도인이라면 누구나 보여주어야 할 덕목으로 생각하는 우를 범해서는 안 된다. 차라리 이런 질문을 제기하는 편이 보다 현실적이다. "용서하는 마음을 가진 사람은 그런 상황에서 무슨 일을 겪게 될 것인가?" 물론 이 질문 역시 모든 상황에는 고사하고 대부분의 상황에라도 적용시킬 만한 한 페이지짜리 요약답안은 없다. 우리가 고작 내놓을 수 있는 답은 상처의 황무지를 어렴풋이나마 헤아려보며 아마 그 사람도 죽음과 같은 황량한 곳으로 떠밀려 들어갈 거라는 예측뿐이다. 그렇지만 정직은 일단 상황을 수용하는 것이다. 그리고 신념과 희망은 이것이 이 이야기의 끝이 아니라는 다짐이다.

마태오 복음 18장과 주님의 기도에 씌어 있는 용서를 지나치게 단순화하는 것은 마치 스스로를 매우 위험한 물가로 데려가는 일과 같다. 내용을 문자 그대로만 해석하면 뉘우치지 않는 살인범에게도, 심지어 그 살인범이 계속 범죄를 저지르고 다닌다 해도 용서의 손길을 내밀어야 한다는 의무감이나 강박관념으로 이어지게 된다. 하지만 이는 도저히 있을 수도 있어서도 안 되는 일이다. 가해행위가 계속되는 한, 최우선 순위는 그 행위를 중단시키는 것이다. 일단 중단되었다면 그 다음 관심을 쏟아야 할 우선순위는 비통과 정의다. (어떤 공동체가 어떻게 반응할지 단정적으로 말하긴 어렵지만) 먼저 이 상황에서 비롯된 비통함을 서로 어루만지고 경찰이 범인을 체포하도록 도움을 주는 일이 아마도 현명한 대응일 것이다. 내가 정말로 걱정하는 사람들은 신약성서를 전체적인 맥락이 아니라 곧이곧대로 이해함으로써 스스로에게 괴로움을 가중시키는 이들이다. 안 그래도 고통스러운 처지에다 용서할 능력이 없다는 자책까지 겹친, 한마디로 이중고二重苦를 겪는 사람들이기 때문이다.

다시 먼저 질문으로 돌아가보자. "그러한 상황에서 용서하는 마음을 가진 사람은 과연 무엇을 느끼고 무엇을 행할 것인가?" 현실적으로는 그 사람도 답을 알지 못한다. 아니, 알기에는 너무나 어려운 문제다. 그러나 오히려 이것이 답의 시작인지도 모른다. 아마도 용서하는 마음을 가진 사람은 그 마음의 존재를 신과 같은 사면의 권능을 떠맡음으로써가 아니라, 엄청난 고통과 혼란을 있는 그대로 받아들임으로써 서서히 느끼게 될 것이다. 용서하는 마음을 가진 사람은 가해자를 용서하게 되길 그리고 그들을 선함의 길로 돌려세울 수 있길 바랄 것이다. 물론 피해자에게 가해진(혹은 가해지고 있는) 고통은 인간존엄성에 대한 침해이자 정의에 대한 모욕이다. 때문에 아무리 생각해도 용서는 어림도 없는 일인 것처럼 여겨질 것이다. 그럼에도 불구하고 용서하는 마음을 가진 사람에게 용서는 여전히 중요하다. 어느 면에서는 가치 있는 일이기도 하다. 심지어 용서가 불가능한 경우라 할지라도 말이다.

이 말은 무슨 일이 있더라도 아무리 악독하고 억울한 일을 당하더라도 그리스도인의 첫 번째 의무가 용서이며, 용서가 모든 것을 제자리로 돌려놓을 거라는 뜻이 아니다. 이는 매우 중요한 요지로 다음 두 가지 근거에서 반드시 유념해야 한다. 첫째, 용서는 절대 간단히 행해질 수 있는 일이 아니다. 둘째, 성급하고 섣부른 용서는 피해자 자신을 더 힘들게 만들 뿐만 아니라 가해자에게도 바람직하지 않으며 나아가 이들이 속한 사회와 인류 공동체에까지 해가 미칠 수 있다.

기독교적인 용서 의무는 정신적인 것이다. "어떤 일이든지 전적으로 용서하라."가 아니라 기독교적 덕목인 '성령의 열매'을 항상 염두에 두라는 의미다. 단, 그 덕목이 어떻게 적용될지 얼마큼의 치유를 가져올지 어떤 유형의 용서와 화해로 이어질지는 시간과 장소, 그리고 전체적인 맥락에 따라 각기 다를 것이다. 사도 바울 역시 특정 상황에 맞는 서간을 남긴 것임을 명심해야 한다. 이를테면 그가 콜로새 신자들에게 보낸 서간에 "누가 누구에게 불평할 일이 있더라도 서로 참아주고 용서해 주십시오."(콜로새 3.13)라고 썼을 때 이는 소위 높은 단계의 상처들, '심각한 상처'나 '파괴적 상처'에 관한 것이 아니었다.

"서로 용서해주십시오. 주님께서 여러분을 용서하신 것처럼 여러분도 서로 용서하십시오."(콜로새 3.13)라는 구절은 교회의 생명에서 가장 본질적인 역동성을 이르는 말이다. 언제나 충만해야 할 기풍, 즉 에토스에 관한 것이자 선의를 품고 회개와 용서의 길을 가는 사람들이 지녀야 할 관대한 정신을 뜻한다. 그러므로 극악무도한 일이 나 자신이나 내가 사랑하는 사람에게 일어난 상황과 간단히 관련지어질 수 없는 말이다. 니켈 마인즈 사람들에게 사도 바울이 보낸 서간은 없다. 자식을 유괴당한 사람들, 성폭행이나 아동학대의 피해자들과 그 가족들, 자식이나 형제자매가 살해당한 슬픔을 겪은 이들에게 사도 바울이 남긴 충고도 없다. 오히려 있다고 말하는 것이야말로 정신적·윤리적 오류이자 오해다.

설령 있었다고 치자! 가정컨대 그 메시지는 용서에 역점을 두고, "무슨 일이 있어도 용서해야 한다. 용서하는 사람, 용서하는 공동체가 되어야 한다."는 형식을 취하고 있을지도 모른다. 더 나아가 "용서가 불가능해 보이는 상황이라도 용서하는 마음을 가져야 한다."고 씌어 있을지도 모른다. 그래서 그렇게 하기로 마음먹는다면 서간의 문맥 속에 그런 내용이 씌어 있든 아니든, 그로 인한 필연적인 결과는 불 보듯 뻔하다. 용서하는 마음은 매번 시험받게 되고 급기야 깨어지거나 찢겨질 것이다. 그런 상황에서의 용서는 정말로 마음으로부터 천천히 우러나오는 것이어야 한다. 또한 그 마음은 용서의 불가능성과 용서의 필요성 사이의 긴장상태를 감당할 준비도 돼 있어야 한다.

말씀, 예화 그리고 이야기

'용서할 의무'를 즉각적으로 완전히 용서해야 할 필요성으로 해석하는 것이 아니라 용서하는 마음을 함양할 정신적 의무, 공동체에 용서의 기풍을 확립할 의무로 해석할 때 '인간의 용서'에 대해 훨씬 더 현실적인 시각과 태도를 갖게 된다. 그러한 긍정적이고 창조적인 관점을 유지하기 위해서는 우선 인간의 용서와 신의 용서 그리고 신과 인간의 차이를 분명히 짚고 넘어갈 필요가 있다.

안타깝게도 소위 기독교 복음서의 분석에 혼란을 유발하는 몇 가지 요소들이 있다. 용서에 관한 예수의 가르침을 보다 명확히 하기 위해 그 내용을 다시 한 번 간략히 살펴보고자 한다. 우선 신약성서에 모두 '용서'로 번역되어 있는 두 개의 그리스어 단어부터 알아보기로 하자. 그중 하나가 *아페시스*aphesis로, '의무나 죄의식 또는 처벌로부터 풀어줌'이라는 뜻이다. 이 단어의 핵심적인 의미는 중요한 건 악행의 결과를 처리하는 방식이 아니라 치유와 해방과 연관된 보다 넓은 차원의 것을 다루는 방식이라는 뜻이다.

프레이저 와츠Fraser Watts는 "아페시스는 가장 심오한 차원의 해방에 관한 것이지, 도덕적 결함에 관한 것이 아니다."라고 말했다.[9] 아페시스aphesis는 명사형이다. 동사형 *아피에미*aphiemi는 방금 언급한 '풀어주다' 외에도 다양한 의미를 포괄한다. '취소하다' 또는 '면제하다'의 뜻도 가지고 있으며, 흔히 빚의 무효화를 지칭할 때도 쓰인다. 이 책에서 여러 차례에 걸쳐 사면과 용서의 차이를 확실히 구분했음에도 불구하고 이 단어는 '사면하다'와 '용서하다'라는 두 가지 뜻을 모두 포함한다. 이 모든 말들이 용서라는 집합적 개념 속에 각자 합법적인 자리를 차지하고 있는 셈이다.

'용서'라고 번역되는 또 하나의 단어는 *카리조마이*charizomai다. 이 단

---

9 Watts, F. *Forgiveness in Context*, p. 55.

어는 사도 바울의 서간에서만 찾아볼 수 있지만, 눈여겨보면 여러 유럽언어에 이 단어의 *선물*gift이라는 의미가 숨겨져 있음을 쉽게 발견할 수 있다. 우선 영어의 forgiveness(용서)라는 단어 속에도 'give(주다)'라는 말이 들어 있다. 또 'pardon(사면하다)'의 끝 세 철자 'don'은 영어 단어 'donation(기부, 기증)'과 프랑스어 단어 'donner(주다, 제공하다)'에도 있다. 특히 성서에서 '카리스charis'는 '선물'이 아니라 주로 '은총grace'으로 번역된다. 결국 용서forgiveness나 용서하다forgive라는 단어의 중간에 들어 있는 '주다give'를 포착하지 못하면, 용서라는 말의 힘을 제대로 이해할 수 없다. 앞에서도 말했지만, 질 스코트는 용서가 비범하고 불가사의하며 대개 부지불식간에 주어지는 선물임을 강조하기 위해 '용선(용서+선물forgifting)'이라는 단어를 새로 만들었다.[10]

그러나 용서라는 단어만 따로 떼어서 보면 그 의미를 올바로 파악하기 어렵다. 예수가 이야기로써 가르침을 주고자 했던 이유도 여기에 있다. 루카 복음에는 용서를 떠올리는 사람의 관심을 끌 만한 다음 세 개의 이야기가 있다. '되찾은 아들의 비유'(루카 15) '죄 많은 여자를 용서하시다'(루카 7) '예수님과 자캐오'(루카 19). 하지만 이 이야기들은 '인간의 용서'와는 확실히 거리가 있다.

우선 '되찾은 아들의 비유'(루카 15)부터 살펴보자. 이 이야기는 작은 아들의 방황과 뉘우침 그리고 돌아온 탕아를 다시 받아주는 아버지,

---

[10] 이 책, p. 38.

이에 억울함과 불만스러움을 표하는 형의 대조적인 반응이 주된 내용이다. 용서라는 차원에서만 보면, 하느님이 방종하고 무책임한 인간을 용서하는 방식과 이에 반해 상대적으로 반듯한 사람이 겪는 괴로움을 이야기하고 있다. 나중에 다시 살펴보겠지만, 여기에는 용서와 관련한 두 가지 문제점이 얽혀 있다. 첫째, 사람들이 자신과 이 이야기 속 아버지를 동일시하는 경향이 있으며 둘째, 바로 거기서부터 용서의 위험성과 어려움이 생겨날 가능성이 높다는 점이다. 일단 우리가 주시해야 할 부분은 너그러운 아버지와 돌아온 탕아의 관계가 용서라는 문제에 직면한 사람들 사이의 유일하거나 일반적인 관계는 아니라는 사실이다. 이 이야기는 반대로 아버지에 대한 아들의 용서라든가 혹은 동료끼리의 용서, 아니면 낯선 이들 간의 용서에 관해서는 별로 시사하는 바가 없다. 결국 '되찾은 아들의 비유'는 인간의 용서 이야기라기보다 인간의 뉘우침에 관한 이야기라고 보는 편이 더 적절하다.

다음 '예수님과 자캐오'(루카 19)는 '되찾은 아들의 비유'와는 다르지만 서로 연관성이 있는 이야기다. 세관장이자 부자였던 자캐오는 예수가 어떤 분인지 보러 나무에 올라갔다가 그곳을 지나던 예수가 자캐오의 집에 머물 것을 청하자 흔쾌히 맞아들인다. 자캐오가 뉘우치지 않았음에도 예수는 그를 자비롭게 대했으며(기꺼이 그의 손님이 되어주었으며), 그 결과 자캐오는 감동받고 변화된 모습을 보인다. 그의 태도와 행동 변화에 엿보이는 뉘우침은 예수의 방문에 대한 응답으로 볼 수 있다. 그는 재산의 반을 가난한 이들에게 나눠주겠다고 약속했으며, 자신이 다른 사람 것을 횡령했다면 네 곱절로 갚겠다고 맹세했다. 하지만 맨 마지막 구절이 암시하듯 이 이야기도 '되찾은 아들의 비유'와 마찬가지로 인간의 용서 이야기라기보다 소위 잃었던 자를 되찾는 이야기다.[11] 안타깝게도 대개의 예화들이 그렇듯이 복음서 저자들이 주로 예수에게 초점을 맞추다보니 나중에 자캐오에게 무슨 일이 일어났는지 제대로 알려주지 않는다. 자캐오가 이자를 곱절로 쳐서 돈을 갚고 난 후 사람들이 그를 정말로 용서했는지, 또 자캐오가 예수와의 만남을 계기로 진정으로 용서하는 마음을 가진 사람이 되었는지 이 구절만으로는 전혀 알 수가 없다.

'죄 많은 여자를 용서하시다'(루카 7)는 바리사이 시몬의 집에서 한 여자가 예수의 발에 입을 맞추고 향유를 부어 발랐다는 이야기로, 용서의 역동적인 영향을 의미 있게 다루고 있다. 그러나 이 이야기를 '인간의 용서' 이야기라고 보기는 어렵다. 엄밀하게 말해서 용서가 미치는 영향에 관한 이야기다.[12] 여자가 극진하고 아낌없는 사랑을 표할 수 있었던 건 그 사랑을 이미 경험했기 때문이다. 바리사이 시몬이 속으

---

[11] "사람의 아들은 잃은 이들을 찾아 구원하러 왔다."(루카 19.10)
[12] 여인의 구체적인 죄와 허물은 명기돼 있지 않다. 누구에게 저지른 일인지도 분명치 않다. 심지어 여인의 자백도 없다. 그 여인이 흘린 눈물이 뉘우침의 눈물일 수 있지만, 어쩌면 감사의 눈물일 수도 있다. 말로 표현되지 않은 여러 감정들 중 하나이므로 그 의미를 정확히 확인하기는 어렵다. 다만 여기서 알 수 있는 것은 용서가 항상 의사 표현이 뚜렷한 과정이나 서로 명확한 의사교환을 통해 이뤄지는 건 아니라는 사실이다. 그러므로 모호성도 용서의 일부라고 볼 수 있다.

페테르 파울 루벤스, 바리새인 시몬 집에서의 식사, 1618-1620.

로 여자를 힐뜯자, 예수는 그에게 "빚을 적게 탕감받은 채무자와 많이 탕감받은 채무자 중 누가 더 채권자를 사랑하겠는가?" 하고 되묻고는 "이 여자는 그 많은 죄를 용서받았다. 그래서 큰 사랑을 드러낸 것이다. 그러나 적게 용서받은 사람은 적게 사랑한다."고 말했다. 예수는 그에게 많이 용서받은 자일수록 많이 감사하게 됨을 깨우쳐주었다.

여자가 깊은 감사를 표한 이유는 많이 용서받고 나서 '더 큰 사랑'을 이해하게 되었기 때문이다. 반대로 적게 용서받은 사람 시몬은 사랑에 인색했다. 그래도 아직 불분명한 측면이 남아 있다. 예수가 여자에게 "너는 죄를 용서받았다."고 말했지만 이 장면만으로는 예수가 말하는 시점인 '지금' 여자가 용서받았다는 걸 의미하는지, 아니면 겉으로 드러난 행동으로 보아 '이미' 용서받았음을 여자가 깨달았다는 걸 의미하는지 도무지 알 수가 없다.

다소 아이러니한 결론인지는 모르겠지만 이 예화가 보여주는 이러한 '모호성'도 인간의 용서를 이해하도록 해주는 하나의 요소다. 용서와 뉘우침과 사랑의 상관관계에서 무엇이 제일 먼저 와야 하는지는 어떤 확고하고 편리한 법칙으로 정할 수 없다. 이 세 가지가 한꺼번에 나타나거나 아예 나타나지 않을 수도 있다. 더욱이 이 세 가지의 우선순위나 인과관계는 본질적으로 따지기 어렵다. 그렇다고 해서 이 세 가지가 어느 한순간에 모두 이뤄진다는 뜻은 아니다. 맥없고 투박한 '과정'이란 말 역시 서로 주고받을 때 생겨나는 용서의 역동성을 담아내기엔 역부족이다.[13]

용서 문제를 논할 때 종종 언급되는 또 다른 예화는 '간음하다 잡힌 여자'(요한 8)의 이야기다. 비록 많은 학자들이 이 예화를 요한 복음의 원전에 속한 내용이라고 보지는 않으나, 그래도 매우 잘 알려진 이야

---

[13] 폴 반 통게렌(Paul Van Tongeren)은 용서가 불가능해 보이는 이유를 상호주관성이라는 개념으로 설명했다. 상호주관적 행위는 어느 한쪽만의 행위가 아닌 서로 동시에 일어나는 행위를 말한다. 예를 들어 내가 손짓하는 것(또는 다른 제스처)을 상대가 인사로 이해하지 않으면 인사한 것이 아니다. 내 행동을 상대가 제대로 이해하고 해석해야만 내 행동이 인사로 받아들여지는 까닭이다. 따라서 인사는 일방적이거나 즉각적으로 행해질 수 없다. 이 같은 이유로 그는 인사를 절차(과정)라 칭하는 것은 너무나 기계적인 발상이라고 주장했다. 용서도 이와 마찬가지다. Van Tongeren P. 'Impossible Forgiveness,' Bloch-Schulman, S. and White, D (eds) *Forgiveness: Probing the Boundaries*, p. 45.

기인데다 용서 문제에 관한한 자주 인용되는 구절이다. 배경은 한 성전이다. 율법 학자들과 바리사이들이 간음하다 붙잡힌 여자를 끌고 와서 예수를 시험하기 위해 "모세는 율법에서 이런 여자에게 돌을 던져 죽이라고 명령하였습니다. 스승님 생각은 어떠하십니까?"라고 묻는다. 그러나 예수는 몸을 굽히고 손가락으로 땅에 무언가를 쓰기 시작한다. 실로 수수께끼 같은 상황이다. 예수는 과연 무엇을 하고 있었던 것일까? 아마도 생각할 시간을 벌기 위해? 아니면 그들이 스스로 물러나기를 바란 걸까? 예수는 그들이 계속 졸라대며 묻자 결국 일어섰다. 성서에는 "몸을 일으키셨다."로 씌어 있다. 이 장면에서 젊은 스승이 완전한 권위를 펼치는 모습을 그려볼 수 있다. 그런 다음 예수는 기지를 발휘해 이렇게 말했다.

"너희 가운데 죄 없는 자가 먼저 저 여자에게 돌을 던져라."(요한 8.7) 이윽고 예수는 다시 몸을 굽히고 땅에 무언가를 썼고 그들은 겸연쩍게 그 자리를 떠났다.

이 이야기가 정말로 용서 이야기인지 다시 한 번 생각해볼 필요가 있다. 유일하게 해결된 문제는 어느 누구라도 과연 여자에게 처벌을 가할 처지에 있느냐는 것이었다. 결국 여자는 처벌을 모면했다. 왜였을까? 여자는 아무런 말을 하지 않았다. 자백도 뉘우침도 없었다. 그런데도 여자가 처벌을 피할 수 있었던 이유는 누군가 나서서 여자를 적극적으로 용서했기 때문이 아니라 아무도 여자를 처벌할 입장이 못 되었기 때문이다. 예수 또한 율법 학자들과 바리사이들이 말한 모세

율법을 그대로 시행할 마음이 없었다.

예수는 여자에게 이렇게 물었다.

"여인아, 너를 단죄한 자가 아무도 없느냐?"

그 여자가 "선생님, 아무도 없습니다."라고 대답하자, 예수는 이렇게 말했다.

"나도 너를 단죄하지 않는다. 가거라. 그리고 이제부터 다시는 죄짓지 마라."(요한 8.11)

이 이야기는 더 이상 진전되지 않고 여기서 그치고 만다.

예수가 혹시 이렇게 물었을까? "네가 무슨 짓을 했는지는 차치하더라도 왜 그런 짓을 했는지 말해줄 수 있겠느냐?" "남자의 가족에 대해 생각해본 적은 없느냐? 너희 가족에 대해서는?" "아니면 내가 잘못된 가정을 하고 있는 것이냐?" "네가 피해자였느냐?" "실제로는 간음이 아니라 겁간이었느냐?"

만약 예수가 이런 문제들을 여자와 터놓고 이야기했더라면 그에 대한 여인의 답변을 들었더라면 우리는 이 이야기가 정말로 용서 이야기인지 아닌지 분별할 수 있었을 것이다. 하지만 보다시피 예수는 율법 학자들과 바리사이들의 의표를 찔러 그들을 물러가게 한 다음, "다시는 죄짓지 마라."는 경고 한마디만으로 여자를 아무런 처벌 없이 돌려보냈다. '단죄하지 않는 것'을 용서의 한 형태로 본다면 이 이야기가 아마 유일한 용서 이야기일 것이다.

마지막으로 '중풍병자를 고치시다'(마르코 2.1-12; 마태오 9.1-8; 루카 5.17-26)를 잠깐 살펴보자. 이 예화는 사람들이 들것에 실린 어떤 중풍 병자를 군중 속 예수 앞으로 데려가기 위해 지붕을 벗기고 구멍을 내어 아래로 내려 보낸 내용을 그리고 있다. 예수는 이들의 믿음을 보고 중풍병자에게 "얘야, 너는 죄를 용서받았다."고 말했다. 여기서도 용서의 말은 사려 깊고 단호하게 쓰였지만 '인간의 용서'는 아니었다. 즉 피해자가 가해자를 용서하는 '피해자의 용서'가 아니었다는 뜻이다. 예수는 '사람의 아들'로서 '땅에서 죄를 용서하는 권한'을 주장하고 있었다. 이는 율법 학자들과 성전의 권위를 약화시키기 위함이었다.('율법학자들을 조심하여라'(루카 20.46), '성전의 파괴를 예고하시다'(루카 21.6)) 예수의 이러한 체제전복적인 의도는 다른 사람들이 용서의 의미로 치료를 제안하는 몇몇 대목에서도 여실히 드러난다.

예를 들어 '태어나면서부터 눈먼 사람을 고쳐주시다'라는 예화에서 제자들이 묻는다.

"스승님, 누가 죄를 지었기에 저이가 눈먼 사람으로 태어났습니까? 저 사람입니까, 그의 부모입니까?"

예수는 아무도 죄짓지 않았다고 답하고 눈먼 자를 치료할 때에도 전혀 용서를 언급하지 않았다.(요한 9)

같은 맥락에서 '예리코에서 눈먼 이를 고치시다'(마르코 10.46-52; 루카 18.35-43)라는 예화에서도 바르티매오라는 눈먼 거지가 '자비'를 베풀어달라고 외치자, 예수는 그에게 "내가 너에게 (정말로) 무엇을 해주기를 바라느냐?"고 되묻는다. 그의 눈을 고쳐줄 때에도 예수는 용서를 전혀 언급하지 않았다. 이러한 예화들에서 보듯이 예수가 용서를 소위 종교적인 굴레에서 '풀어놓고' 있음을 알 수 있다. 이 예화들은 '인간의 용서' 문제를 직접적으로 다루고 있기보다 사실상 '신의 용서'의 본질, 그리고 단순한 의례가 아닌 진정한 뉘우침의 중요성을 이야기하고 있다.

되짚어보기

신약성서에 언급된 용서를 어떻게 이해하고 해석해야 하느냐는 피해자들에게 상당히 중대한 문제다. 피해가 크면 클수록 상처는 깊을 수밖에 없고, 용서의 의미를 파악하는 일도 그만큼 민감하고 어렵다. 여기서 내가 제시한 해석이 설득력 있게 받아들여진다면 용서를 이해하는 문이 조금은 열리게 되리라 믿는다. 용서는 현실적인 것이자 부담스러운 것이다. 그러나 동시에 이해할 만한 것이며 어느 면에서는 가능한 것이기도 하다. 어떻게 보면 용서는 '생각 해체하기,' 좀더 긍정적인 표현을 쓰자면 '다시 상상하기'가 요구되는 일이다.

기독교적 용서 의무는 신과 같은 사면의 권능, 즉 용서를 베풀거나 거두어들일 선택권을 가진다는 뜻이 아니다. 오히려 개인적으로는 용서하는 마음을 함양하고, 공동체 차원으로는 용서의 정신과 기풍을 확립·유지하는 것이 그리스도인과 기독교 공동체의 의무라는 뜻이다. 또한 용서는 윤리적이기만 한 문제도, 어떤 권위의 행사도 아니다. 그보다는 일상적이고 지속적인 정신의 문제다.

이 책의 가장 진지한 관심사 중 하나는 "용서가 도저히 불가능한 상황에서 용서하는 마음을 가진 사람에게 어떤 일이 일어나는가?" 하는 질문이었다. 물론 지금까지 살펴본 신약성서의 이야기들이 실제 상황에 적용시킬 만한 현실적인 대처법을 제공해주지는 않는다. 그렇다고 해서 '인간의 용서'가 성서에서 별로 중요한 문제가 아니라는 뜻은 아니다. 다만 '인간의 용서' 문제가 우리가 흔히 예상하는 것처럼 비중 있게 다뤄지지 않는다는 뜻이다. 예수가 용서를 말하고 베푸는 방식은 우리가 생각하는 용서와는 분명한 차이가 있다. 다시 한 번 강조하건대 '용서할 의무'를 무슨 일이 있더라도 반드시 용서해야 할 필요성으로 이해해서는 안 된다. 용서하는 마음을 가진 사람은 어떤 상황에 처하더라도 스스로를 정신적 긴장과 투쟁 속에 던져놓고 치유의 고통을 기꺼이 감내할 용기와, 상처를 있는 그대로 직시하고 정신적·정서적 아픔을 극복해나가리라는 희망을 가져야 한다는 뜻으로 이해해야 한다.

5장 / 분노, 분개, 원한

 언젠가 용서라는 주제로 교구 피정을 실시한 적이 있었다. 나는 참가자들에게 분노를 표할 때 사용하는 여러 가지 말들을 생각나는 대로 적어보라고 했다. 당장 다양한 표현들이 쏟아져나왔다.
 '화가 치밀다,' '피가 거꾸로 솟다,' '이가 갈리다,' '치가 떨리다,' '부아가 끓다,' '울화통이 터지다,' '울분을 토하다,' '속이 뒤집히다.' 등등. 이런 표현들이 생각보다 훨씬 많다는 사실이 새삼 놀라웠다. 그렇지만 더 놀라운 건 참가자들이 무척 즐거워했다는 사실이다. 다들 이 상황을 즐기고 있었다. 방안에는 에너지가 흘러넘쳤다. 이처럼 분노는 그냥 감정이 아니라 카타르시스적인 감정이다. 정화와 치유의 효과를 그 속에 품고 있다. 우리의 몸 밖으로 무언가를 끄집어낼 수 있게 해준다.

　의외라고 생각할지 모르지만 구약성서와 마찬가지로 신약성서도 분노를 적대시하지 않는다. 분노의 지속이나 악화에 대해서는 경고하지만 분노를 엄연한 삶의 한 단면으로 인정한다. 사도 바오로는 에페소 신자들에게 보낸 서간에서 시편 4장 4절을 인용해 이렇게 말한다. "화가 나더라도 죄는 짓지 마십시오."(에페 4. 26) 이 말은 나쁜 건 화 그 자체가 아니라 화로 인해 저질러지기 쉬운 죄라는 뜻이다. 한번은 성경공부 모임에 랍비 한 분을 초대해 예수에 관해 이야기를 나눌 때였다. 그는 예수를 이렇게 평했다. "그분도 성미가 대단하셨지요." 우리는 신약성서에 기술된 예수의 분노나 바오로의 분노를 종종 미화해서 생각하려는 유혹을 느낀다. 하지만 그렇게 하다 보면 두 사람의 개성이나 열정을 왜곡하지 않을 수 없게 된다. 하지만 분노는 하느님의 나라를 갈구하는 마음속에 절대로 없어서는 안 될 요소다.

　분노는 복잡한 감정이다. 분노는 엄청난 파괴력을 잠재하고 있지만 긍정적 추동력의 원천이기도 하다. 분노의 위험성은 우리가 화를 낼 때 흔히 표출하는 여러 가지 반응들의 결과에 있다. 이를테면 분노는 자기만 강하고 옳다고 믿는 경향을 부추겨 도리어 자신의 방어력을 떨어뜨리고 취약하게 만든다. 분노는 충분한 사태파악도 되기 전에 먼저 끓어올라 상대에 대한 성급한 공격으로 치닫게 한다. 분노는 부정적인 의미에서의 자기망각을 충동질한다. 즉 분노는 오로지 그 순간에만 관심을 집중시켜 전체적인 맥락을 놓치게 한다. 분노는 이미 일어난 일에만 골몰하게 만들어 앞으로 일어날 일을 간과하는 치명적 실수를 저지르게 한다. 이렇듯 우리는 분노를 느끼면 언어적으로든 물리적으로든 상대에게 미치게 될 해나 자신에게 끼치는 부정적 영향을 전혀 안중에 두지 않는다. 현명한 판단력도 손상을 입어 격분하지 않았더라면 굳이 감수하지 않아도 될 위험을 자초한다. 평소 같으면 하지 않을 말들로 상대의 마음에 깊은 생채기를 남긴다.

다른 한편 분노는 용기와도 맞닿아 있다. 때로 분노는 우리를 용감하게 만든다. 교전 중인 군인이나 거친 스포츠에 참가한 선수들이 일부러 자신의 화를 돋우는 것은 공공연한 일이다. 그러나 이는 간혹 위험스러운 전략이 되기도 한다. 분노와 지혜가 서로 반비례 관계에 있는 까닭이다. 만약 분노가 고조돼 일정 선을 넘어서면 용기는 무모함으로 바뀌고, 승리에 대한 열정은 규칙을 제멋대로 무시하는 방종으로 바뀐다. 결국 페널티 벤치로 보내지는 쪽은 언제나 성이 잔뜩 난 선수다. 그렇다고 모든 분노를 죄악시해야 한다는 뜻은 아니다. 합당하고 적절한 분노는 그 자체로 정당하다.

분노는 상황에 대한 일종의 반사 반응이다. 어떤 이유로 아드레날린이 솟구치면(피가 끓어오르면) 피하거나 도망치는 대신 그 자리에 버티고 서서 싸울 태세를 갖추게 된다. 이 때문에 분노는 믿을 수 없는 감정이기도 하다. 분노는 실상 여러 가지 일들로 유발된다. 그러나 우리가 분노를 느낀다고 해서 무조건 누군가가 잘못했다거나 부당한 일이 벌어졌다고 보기는 어렵다. 사태나 진의를 잘못 파악한 탓일 수도 있고, '가랑잎에 불붙듯' 쉽게 노염을 타는 성격 탓일 수도 있다. 그럴 경우 용서라는 말도 부적합해진다.

마사 누스바움Martha Nussbaum은 이렇게 말한다. "감정은 똑똑하다. 그러므로 우리는 감정을 잘 살피고 읽어야 한다. 감정이 담아서 보내는 직관과 인지에 주의를 기울여야 한다."[1] 그럼에도 불구하고 분노는 해당 상황과 관련된 모든 정보들을 두루 헤아리고 행동하기 전에 일의 경중을 따질 줄 아는 능력을 확실히 약화시킨다. 따라서 습관적으로 불현듯 화를 내는 사람이나 혹은 분노를 폭력적으로 표출하는 사람에게 분노관리는 매우 흔한 심리치료법이다. 반면 용서는 단순한 분노관리 그 이상이다. 용서한다는 것은 정당한 화, 다시 말해 불의에 대한 '똑똑한' 반응인 분노를 극복해야 함을 의미한다.

연극 〈머나먼 길The long Road〉에서 메리는 한 여자의 무차별 칼부림 난동에 18세 아들을 잃은 울분에 찬 어머니다. 그녀는 자신이 느끼는 극심한 분노를 직접 표출하는 상상을 짧은 독백으로 다음과 같이 풀어놓는다.

야구방망이로 그 여자(살인자인 엠마)를 죽도록 패는 상상을 했어요. 불로 태워 없애는 상상, 탱크로 깔아뭉개는 상상도요. 살면서 한 번도 떠올린 적 없는 무서운 생각들을 죄다 해봤죠. 마치 만화경을 보는 것처럼 온

---

[1] Nussbaum, M. C. *Upheavals of Thought*.

갓 분노가 내 안에 있더군요. 그러고는 깨달았어요. 나도 사람을 죽일 수 있겠구나…. 그 여자가 내 아들을 죽였으니 나도 그 여자를 죽이자. 이 지구에서 완전히 지워 없애버리자. 정말 할 수도 있겠구나. 정말로.²

여기서 메리의 분노는 공상 속의 복수로 표현돼 있다. 사실상 책에 등장하는 가장 오래된 이야기는 복수를 다룬 '카인과 아벨'(창세기 4.1-16)이다. 최근에도 다양한 유형의 매체를 통해 복수 이야기를 접할 수 있다. 1992년 클린트 이스트우드Clint Eastwood 감독의 영화 〈용서받지 못한 자Unforgiven〉도 한 남자가 복수와 응징의 욕망에 휘둘리는 내용이다. 이 영화의 비극은 주인공 윌리엄 머니William Munny(클린트 이스트우드 분)가 아내의 사랑으로 폭력에서 손을 떼지만, 그런 아내를 천연두로 잃고 난 뒤 가난과 불운이 겹치며 다시 폭력의 고리에 얽혀 들어가는 데서 시작된다.

사실 그와 그의 옛 친구인 네드 로건Ned Logan(모건 프리먼 분)에게는 화려한 살인 전과가 있다. 그렇지만 우리가 이 영화에서 그들을 처음 만나게 되는 도입부분에서는 두 사람 모두 자신들이 한때 몸담았던 폭력세계와 완전히 담을 쌓은 상태였다. 그러던 어느 날, 한 젊은이가 윌리엄 머니를 찾아와 현상금이 내걸린 두 카우보이를 해치우자고 제안한다. 생활고에 시달리던 그는 네드와 함께 젊은이의 계획에 가담

---

2 Stevenson, S. *The Long Road*, p. 16.

하기로 결심한다. 영화 중반으로 넘어와 막상 이들이 그 카우보이들에게 총을 겨누는 장면에서 네드는 주저하며 방아쇠를 당기지 못하고 결국 모든 계획을 단념한 채 홀로 떨어져 집으로 향한다. 하지만 도중에 보안관 일행에게 붙잡힌 네드는 심한 고문을 당한 끝에 사망하고 만다. 이 소식을 접한 윌리엄은 위스키를 들이키며 복수심을 불태우고, 예전의 폭력적 자아가 다시 그의 행동을 지배하기 시작한다.

그레고리 존스Gregory Jones는 《용서의 구현Embodying forgiveness》에서 이 영화에 대해 이렇게 논평했다. "이 영화는 폭력에 너무나 철저히 길들여져 더 이상 폭력을 떨쳐버릴 수 없는 어두운 현실을 보여준다."[3] 나는 그렇게 보지 않는다. 이 영화는 자비와 복수의 긴장과 갈등을 다룬 이야기다. 영화 속 모든 사건의 시발점이 된 첫 장면을 간단히 소개한다. 한 매춘부가 손님으로 온 두 명의 카우보이 중 한 명에게 무자비한 폭행을 당한다. 여자는 겨우 목숨을 건지지만 얼굴과 몸에 심각한 상처를 입고 만다. 하지만 보안관은 여자들의 탄원은 아랑곳하지 않은 채 매질 한 번 없이 이들을 풀어준다. 업주의 금전적 손실(종업원의 얼굴에 난 흉터가 가게 영업에 지장을 준다는 논리)에 대한 보상금조로 고작 말 몇 필의 벌금형만 내린 게 전부다. 이윽고 말들을 끌고 다시 찾아온 카우보이는 여자에게 말 한 필을 선심 쓰듯 건넨다. 그러나 그는 되레 여자들의 비웃음만 사고 돌팔매질을 맞으며 마을에서 쫓겨난다.

---

3 Jones, G. L. *Embodying Forgiveness*, p. 77.

정의의 요구를 거부당한 여자들은 함께 돈을 모아 두 카우보이들에 대한 현상금을 직접 내걸고, 이를 본 젊은이가 윌리엄 머니를 찾아온다. 전반적으로 이 영화는 줄거리와 주인공들의 내면을 따라가며 복수와 자비, 분노와 연민의 끊임없는 내적 긴장과 갈등을 그려낸 것이다.

이러한 내적 긴장과 갈등은 결코 쉽게 말할 수 있는 경험이 아니다. 그러므로 여러 상황들이 풀려가는 방식을 미리 예측할 수 없듯이, 결정적인 행동에 깔린 감정도 미리 속단해서는 안 된다. 사건과 성격 둘 다 예측 불가한 영향력을 지니고 있기 때문이다. 이 영화는 이러한 점에서 우리에게 복수와 용서에 관해 많은 것을 일러준다. 복수와 용서는 질적으로나 결과적으로 엄청난 차이가 있다. 복수와 용서 중 어느 쪽을 취할 것인가 하는 선택은 사건과 반응, 주변 인물과 상황, 성향과 성격, 개인적인 경험과 기대 등 모든 것이 복합적으로 작용한 결과물이다. 따라서 우리가 살아가는 동안 용서라는 말을 이해해야 할 상황이 찾아온다면 이 복잡한 곳을 현명하게 항해해나가지 않으면 안 된다.

분노의 원인은 매우 다양하다. 게다가 분노를 촉발한 원인에 반응하는 방식도 사람들마다 제각각이다. 다른 예를 하나 들어보자. 진 트웬지Jean Twenge와 키스 캠벨Keith Campbell은 공동저술서 《자아도취병 *Narcissism Epidemic*》에 이렇게 적고 있다. "현대사회에서는 일명 '간판'과 명성에 대한 불합리한 욕망이 다른 사람들을 공격적으로 대하는 경향에 상당한 영향을 미친다." 두 학자는 특히 자존심이 매우 강한 사람들, 소위 '나르시시스트'라고 불리는 사람들에 대해 이렇게 말한다.

> 자아도취에 빠진 나르시시스트들이 공격적인 이유는 자기애가 지나친 나머지 자신들의 요구가 언제나 우선시돼야 한다고 믿기 때문이다. 그들은 타인이 느끼는 고통에 대한 공감능력이 결핍돼 있다. 또한 그들은 응당 받아야 할 존경을 못 받고 있다고 여기면 서슴없이 분노를 표출한다. 자신들이 남들보다 우월하기 때문에 그만큼 더 많은 존경을 받을 자격이 있다는 근거에서다.[4]

이 논리는 꽤 설득력을 얻고 있다. 나르시시스트들에게 타인이란 존경, 지위, 소비재, 그중에서도 가장 탐나는 '상품'인 명예를 두고 다투는 잠재적 경쟁자다. 이러한 상황인식은 상당히 위험하다. 순수하게 확률적인 차원에서만 볼 때 나르시시스트들은 자신들의 욕구가 좌절될 가능성이 매우 높음에도 불구하고, 그 이유를 설명해줄 확실한 근거나 맥락을 확보하지 않는 까닭이다. 게다가 나르시시스트들은 긴밀한 감정적 교류에 별로 가치를 두지 않기 때문에 현실을 정직하게 이야기해줄 좋은 친구들이 그들 주변에 없을 가능성도 크다. 그래서 자아도취는 자기 위치에 대한 이해 결여 또는 타인에 대한 겸손 부족으로 설명될 수 있다.

---

4 Twenge, J. M & Campbell, W. K. *The Narcissism Epidemic*, p. 196.

좌절당한 나르시시스트들은 분노를 느끼기 쉽다. 그렇지만 그 좌절이 부당함의 결과가 아니라서 소위 용서의 도움을 받기도 어렵다. 문제의 원인은 그들이 겪은 일이 아니라 그들 자신의 자기중심적인 기대와 헛된 희망이다. 세상에 화가 난 것이라 해도 이치에 맞지 않는 소리일 뿐이다. 그들이 말하는 세상은 있는 그대로의 *실제* 세상이 아니기 때문이다. 그러므로 정작 바꿔야 할 대상은 세상이 아니라 그들 자신이다. 아니, 우리 모두의 마음속에 숨은 자아도취적 성향이다.

분노의 중심에는 실상 우리의 잘못된 욕망이 도사리고 있다. 분노에 찬 나르시시스트들에게 그들의 희망과 기대를 충족시켜주지 못한 세상을 용서하라고 위로하는 것은 합당하지도 않거니와 친절하지도 않은 행동이다. 실제로 세상은 우리를 격분시키기도 하지만 동시에 격려해주기도 한다. 그러므로 나르시시스트들에게 그리고 우리 내면의 자아도취적 성향에게 전달되어야 할 메시지는 '용서'가 아니라 오히려 '뉘우침'이다. 모든 화가 다 용서의 도움을 받을 수 있는 건 아니다. 누군가가 잘못을 저질렀을 때 하는 용서만이 의미를 가진다. 알다시피 용서는 그저 분노하는 사람이 분노를 가라앉히고 평온해지도록 돕는 방법이 아니다. 분노 그 자체도 중요하기 때문이다.

분노는 어렵고도 위험한 감정이다. 분노는 우리를 향해 무언가를 큰 소리로 외친다. 그럼에도 우리는 분노가 하려는 말을 종종 귀 기울여 듣지 않는다. 내가 지금껏 자아도취적 성향에서 비롯된 분노 그리고 폭력과 복수로 빚어진 분노에 대해 말한 이유는 분노가 무조건 나쁘다고 주장하고 싶어서가 아니다. 분노는 '항상' 나쁜 것이 아니라 '때로' 나쁘다는 것을 명확히 하기 위해서다. 이 말이 함의하는 바는 대단히 크다. 분노는 응당 가져야 할 올바른 감정이다. 정직하고 열정적이며 정당한 감정이다. 불의, 학대, 무례에 맞서 활활 타오르는 감정이다. 타인이 혹은 우리가 부당한 대접을 받을 때 우리 가슴속에 불씨를 당기는 감정이다.

이와 같이 분노는 무언가 잘못되었다는 걸 직관이 감지했음을 알려주는 표식이지만, 다른 한편으로는 그저 우리 자신의 불같은 성미에 기인한 감정일 때도 있다. 용서는 우리로 하여금 분노를 조심해서 다루고, 그 원인을 찬찬히 살펴 현명하게 행동하도록 일깨운다. 용서는 우리가 전에 한 번도 해보지 않은, 어쩌면 우리의 직관에 어긋난 낯선 무언가를 하도록 이끈다. 또 용서는 일단 분노의 정당성이 확인되고 나면 더 이상의 분노를 내려놓고 과감히 넘어설 수 있도록 돕는다. 용서는 우리에게 화를 내지 말라고 다그치지 않는다. 반대로 불의를 보면 분노의 위험성을 *감수해야* 한다고 일깨운다.

분개

지금까지 얘기한 것은 뜨거운 감정으로서의 분노다. 한편 이와 유사하지만 다른 형태로 표출되는 감정들도 있다. 그중에서 가장 중요한 감정은 '분개'다.

건강하고 뜨거운 '일상적인' 화, 즉 분노는 시간이 지나면 가라앉는다. 하지만 간혹 그 화가 우리 마음속에 오래 머물거나 때론 아예 자리를 틀기도 한다. 이렇게 정착된 분노가 소위 '분개'라는 단어로 표현되는 감정이다. 시간을 몇 세기 전으로 되돌리면 18세기 사상가 조셉 버틀러Joseph Butler를 만날 수 있다. 그는 분개와 용서라는 주제에 집요하게 천착했던 인물이다. 1726년 그는 런던 챈서리 레인Chancery Lane에 위치한 롤스 채플the Rolls Chapel에서 자신이 그동안 해왔던 설교 중 열다섯 건을 모아 책으로 엮어 출판했다. 설교 주제들은 오늘날에도 여전히 중요하게 다뤄지는 것들이다. '인간의 본성,' '동정심,' '자기기만,' '이웃사랑,' '하느님의 사랑.' 이외에 '혀의 다스림에 관하여,' '발람balaam(메소포타미아의 예언자.—옮긴이)의 품성에 관하여'처럼 다소 생소하거나 모호해 보이는 주제들도 일부 포함돼 있다. 그중 이 모음집의 핵심은 '분개에 관하여'와 '용서에 관하여'라는 두 건의 설교다. 이 두 주제는 지금도 열띤 논쟁의 대상일 뿐만 아니라 윤리나 신학과 관련된 저술에 자주 인용된다.

'분개에 관하여'라는 설교에서 버틀러는 '분개라는 감정에도 좋은 측면이 있지 않을까?'라며 자문한다. 그가 이러한 의문을 품은 동기는 신은 분명 타당한 근거에서 부당함과 상처에 대응하려는 경향을 우리 마음속에 심어놓으셨을 거라는 믿음 때문이었다. 버틀러는 분개가 일종의 자기보호 기제로서, 불의를 목격하거나 경험할 때 나오는 정당한 감정적 대응이라고 보고 이렇게 강조한다. "악의와 부정에 대항하는 분개는 사회를 결속시키는 유대감이자 동료애라고 할 수 있다. 개개인은 자기 자신뿐만 아니라 인류 전체를 대표하기 때문이다."[5] 버틀러가 생각한 분개는 어쩌면 놀라울 정도로 좋은 감정인 셈이다.

버틀러가 분개의 긍정적 측면을 지적한 것은 매우 특기할 만하다. 소위 용서에 관한 기독교적 가르침들은 안타깝게도 이를 이해하거나 인정하지 않는다. 사실상 "이미 일어난 일은 중요치 않다."는 관점을 견지하며 용서야말로 악행이나 위해 또는 상처에 대한 올바른 대응이라고 주장한다. 반면 버틀러의 분석은 우리에게 이 같은 단순하고 틀에 박힌 사고의 오류에서 벗어나라고 주문한다. 용서의 숭고한 실천을 손쉬운 아량으로 혼동하는 오류는 존중받아 마땅한 사람들을 자칫 힘 있고 사악한 자들의 신발닦개doormat(다른 사람들에게 당하고도 가만히 있는 사람을 지칭함. ─옮긴이)로 전락시키는 결과를 초래할 수 있기 때문이다.

분개는 정의의 가치를 주장하는 정당한 감정이다. 우리 혹은 우리가 사랑하는 사람들에게 가해지는 악행에 항거할 길은 바로 이 건강한 분개를 통해서다. 분노가 "안 돼! 이건 옳지 않아!"라고 말하는 것이라면, 분개는 "두 번 다시 일어나서는 안 돼! 더 이상 참지 않겠어!"라고 외치는 보다 결의에 찬, 혼이 담긴 감정이다. 분노와 마찬가지로

---

5 Butler, J. *Butler's Fifteen Sermons Preached at the Rolls Chapel*, pp. 72-79.

분개 역시 정의를 주장하지만 어조는 다소 다르다. 용서는 우리에게 정의에 대해 침묵하거나 무시하라고 채근하지 않는다. 오히려 정의에 귀 기울이고 이를 실천하며 살아가는 법을 배우라고 가르친다.

물론 뜨거운 분노와 차분한 분개 둘 다 위험한 측면이 있다. 분노의 위험성이 자기 망각을 불러올 만큼 가해자에게 집착하는 데 있다면, 분개의 위험성은 반대로 지나친 자기 몰입에 빠지는 데 있다. 앞서 언급했듯이 분노에는 일종의 쾌락, 즉 카타르시스에서 오는 만족감이라는 속성도 일부 포함돼 있다. 분개도 쾌락과 어느 정도 관련은 있지만 심리적 공간을 비워내는 카타르시스와는 전혀 거리가 멀다. 도리어 정신을 흐트러뜨리고 감정을 어지럽힌다. 크나큰 고통을 당한 피해자일수록 더구나 그 고통이 끝없이 지속될수록 분개로 가득 찬 그들의 내면은 그야말로 뒤죽박죽, 엉망진창이 돼버릴 공산이 크다.

그러한 분개가 시간이 흐르면서 영혼 속으로 더욱 침잠해 들어가면 분개를 품은 사람뿐만 아니라 곁에서 지켜봐야 하는 이들의 삶도 점점 피폐해질 수밖에 없다. 용서를 '분개의 단념'으로 보는 시각이 힘을 얻는 이유가 여기에 있다.[6] 특히 용서 치료를 주장하는 사람들은 용서가 육체적·정신적 건강 모두에 도움을 준다는 증거를 앞다투어 내놓는다.[7] 그렇다고 모든 학자들이 분개를 반드시 우리의 정신과 마음에

---

6 조셉 버틀러가 이 같은 정의를 내린 것으로 보는 견해도 있지만, 찰스 그리즈월드(Charles Griswold)가 지적한 바와 같이, 버틀러는 용서를 '복수'의 단념으로 이해하고 있었다. C. L. *Forgiveness*, P. 20.

서 완전히 몰아내거나 떨쳐버려야 할 대상으로 보지는 않는다.

제프리 머피Jeffrie Murphy는 오늘날 분개의 중요성을 앞장서서 옹호하는 사람들 중 한 명이다. 최근 성행하고 있는 용서 치료에 주의를 기해야 한다는 내용의 에세이에서 그는 잘못된 처우에도 분개할 줄 모르면 "애초에 도덕기준과 존엄성이 낮은 사람"으로 오인받을 위험성이 있다고 경고한다.[8] 그의 말을 들어보자.

> 피해자는 가해자로부터 육체적으로뿐만 아니라 상징적으로도 상처를 입는다. 악행 또한 일종의 소통 행위다. 피해자에게 수치와 모멸이라는 메시지를 전달하기 때문이다. "나는 중요한 사람이지만 너는 그렇지 않다. 그러니 너를 하찮은 존재로 대하는 것은 당연하다." 악행을 저지른 자에 대한 분개는 피해자가 이 모욕적인 메시지를 받아들이지 않겠다는 의사를 감정적으로 분명하게 밝히는 하나의 방법이다. 그러므로 분개는 자아존중과도 관련이 있다.[9]

머피의 결론에 따르면 스스로를 존중하는 사람은 쉽게 용서하지 않으며, 오히려 가해자에게서 변화의 증거를 보고자 한다. 한편 이러한

---

7 용서가 가진 건강상의 혜택은 과학적인 측면에서 다양한 연구 대상이 되어 왔다. 여기서 건강상의 혜택이란 구체적으로 스트레스 경감, 혈압 안정, 우울증 완화, 불안 감소, 인간관계 향상, 긍정적 사고 증진 등을 말한다.
8 Lamb, S. and Murphy, J. G. (eds) *Before Forgiving*, p. 45.
9 Lamb, S. and Murphy, J. G. (eds) *Before Forgiving*, p. 44.

시각에 이의를 제기하는 학자들도 있다. 그들은 그런 행동이 피해자를 거듭 괴롭게 만든다면서, 지난 일은 이미 돌이킬 수 없기 때문에 분개 같은 쓰라린 감정이나 복수의 환상으로부터 벗어나는 것이 현명한 선택이라고 강조한다. 그들에게 '용서'란 과거의 상처로 인한 심리적 고통으로부터의 해방인 셈이다. 그들은 부당한 폭력으로 상처받은 사람들이 다시 분개라는 불쾌한 경험을 겪는 이중 피해자가 된다며, "용서는 자아존중의 표현"이라고 역설한다.[10] 머피는 이러한 견해에 일부 공감을 표하면서도 결론적으로는 이렇게 반박한다.

> 구속과 억압이 보다 심해지는 경우는 사람들이 그러한 상황에 체념하거나 순응하고 있을 때다. "어서 사랑하고 용서하라," "다른 쪽 뺨을 내밀어라"는 충고가 일부 기독교 교리에선 정당화될 수 있을지 모르나, 이것이 과연 피해자들에게 늘 적절하기만한 충고인지 나로선 전혀 확신하지 못하겠다.[11]

머피는 "종교는 인민의 아편이다."라는 칼 마르크스Karl Marx의 유명한 발언을 인용하며, 용서가 사람들을 현혹시키는 마약으로 작용해 부당한 처우에 분개하기는커녕 압제자, 침략자, 가해자와 결탁하게 만든다는 우려를 내비쳤다.

---

10 Lamb, S. and Murphy, J. G. (eds) *Before Forgiving*, p. 45.
11 Lamb, S. and Murphy, J. G. (eds) *Before Forgiving*, p. 46.

이 논쟁을 좀더 깊이 있게 다룰 수도 있지만 지금 여기서 그렇게까지 할 필요는 없다. 확실한 건 피해도 피해 나름이라는 사실이다. 이는 내가 상처를 그 심각성 정도에 따라 여러 단계로 나누어 생각해야 한다고 말한 이유다. 여기에 덧붙여 머피는 가해 상태의 지속성 여부도 반드시 따져봐야 할 사항이라고 지적했다. 만일 누군가가 반복적으로 폭행당하거나 또는 지속적으로 억압받는 상황에 놓여 있다면, 그때는 분개의 단념이 완전히 잘못된 생각이라는 것이다. 왜냐하면 불편하고 불쾌한 감정이 우리에게 보내는 외침에 귀를 닫는 것이나 마찬가지이기 때문이다.

그의 이 같은 주장은 백번 옳다. 지속적인 폭력을 당하고 있는 사람에게 가해자를 용서하라고 말하는 것은 이치에 맞지도 않을 뿐더러, 그런 상황에서의 용서는 오히려 상처를 덧나게 할 수 있다. 그보다는 피해자로 하여금 자신의 분개가 정당한 것인지 따져보게 하고, 또 충분히 그렇다면 그에 맞는 적절한 행동을 취하도록 유도해야 한다. 반대로 그렇게 하지 않을 때 두 가지 문제가 발생할 수 있다. 첫째, 필요한 순간 정당한 분개 표출을 하지 않음으로써 피해자는 물론 주변 사람들까지 오랜 기간 지속적인 폭력에 시달리는 경우다. 둘째, 피해자의 인내심이 결국 한계에 달해 작은 사건이 '결정타'로 작용하면서 폭력적인 반응으로 터져나오는 경우다. 가정에서 일어나는 살인사건들은 수년간 침묵 속에서 간신히 버텨내다가 끝내 참지 못하고 우발적으로 저질러지는 예가 대부분이다.

진짜 위험은 '인내'의 범위가 '사소한 단계'를 넘어선 가해행위에까지 확대되는 데 있다. 지나치게 참다보면 참는 데 익숙해지고, 화낼 만한 상황들에 대해서도 무시로 일관하다 마지막에 가서는 불의를 봐도 분개할 줄 모르게 된다. 무조건 참기만 한다면 혹은 게으르다 싶을 정도로 너무 착하게만 군다면, "안 돼! 이건 단순한 성가심이 아닌, 절대 부당한 일이야!"라고 말하는 감정의 외침을 스스로 틀어막는 꼴이다. 반면 일례로 과거 직장동료로부터 억울한 일을 당한 사람이 수년이 흐른 뒤에도 여전히 끓어오르는 분노를 주체하지 못할 때 그런 감정을 누그러뜨리도록 곁에서 도움을 주지 않는다면 이 또한 잘못이다. 때로는 분개에 귀 기울이고 그에 따른 응분의 조치를 취해야 한다. 하지만 또 때로는 분개를 너그러이 놓아버릴 줄도 알아야 한다. 어떤 경우든 신중하고 현명하게 대응해야 한다. 그래야만 피해자의 올바른 용서도, 그런 피해자를 제대로 돕는 일도 가능하다.

분개가 분노보다는 좀더 정착된 감정이긴 하지만, 그렇다고 완전히 안착된 감정은 아니다. 분개도 시간이 지나면서 변화한다. 특히 분개가 완강하고 끈질긴 속성을 띠게 되면 우리는 이를 '원한'이라 부른다. 원한은 얼핏 보면 긍정적인 감정은 아니지만 좋은 원한과 나쁜 원한이 따로 있다는 측면에서 반드시 한 번쯤 짚고 넘어갈 만한 가치가 있다. 앞서 머피가 설명한 상황, 즉 지속적인 불의나 침해 혹은 억압의 상황에서 요구되는 감정이 바로 지금 말한 좋은 원한이다.

핍박받는 사람들이 품는 원한은 온당하되 그 자체로 '용서치 않는 마음'을 뜻하지는 않는다. 그러나 분노나 분개와 마찬가지로 원한에도 위험성이 따른다. 원한이라는 감정에 익숙해지다 못해 심지어 의지하는 지경에 이르면 마치 눈으로 보지 않고도 운동이나 신체 균형을 느낄 수 있는 것처럼 원한이 소위 '마음의 평형감각' 구실까지 하게 된다. 더 심한 경우에는 원한이 인성에 독으로 작용하고 아예 성격의 한 줄기로 자리잡아 상황이 변한 뒤에도 계속 남아 있게 된다. 성격으로 굳어진 원한은 남은 삶 전체를 소진시켜버릴 위험이 있다. 원한은 이를테면 생존 기제다. 위험이 가시면 구명조끼 벗듯 원한도 벗어버려야 한다.

원한

원한은 특수한 형태의 분개다. 원한은 일정기간에 걸쳐 어떤 식으로든 지속적인 부당한 침해나 위협을 받을 때 생기는 감정으로, 분개가 성격의 양상으로 붙박인 듯 머무르는 경우다. 특히 '원한을 품다'라는 표현은 그 이상의 뜻을 담은 것처럼 여겨진다. 어감에서 깊은 상처나 감춰진 분노뿐만 아니라 뭔가 사악한 구석도 느껴진다. '원한을 품다'라고 하면 관대함과 포용성과는 정반대의 의미로 다가온다. '되찾은 아들의 비유'(루카 15)에서 큰아들의 분노는 그가 그동안 혼자 힘들게 일해서도 아니요, 그렇다고 동생을 향한 아버지의 관대함에 충격

에곤 쉴레, 은둔자들, 1912.

성격으로 굳어진 원한은 남은 삶 전체를 소진시켜버릴 위험이 있다.
원한은 이를테면 생존 기제다.
위험이 가시면 구명조끼 벗듯 원한도 벗어버려야 한다.

을 받아서도 아니었다. 자신이 그러한 관대함을 받아들일 수도, 베풀 수도 없다는 데 있었다. 그의 내면에는 도저히 '누그러뜨릴 수 없는' 사악한 무언가가 있었다. 그는 호의에 인색했다. 원한을 품고 있었다. 그것도 응어리로 맺혀 있었던 것이다.

하지만 원한은 단지 악의가 아니다. 관대, 아량, 포용의 반대말이 아니다. 인색과 비열의 강고한 담장에 둘러싸인 '용서치 않은 마음'이 아니다. 원한을 제대로 이해하기 위해서는 힘이라는 문제를 반추해볼 필요가 있다. 사람들이 서로 상처주는 이유들 중 하나는 힘의 불균형을 확인하고 이용하고 강화하려는 시도 때문이다. 실로 수많은 폭력들이 정확히 여기서 비롯되며, 이를 위해 물리적·언어적으로 상대를 굴복시키려는 온갖 방법들이 동원된다. 따라서 이 경우에 해당하는 질문은 "용서가 자연스러운 것인가 또는 간단한 것인가?"라기보다 차라리 "용서가 현명한 것인가?"여야 한다. 사람들이 용서의 길에 등을 돌리는 이유는 자신을 억압하고 이용하려는 사람들에게 외려 더 많은 힘을 실어줄지 모른다는 두려움 때문이다. 그러므로 특정 상황에서 원한을 품는 것은 정당한 반응이다. 다음 사례들을 생각해보자.

- 행인이 돌을 던져 유리창을 깨뜨린다.
- 가사도우미가 당신의 귀중품을 훔친다.
- 친구가 번번이 약속을 어긴다.
- 배우자가 술김에 당신을 때린다.

이 상황에서 질문은 "우리의 첫 반응이 어때야 할까?"가 아니라 "우리가 쉽게 용서하면 다음에 어떤 결과가 초래될까?"여야 한다. 명백하게 드러나는 위험은 상대가 또다시 습관적으로 같은 일을 저지르고, 우리나 다른 누군가는 결국 더 심한 상처를 입게 된다는 것이다. 상대는 한 번 용케 넘겼기 때문에 점점 더 나쁜 버릇을 들이고, 끝내 돌이킬 수 없는 문제를 일으킬 가능성이 크다. 맞서지 않으면 괴롭힘은 멈추지 않는다. 이것이 바로 가정, 학교, 직장, 기타 사회적 공동체에서의 법칙이다. 이러한 상황에서의 용서 욕구나 충동은 책임 있고 현명하게 대응하려는 자세, 우리 자신과 다른 사람들을 안전하게 보호하려는 태도와 정면으로 배치된다. 다시 말하지만 그래서 용서하는 마음이 쉽지 않은 것이다.

용서하고자 한다면 무엇을 용서하려는지 잘 따져보고, 그 용서가 세상을 좀더 나은 곳으로 만들지 아니면 더 못한 곳으로 만들지 자문해봐야 한다. 용서는 윤리적 차원을 피하기 힘든 심리적·영적 과정이기 때문이다. 위에 언급된 상황들이 아무리 짜증나고 속상하다 해도 그만한 일 한 번으로 원한을 품는 일은 바람직하지 않다. 대개는 화를 내는 것으로 그치거나 간혹 분개를 느낄 것이다. 그렇지만 같은 상황이 반복된다면 그리고 가해자가 그 행위로 우리를 지배하고 억압하려 든다면, 그때는 원한이 그에 상응하는 반응이다. 지속적인 폭력이나 억압 상태에서 원한은 최선 아닌 차선의 대안일 수밖에 없다.

원한은 어떻게 보면 가장 마뜩찮아 보이는 반응이지만 때에 따라 정당화될 수 있으며 차라리 성급한 용서보다는 더 나은 선택이다. 원한은 옹졸하고 비열한 마음에서가 아니라 억압과 착취의 덫에 사로잡혀 분노나 분개를 표출하거나 행동으로 옮길 가망이 전혀 없을 때 생긴다. 노예를 떠올려보라. 알다시피 노예는 늘 부당한 대접을 받는 처지다. 예속상태는 노동의 결실을 박탈하는 것은 물론이요, 인간의 존엄성과 자유, 정체성에 큰 흠집을 낸다.

원한을 품는 일이 "용서치 않는 마음을 갖는 것인가?" "결국 용서하지 못하는 것인가?"의 문제를 논하기에 앞서 신중하게 생각해보자. 만약 자유를 얻을 희망이 전혀 없는 노예가 친절한 주인을 살해하거나 중상을 입힐 계획을 짠다면 우리는 틀림없이 윤리적인 문제를 제기할 것이다. 노예가 증오로 가득 찬 삶을 산다고 해도 우리는 정신과 마음이 피폐해질 그의 삶을 우려할 것이다. 하지만 그렇다고 여기서 우리가 노예의 정당한 원한까지 못마땅하게 여긴다면 그것이야말로 옹졸하고 비열한 마음이다. 노예의 원한은 분별 있고 바람직한, 용서하는 마음과도 어긋나지 않는 원한이기 때문이다.

그렇다면 좋은 원한과 나쁜 원한을 어떻게 구분하는가? 이 문제는 상황에 따라 다르다. 억압적인 상황이 지속되는 한 그때의 원한은 마땅히 옳다. 단, 상황이 변할 경우 용서하는 마음을 가진 사람이라면 한때 원한을 품었더라도 이를 풀어버릴 방법을 찾아야 한다. 원한은 부당한 상황이 지속되는 동안에만 유효하다. *기억 속에 있는 사실 때문에 원한을 품게 되는 순간*, 그때부터는 이미 다른 영역에 들어선 것이나 다름없다. 좋은 원한이 나쁜 원한으로 변하는 지점이기 때문이다. 원한이 습관이나 기질로 정착되면 결국에는 인성으로 단단히 굳어진다.

안타깝게도 원한에서 쾌락과 위안을 찾는 사람들이 있다. 앙심 품기를 낙으로 삼고 심지어 자신의 성격으로까지 만들어버린다. 원한을 아예 친숙한 감정으로 끌어안고, 자신의 무자비한 태도에 대한 이유나 핑곗거리로 이용한다. 마음속에 앙심을 키우는 위험은 폭발적인 성질을 제어하지 못하는 상태와 같다. 용서라는 치유의 고통을 감수하기보다 쉬운 쾌락에 경도되거나 안주하려는 성향이다. 분노는 성숙함이나 감정적인 자제력에 의해 통제되지만, 원한은 용서하는 마음을 가질 때 비로소 풀리게 된다.

되짚어보기

분노와 분개는 합당한 근거를 가진 우리 감정의 일부다. 육체적으로나 심리적으로, 특히 자아존중이라는 측면에서 우리를 보호하는 역할을 한다. 반대로 우리가 이 감정들을 제대로 통제하지 못할 경우 또는 일상이나 성격에서 이러한 감정들에 익숙해질 경우 도리어 이 감정들이 우리를 위험에 빠뜨릴 수도 있다. 분노의 위험성이 불같은 화로 인해 그 순간 벌어질 좋지 않은 상황에 있다면, 분개의 위험성은 나쁜 원한으로 변질될 가능성 때문이다. 반면 좋은 원한은 우리 자신이 겪거나 다른 사람들이 당하는 불의를 막아낼 힘을 빼앗겼을 때 가져야 할 정당한 감정이다.

분노, 분개, 원한이 각기 세분화돼 있다는 것은 무작위적인 사건(낯선 곳에서 강도를 당하는 경우)에서부터 조직적인 억압(예속상태에 놓여 있거나 착취당하는 경우)에 이르기까지 피해의 정도에 따라 감정의 스펙트럼이 상당히 넓다는 것을 역설적으로 반증한다. 왼쪽이 분노의 영역이라면 오른쪽은 원한의 영역이다. 물론 전적이고 완전한 용서는 스펙트럼의 왼쪽에 가까울수록 가능성이 높다. 가령 우리가 부당한 피해를 입고 분노감을 느낀다 치자. 대개는 분노를 자제하고 가해자에게 잘못을 인식시킨다. 가해자가 진심으로 후회하고 사죄하면 분노도 금세 가라앉는다. 두 번 다시 같은 잘못을 저지르지 않겠다는 약속을 믿어주는 것으로 용서가 이루어진다. 하지만 이러한 용서의 정신이나 자세는 비록 더 민감하고 덜 만족스럽더라도, 그 반대편인 오른쪽 스펙트럼에서도 취해질 수 있다. 그러므로 가해행위가 의도적이고 지속적일 경우, 복수를 염두에 둔 채 비통과 증오만 키우기보다는 필요한 기간만큼 좋은 원한을 품는 것도 용서하는 마음의 일부다.

좀더 명확히 말해서 용서가 가해자의 후회와 뉘우침에 대한 응답으로 분노와 분개를 '풀어버린다'는 뜻이라면, 용서하는 마음, 용서의 정신은 증오, 비통, 복수 대신 다른 선택의 가능성도 '열어둔다'는 의미다. 그 다른 선택이 과연 무엇이 될지 항상 명백한 건 아니지만, 중요한 것은 순간의 분노나 오래가는 원한 모두 넓은 의미에서 용서와 모순되는 감정이 아니라는 사실이다. 궁극적으로 삶은 너무나 복잡하고 문제들도 실타래처럼 얽혀있기 때문에 '용서를 하는 것'은 곧 정당한 분노와 분개, 좋은 원한을 품고서 무언가 *창조적인* 행위를 하는 것이라 말하는 편이 더 정확한 표현일 것이다. 따라서 용서하는 사람은 원한이라는 감정이 전혀 없는 사람이 아니라, 잠정적으로 품고 있지만 그 원한이 제 할 일을 다 하고 나면 가만히 떠나보낼 줄 아는 사람이다.

6장 / 살인 그 후

고든 윌슨의 이야기

2005년 영국 리버풀의 한 버스정류장에서 앤서니 워커Anthony Walker라는 10대 흑인 학생이 아무런 원한관계도 없는 두 명의 같은 10대 인종차별주의자들에게 얼음도끼로 처참하게 살해당했다. 가해자들이 유죄판결을 받은 직후, 그의 어머니 지 워커는Gee Walker는 이렇게 말했다.

증오가 내 아들을 죽였습니다. 똑같은 증오는 나를 다시 피해자로 만듭니다. 내가 왜 피해자로 남아 있어야 합니까? 앤서니는 평생 용서하며 살았습니다. 아들의 삶은 평화와 사랑, 용서의 상징이었습니다. 나는 그들에

게 전혀 앙심을 품고 있지 않습니다. 정말로 전혀……. 내 마음은 그 가족에 대한 애석함뿐입니다.[1]

의식했든 안했든 그녀는 북아일랜드 에니스킬렌Enniskillen 폭탄테러 사건 직후 고든 윌슨Gordon Wilson이 한 말을 그대로 되풀이하고 있었다. 1987년 11월 8일 일요일, 휴전기념 행사가 열리고 있던 에니스킬렌에서 IRA에 의한 폭탄테러 사건이 발생했다. 전몰자 기념비가 무너지면서 가까이 있던 11명이 희생됐고, 그중에는 윌슨의 딸 마리Marie Wilson도 있었다. 윌슨 자신도 이 사건의 피해자였다. 다음은 사건 직후 BBC와의 라디오 인터뷰에서 윌슨이 한 발언 일부를 발췌한 것이다.

"괜찮니, 애야?" 제가 물었습니다. 우리 둘 다 무너진 건물더미 약 2미터 아래에 깔려 있었습니다. 서너 차례 다시 물었습니다. 딸아이는 제가 물을 때마다 "네, 전 괜찮아요."라고 말했습니다. 다섯 번째로 다시 물었을 때였습니다. "정말 괜찮니, 마리?" 딸아이가 대답했습니다. "아빠, 정말 사랑해요……." 그 말이 딸아이의 마지막 말이었습니다. 저는 계속 소리쳤습니다. "마리, 괜찮은 거야?" 더는 대답이 없었습니다. 저는 제 딸을 잃었습니다. 하지만 제게 앙심은 없습니다. 아무런 원한도 품고 있지 않습니다.

---

1 2005년 11월 30일 뉴스보도, http://news.bbc.co.uk/1/hi/england/merseyside/4471440.stm.

그런 추악한 말들로 제 딸을 되살려낼 수 있는 건 아니지 않습니까?²

앨프 매크리어리Alf McCreary는 나중에 윌슨과 함께 이 사건에 관한 책을 저술한 저널리스트다. 사고 직후 라디오에서 윌슨의 목소리가 들려왔던 때를 그는 이렇게 회상한다. "그가 하는 말을 듣는 순간, 나는 찻잔을 입에 반쯤 가져가다 말고 그 자리에서 얼어붙었다. 더 이상 움직일 수가 없었다. 그가 전하는 말과 가까스로 고통을 참아내고 있는 그의 목소리가 마치 내 속에서 타들어가는 쓰라림처럼 그대로 전해져왔다."³ 윌슨의 인터뷰 발언은 매크리어리 말고도 라디오를 들은 수많은 사람들을 깊이 감동시켰다. 더구나 당시 IRA 측에서 흘러나오던 구호들과는 상당히 대조적이어서 더 주목을 받기도 했다.

윌슨의 이 같은 반응은 6주 후인 그해 말 크리스마스 특집 방송에서도 집중적으로 다뤄졌다. 그의 발언에 대해 열띤 논란이 불거지며 칭찬과 비난이 한꺼번에 쏟아졌다. 용서에 관한 철학적 담론이 촉발되기도 했다.⁴ 최근까지의 내 경험상으로도 그의 발언은 용서에 관한 강연이 있을 때마다 청중들로부터 매번 빠짐없이 받는 질문 주제 중 하나다. 대개 그러한 질문 이면에는 윌슨이 용서를 너무 쉽게 한 것이 아닌가 하는 의구심이 깔려 있었다. 더 자주 들은 질문은 그가 너무

---

2 Wilson, G. and McCreary, A. *Marie*, p. xiv.
3 Wilson, G. and McCreary, A. *Marie*, p. xiii.
4 Garrard, E. McNaughton, D. *Forgiveness*, p. 1.

성급하게 용서했기 때문에 자신이 무슨 말을 하는지조차 몰랐을 거라는, 다시 말해 쇼크 상태였을 거라는 추측에 근거하고 있었다.

두 가지 모두 답변이 필요한 문제들이다. 우선 용서를 너무 쉽게 한 것이 아니냐는 첫 번째 질문에 대한 답이다. 용서는 특정 상황에서 특정인에게는 쉽고 간단해질 수 있어도, 용서 자체가 그런 것은 아니다. 용서가 가능한 상황임을 납득할 수 있으려면 용서하는 사람의 성품을 포함해 여러 가지 요소들이 조합돼 있어야 한다. 그러므로 성품만이 유일한 요소는 아니다. 윌슨이 다른 상황이었다면 어떻게 반응했을지 알 수 없는 일이다.

그 사건으로 온몸을 다친 채 만성 고통에 시달리며 살아가는 사람들 그리고 그들을 곁에서 돌봐야 하는 가족들이 어쩌면 더 큰 어려움에 직면해있을지 모른다고 윌슨 스스로도 털어놓은 바 있다. 만약 그의 딸이 납치 폭행 끝에 살해당했다면 과연 그가 어떻게 반응했을지 우리로선 알 수 없다. 그의 용서에 대한 의구심을 부채질하기 위해 이런 말을 하는 것이 아니다. 다만 우리와 직접적으로 결부돼 있지 않은 특정 상황에 관해 우리가 얼마나 무지한지를, 반쪽짜리 이해로 상황을 일반화한다는 게 얼마나 위험한지를 강조하려는 것이다.

다음은 상황파악도 못한 채 성급히 한 용서가 아니냐는 두 번째 질문에 대한 답이다. 내 생각에 윌슨은 자신이 무슨 말을 하고 있는지 정확히 알고 있었다. 하지만 우리 모두가 그렇듯, 이후 수년간 자기가 한 말에 맞춰 산다는 것이 얼마나 큰 투쟁의 연속인지는 그 자신도 미처 다 헤아리진 못했을 것이다. 더욱이 자신의 말이 그 정도로 사람들의 심금을 울리고 관심을 사로잡는 일이 될지는 짐작도 못했을 것이다. 대중들의 엄청난 반응만이 그 상황을 대변해주었을 뿐이다.

　1980년대 북아일랜드는 폭력과 보복, 공격과 응징의 한복판이었다 해도 과언이 아니다. 앙갚음이 다시 또 다른 앙갚음을 불러오는 도저히 멈출 것 같지 않은 끝없는 복수의 소용돌이에 휩싸여 있었다. 윌슨은 자신의 말을 프로테스탄트 무장단체들도 듣게 될 거라는 사실을 의식하고 있었다. 그들은 증오심을 부추기고 사람들을 선동함으로써 또 다른 폭력을 불러들이는 일 말고는 용서나 자비 같은 말은 거의 들어보지도 못했을 법한 사람들이었다. 그런 그들에게 윌슨이 인터뷰에서 다른 유명 슬로건을 인용해 "내 이름으로 더 이상의 복수는 없다."고 말한 것이다.

　윌슨은 앙심을 품고 있지 않다고 말했다. 맥크리어리가 말한 대로 희생자들 중 한 명의 아버지이자 자신도 피해자의 한 사람으로서, 그가 한 이 말과 목소리에는 내세우지 않는 권위가 실려 있었다. 그리고 그의 진심과 의지가 담긴 이 말을 방송사들마다 앞다투어 사람들에게 실어날랐다. '딸을 잃은 아버지가 이런 반응을 보이다니!' 사람들이 윌슨에게서 본 것은 고뇌만큼이나 큰 희망과 존엄이었다. 또한 진정성이었다. 왜냐하면 윌슨은 그 이후로도 자신이 한 말에 한결같은 태도를 보여주었기 때문이다.

나는 내 딸 마리와 다른 이들을 죽인 자들에 대해 악의를 품고 있지 않다. 그렇다고 그들을 걱정하느라 잠 못 이룬다는 말은 아니다. 인간으로서 그들 나름대로 감수해야 할 몫이 있기에, 그들에 대해 내가 굳이 앙심이나 원한을 품지 않는다는 뜻이다.[5]

폭탄테러 사건 직후 나온 윌슨의 말은 전후사정을 고려한 정치적인 발언이었다. 그 자신의 내면을 드러내는 말이기도 했지만, 당장 보복에 나서려는 사람들에 대한 메시지이기도 했다. 하지만 뜻밖에도 나는 윌슨의 이야기가 나올 적마다 사람들에게 이를 설득시키기가 쉽지 않았다. 사람들은 윌슨의 말을 전체적인 맥락에 비춰보려 하지 않았다. 오히려 윌슨의 개인적이고 직접적인 반응으로만 보려는 경향이 더 강했다. 그의 발언을 칭송했던 사람들("정말 훌륭하고 대단해!")이나 비난했던 사람들("너무 성급한 거 아니야?") 모두 마찬가지였다. 반면 아일랜드 측 논평자들은 그가 한 말의 진의를 이해하고 그에 합당한 근거를 내세웠다. 데이비드 볼턴David Bolton은 이렇게 쓰고 있다. "북아일랜드 무력충돌 역사에서 상당히 위험했던 시기에 나온 윌슨의 발언은 보복 공격을 최소화하는 데 기여했다고 널리 평가받는다.[6]

---

5 Wilson, G. and McCreary, A. *Marie*, p. 92.
6 Bolton, N. 'The Transformational Possibilities of Forgiveness,' Spencer G, *Forgiving and Remembering in Northern Ireland*, p. 211. Bardon의 *A History of Ulster* (Belfast: Blackstaff Press, 1992)는 볼턴이 자신의 견해를 뒷받침하고 있다고 평한 책이다.

어쨌든 사람들의 갖가지 반응은 핵심을 건드리는 또 다른 논쟁을 촉발하기에 이르렀다. 에니스킬렌 폭탄테러 공격으로 똑같이 딸 앨버타Alberta를 잃은 에일린 클린턴Aileen Clinton은 나중에 이렇게 말했다. "고든 윌슨은 용서한다고 말한 적이 없어요. 딴 사람들이 그렇게 말한 게 아닌가요? 미안해하지도 않는 사람을 용서한다는 건 도덕적으로 변명의 여지가 없는, 도저히 용납할 수 없는 일이라고 생각해요."[7] 클린턴의 이 말을 계기로 두 가지 문제에 관심이 모아졌다. 첫째, 용서는 가해자의 '뉘우침'없이도 가능한가? 둘째, '용서'라는 명백한 말없이도 용서가 이뤄졌다고 말할 수 있는가? 사람들 사이의 용서에서 '뉘우침'은 굉장히 중요한 문제다. 이 사건의 경우 뉘우침의 문제가 특히 더 중요한 이유는 뉘우침이 있어야만 용서가 가능하다는 생각이 북아일랜드 대다수 프로테스탄트들의 사고방식이었기 때문이다.

북아일랜드 프로테스탄트들의 사고방식에서 정의는(그리고 그에 따른 용서는) 가톨릭적인 관념에 비해, 좀더 법적이고 처벌적인 차원에서 다뤄진다. 프로테스탄트들의 상당수가 죄인이 처벌을 면하고 자유의 몸이 되는 것으로 해석될 여지가 있는 제안을 좀처럼 내놓지 못하는 이유도 이 같은 사실에 기인한다.[8]

---

[7] Alwyn Thompson, 'forgiveness and the Political Process in Northern Island,' McFadyen, A. and Sarot, M. (eds) *Forgiveness and Truth*, pp. 140-141에서 인용
[8] Kinahan, T, Spencer, G. (ed.) *Forgiving and Remembering in Northern Ireland*, p. 80.

위 논평은 북아일랜드에서의 용서의 의미와 역동성을 탐구한 한 에세이모음집에서 발췌한 것이다. 이 모음집에 글을 낸 다른 기고자들도 북아일랜드 상황에서 용서를 뉘우침에 따른 반응으로 보는 것은 문제가 될 소지가 크다는 데 견해를 같이했다. 데이비드 볼턴은 이를 두고 공적 담론을 "거추장스럽게" 만드는 "용서의 신학적 프로토콜"이라 언급했고,[9] 데이비드 클레먼츠David Clements는 용서가 자칫 "골치 아픈" 사안이 될 수 있다고 우려했다. 용서를 소위 '거래'의 관점에서 보게 되면 사과와 뉘우침, 되도록 보상까지 요구되지만 "북아일랜드의 경우 대다수 피해자들이 사과를 받을 가능성은 거의 희박하다."는 것이다.[10]

용서가 뉘우침에 따른 반응이라는 말은 사실상 피해자의 권한이 약화되고 화해의 수단마저 박탈됨을 의미한다. 가해자의 뉘우침 없이는 용서가 전혀 불가능한 것이라면 "피해자들에게 과연 어떤 도덕적이고 현명한 선택권이 남겠는가?" 하는 문제가 제기된다. 이 문제는 다시 "그럼 도대체 어떤 사고와 태도가 나와 내 가족에게 가해진 고통과 죽음에 대한 적절한 반응이겠는가?" 하는 두 번째 문제로 이어진다. 윌슨이 "그들을 용서한다"고 말하지 않은 건 사실이지만 그는 분명 "앙심도, 원한도 품고 있지 않다."고 말했다.

내가 윌슨을 지금도 존경하는 이유는 그날 그가 선택한 말과 그의

---

[9] Spencer, G. (ed.) *Forgiving and Remembering in Northern Ireland*, p. 214.
[10] Spencer, G. (ed.) *Forgiving and Remembering in Northern Ireland*, p. 245.

목소리, 어조 때문이다. 그는 '용서'라는 단어를 피한 대신 악의가 없다고 선언함으로써 새로운 가능성의 영역을 여는 계기를 마련했다. 이것이야말로 피로 얼룩진 폭력의 고리를 끊고 새로운 미래로 향하게 만드는 도덕적 창조성이다. 만약 그가 '용서'라는 단어를 썼거나 "나는 테러범들을 용서한다"고 말했더라면 지나치게 앞서간 처신이라는 비난이 따랐을 것이다. 자, 그럼 여기서 그의 말을 용서로 해석하는 것은 잘못이라는 뜻인가? 다시 한 번 말하지만 그 말이 나온 배경과 상황이 무겁고 미묘한 만큼 보다 주의 깊게 살펴야 한다. 내 생각에 그는 용서를 한 것이 아니라 용서의 정신, 용서하는 마음의 증거를 제시한 것이다.

1990년에 자신이 쓴 글에서 윌슨은 테러범들을 직접 만나 "왜 그랬느냐?"고 따져묻고 싶어 하던 아내와는 달리, 그들을 만날 의도가 전혀 없다는 뜻을 밝혔다. 여기서도 그는 "그때도 분노하지 않았고 지금도 분노하지 않는다."는 일관된 입장을 견지했다.[11] 이 말 역시 논쟁을 불러일으켰다. 이전 장에서 도덕적 분노, 즉 불의에 맞서는 감정적 반응의 중요성을 살펴본 바 있다. 윌슨의 사례야말로 불의에 맞선 도덕적 분노를 내세울 만한 이유가 충분했던 만큼, 이번에는 "도덕적 분노를 용서라는 행위로 극복해야 할 근거는 도대체 무엇인가?"에 대해 또다시 불가피한 윤리적 논쟁이 이어졌다.

---

11 Wilson, G. and McCreary, A. *Marie*, p. 93.

분노하지 않는다는 윌슨의 말은 도덕적 진정성을 의심케 하기에 충분했다. 그렇지만 이 말도 전체적인 맥락에서 이해할 필요가 있다. 인간은 모두 다른 존재이며 감정적 반응도 제각각이다. 개중 어떤 사람은 분노나 격분 같은 감정 표출 없이도 도덕적 반감을 갖기도 한다. 문제는 그들이 느끼는 *감정*이 아니라 그들이 하는 행동이다. 복수를 중히 여기는 윤리적 틀 안에서 살아온 사람이 "화내지 말라, 앙갚음하지 말라."를 삶의 모토로 삼아온 사람을 무턱대고 폄하할 순 없는 노릇이다. 용서와 관련해서도 마찬가지다. 누군가가 어떤 일에 분노가 아닌 애써 억누른 슬픔을 표한다고 해서, 그러한 반응이 흔치는 않을지언정 상상 못할 정도까지는 아니다. 사람마다 상황마다 달라질 수 있는 반응이기 때문이다.

윌슨은 북아일랜드의 폭력과 테러로 얼룩진 역사를 온몸으로 살아온 산증인이나 다름없었다. 그런 만큼 그간 수많은 참극을 보아오면서 그의 감정이 고갈될 대로 고갈되었으리라는 건 충분히 짐작하고도 남을 만하다. 어느 순간 그에게 에니스킬렌 폭탄테러 사건은 더 이상 새로운 사건도, 새로운 사실도 아닌 게 돼버렸을지도 모른다. 강한 감정은 인간이 엄청난 변화를 겪을 때, 말하자면 삶이 예상치 못한 방향으로 갑자기 궤도를 이탈할 때 터져나오게 마련이다. 이렇게 말하기는 마음 아프지만 북아일랜드의 폭력사태는 에니스킬렌에 폭탄이 터졌던 그 순간에도 여전한 현실이었다. 어쩌면 그 현실이 에니스킬렌 사람들에게 정통으로 날아들었던 건지도 모른다. 그것도 가장 직접적이고 가장 고통스러운 방식으로……

그때 윌슨은 하필 폭탄테러 현장에 있었고 죽어가는 딸의 손을 붙들고 있었다. 결국 그 딸은 목숨을 잃었다. 그가 분노를 느끼지 않는다고 말한 이유를 모든 상황에 지칠 만큼 지친 감정의 고갈 탓으로 돌리든 또는 모든 일을 전체적인 맥락에서 바라보는 성숙함으로 돌리든 그건 중요하지 않다. 정말로 중요한 건 그가 자신의 에너지를 제일 먼저 사랑하는 딸에게, 두 번째로는 해야 할 말에 쏟았다는 점이다. 진지하고, 관대하고, 새롭고, 간명하고, 놀라운 그의 말은 사람들에게서 희망을 이끌어냈다. 결코 폭력행위를 묵과하거나 용인하거나 혹은 테러범들에게 면죄부를 주는 말이 아니었다. 그는 악과의 대면에서 지레 뒤로 물러서거나 모른 체 넘어가지 않았다. 대신 엄청난 고통 속에 있으면서도 울림을 주는 말을, 용서의 정신, 용서하는 마음의 소리를 내보내고 있었던 것이다.

이번 비극으로 열한 명의 소중한 목숨을 잃었다. 그들 모두 신의 형상으로 빚어진, 우리와 똑같은 사람들이었다. 그런 그들을 이제 다시는 볼 수 없게 되었다. 이 일에 책임이 있는 사람들은 고든 윌슨의 용서를 넘어선 신의 심판과 반드시 마주해야 할 것이다. 인간은 아마도, 아니 응당히 인간의 방식으로 용서할 수 있다. 하지만 궁극적으로 용서는 신의 방식에 따른 신의 몫이다.[12]

1987년 에니스킬렌 폭탄테러 사건으로 신교도 11명이 숨지고, 63명이 부상당했다.

윌슨은 "내가 용서하는 품성을 가진 사람이길 희망한다."고 말했다.[13] 그는 확실히 용서하는 사람의 자세를 보이기 위해 그리고 '주님의 기도'에 어긋나지 않는 삶을 살기 위해 노력하고 있었다.

우리는 하느님께 용서를 구하지만 우리도 다른 사람을 용서하지 않으면 안 되는 상황에 늘 처하게 된다. 그때 했던 내 말은 신학이나 정의를 염두에 둔 말이 아니었다. 마음에서 우러나온, 그 당시 내가 느꼈던 그대로를 표현한 말이었다. 그리고 지금도 여전히 그렇게 느끼고 있다.[14]

---

12 Wilson, G. and McCreary, A. *Marie*, p. 92.
13 Wilson, G. and McCreary, A. *Marie*, p. 92.

1987년 윌슨의 영향력은 대단했다. 동시에 그의 발언이 남긴 유산은 양날의 칼로 작용했다. 그의 말은 놀랍고 훌륭하며 *창조적*이었다. 틀에 박힌 상투적인 답변이 아니라 세심하게 공들인 창조적 진정성의 표현이었다. 맥크리어리가 언급한 대로 비단 말에 그친 것이 아니라 고뇌에 찬 목소리였다. 그 모든 것이 한데 응집돼 있었다. 사랑하는 딸을 잃은 아버지의 피맺힌 가슴을 직접 눈으로 보는 느낌이었다. 그러나 안타깝게도 그의 말이 여러 번 반복 보도되면서 본래의 뜻이 점차 훼손되기 시작했다. 급기야 그가 테러범들을 완전히 용서한 것으로, 심지어 뒤이을 참극의 희생자들에게 도덕적인 모범을 보인 것으로까지 곡해됐다. 바로 여기에 아이러니가 있다. 용서의 정신, 용서하는 마음을 내포하는 말의 '창조성'이 다시 오해를 빚는 원인이 되었던 것이다.

윌슨은 미묘하고 놀라우며 중요한 의미를 품은 말을 전하고 있었다. 하지만 어이없게도 의미심장한 전환점이 되어야 할 이 말이 오히려 피해자들에게 지나치게 단순화된 질문들을 던지는 풍조를 부채질하는 빌미가 됐다. 피해자들에게 아직 채 가라앉지도 않는 아픈 감정들을 자세히 설명해보라고 한다든지, 용서에 관해 터무니없는 질문들(가령 폭파범, 총잡이, 칼잡이 중 누구를 용서하겠는가?)을 서슴지 않고 한다든지 하는 행태들이 그 단적인 예다. 이는 최근 몇 년 동안 영국과

---

14 Wilson, G. and McCreary, A. *Marie*, p. 91.

아일랜드에서 실제로 벌어졌던 현상이다. 여기에서 드러난 문제점 중 하나는 우선 공감 부족이었으며, 또 하나는 정작 고려되어야 할 문제들에 대한 몰이해였다. 데이비드 클레먼츠는 이렇게 썼다.

> 에니스킬렌 폭탄테러 사건 이래로 올바른 대답, 고상하고 가치 있는 말은 "네, 용서합니다."가 돼버렸다. 언젠가 남편을 잃은 한 미망인의 그 같은 반응이 뉴스에 방영되자 많은 사람들이 그녀의 자비로움을 칭송했다. 하지만 그러한 칭찬은 단기적인 보상일 뿐이다. 시간이 지나 처음의 충격과 혼란이 가시고 나면 그 자리에는 분노와 비탄이 비집고 들어온다. 돌이킬 수 없는 상실감에 사로잡힌 채 하루하루 깊은 고통의 늪에서 헤어나지 못한다. 마음속에서도 용서의 감정을 전혀 느낄 수가 없다. 이미 뱉어버린 용서의 말이 이제는 자신을 옥죄는 또 다른 굴레가 되어버리는 것이다.[15]

이런 분위기를 전부 고든 윌슨의 탓으로 돌리는 건 사리에 맞지 않다. 차라리 그의 발언이 쉽게 단순화되고 잘못 이해된 결과라고 봐야 한다. 윌슨의 말은 그 자체로 용서의 말이 아니었다. 정확히 말하면, 용서하는 마음에서 우러나온 말이었다. 그에게 용서하는 마음이 있었는가? 그렇다. 그가 용서했는가? 아니다. 다만 고든 윌슨의 사례에서 우리가 정작 떠올려야 할 질문은 따로 있다. "용서하는 사람이 되고자

---

[15] Spencer, G. (ed.) *Forgiving and Remembering in Northern Ireland*, p. 243.

하는가? 그렇다면 당신에게 요구되는 것은 무엇인가?" 그러므로 끔찍한 범죄 피해자들의 마음속에 있어야 할 질문, 더구나 주님의 기도를 아는 사람의 질문은 이것이어야 한다. "그래도 나는 용서하는 사람이 될 수 있는가?"

메리언 파팅턴의 이야기

1973년 12월 어느 추운 겨울 밤, 당시 스물 한 살의 여대생이 집으로 가는 버스를 기다리다 갑자기 실종됐다. 가족들은 그녀가 왜, 어디로 사라졌는지 전혀 알 길이 없었다. 그 후 20년이 지난 1994년 3월, 경찰은 가족에게 그녀의 시신이 어느 부부의 집에서 발견됐다는 소식을 전했다. 당시 그녀는 목과 사지가 절단된 상태로, 낡은 하수관이 지나다니는 통로에 억지로 쑤셔 박힌 채 버려져 있었다. 현장에는 칼과 노끈, 청테이프 그리고 두 개의 머리핀이 놓여 있었다.

희생자는 메리언 파팅턴Marian Partington의 여동생 루시 파팅턴Lucy Partington으로 영국 서남부에 위치한 도시 글로스터Gloucester의 어느 가정집에서 연쇄살인범 프레드 웨스트Fred West와 로즈마리 웨스트Rosemary West 부부에게 희생당했다. 이 사건을 둘러싼 이야기는 용서에 대한 다양한 사람들의 고민을 담은 용서 프로젝트에 자세히 실려 있다.[16] 다음은 데이비드 셀프David Self가 메리언 파팅턴을 인터뷰한 내용

중 일부다.¹⁷

내 동생 루시의 시신이 크롬웰가 25번지에서 발견됐다는 연락을 받았어요. 처음 그 소식을 듣는 순간에는 나에게 덧씌워진 이 의미 없는 트라우마에서 벗어날, 무언가 긍정적인 걸 이끌어내겠다고 다짐했었죠. 하지만 그러기도 전에 처참한 진실과 직면해야 했습니다. 루시는 그냥 살해된 게 아니었어요. 납치된 다음 재갈이 물려진 채 강간·고문을 당한 끝에 끔찍하게 살해됐습니다. 그런 죽임을 당하고도 다시 목과 사지가 잘려나가기까지 했습니다. 게다가 시신이 발견된 후 일년간 제 동생의 유해는 재판 증거물로 남아있어야 했습니다. 그 모든 일을 겪고 난 뒤 동생의 유해를 카디프Cardiff로 옮겨 안장했습니다. 그 가슴 아픈 장례식을 치르며 제 마음에 어떤 변화가 일었습니다. 그리고 마음의 평화를 향해 한 발짝 걸음을 뗐습니다.¹⁸

그녀는 회고록 《신성의 회복 Salvaging the Sacred》에 동생의 유해를 안장하던 그날의 경험을 이렇게 적고 있다.

---

16 용서 프로젝트는 웹 사이트 http://theforgivenssproject.org.uk에서 찾아볼 수 있다.
17 Self, D. 'Enfolding the Dark' in Mcfadyen, A. and Sarot, M. (eds) *Forgiveness and Truth*, Self, D. *Struggling with Forgiveness*.
18 http://theforgivenssproject.com/stories/marian-partington-england/.

장의사에게 관 속에 있는 두 개의 상자들 중 작은 쪽을 가리키며 동생의 두개골이 여기에 있느냐고 물었다. 그가 그렇다고 대답하며 가만히 뚜껑을 열어주었다.

동생의 두개골을 자세히 들여다보면 볼수록 그 아름다움에 숨이 멎을 것만 같았다. 눈부시게 빛나는 황금처럼 보이기도 하고, 뭔가 이야기를 전하기 위해 끝까지 살아남은 루시의 일부처럼 여겨지기도 했다. 순간 내 속에서 기쁨이 벅차오르는 걸 느꼈다. 그 오랜 세월을 견딘 끝에 비로소 루시의 일부를 찾아냈다는 기쁨이었다. 어떠한 공포도 소름끼치는 생각도 끼어들지 않은 순수한 기쁨이었다. 나는 동생의 두개골을 조심스럽게 들어올려 그 이마에 입을 맞추었다.[19]

그해 말, 선불교의 안거安居를 지내면서 그녀는 웨스트 부부를 용서하자고 다짐했다. 용서가 미지의 영역을 건너는 여정임을 잘 알고 있었지만 그래도 앞으로 나아가는 긍정적인 방법이라 여겼다. 하지만 그 여정은 예상치 않은 방향전환을 맞게 된다.

안거를 마치고 집으로 돌아오던 날, 온몸이 저리도록 살기에 가까운 분노를 경험했습니다. 내 몸 전체를 훅 쓸고 가듯, 뱃속에서부터 머리끝까지 한 번에 치솟는 강렬한 분노감이었죠. 악을 쓰며 소리치고 싶었어요. 내

---

19 Partington, M. *Salvaging the Sacred*, p. 16.

머리칼을 죄다 쥐어뜯고 싶었어요. 바닥을 손톱으로 전부 긁어 파내고 싶었어요.[20]

뒤늦게 찾아온 메리언의 분노는 그만큼 깊고 복잡했다. 여기서 주목할 점은 그녀가 자신의 몸으로 느낀 그 경험을 단지 *비통함*을 쏟아내는 것으로만 묘사하지 않았다는 사실이다. "자신도 어찌지 못할 만큼 온몸으로 느껴지던 살기에 가까운 극심한 *분노*"였다고 말했다. 그녀는 이어서 이렇게 술회했다.

그 전까지 저 스스로를 살기를 품을 만한 사람이라고는 단 한 번도 생각해본 적이 없었어요. 하지만 그 순간만큼은 나도 살인을 할 수 있겠구나 하는 생각이 들더군요. 저도 그들과 전혀 다를 바 없었던 거예요.

용서가 "살기에 가까운 분노"의 경험에서 출발했다는 점은 상당히 역설적이다. 단순해 보이는 이 말 속에는 여러 겹의 의미가 깔려 있다. 우선 "살기에 가까운 분노"라는 이 말은 극악무도한 일을 겪은 사람이 부닥칠 수밖에 없는 도덕적이고 감정적인 *한계상황*을 반영한다. 동생의 두개골을 가슴으로 소중히 감싸 안았을 때 그녀는 이미 인간이 겪을 수 있는 모든 경험을 넘어선, 상상조차 하기 어려운 지점을

---

[20] http://theforgivenssproject.com/stories/marian-partington-england/.

밟은 것이나 다름없었다. 그저 가슴 아픈 감정이 아니라 깊이를 헤아릴 수 없는 심연으로 한없이 빨려 들어가는 감정이었을 것이다. 한편 그 말은 그녀가 그 감정을 그저 경험한 데서 그치지 않고 자기 자신을 객관적으로 바라보고 있었음을 나타낸다. 자기 자신을 연쇄살인범과 관련지어 생각할 수 있는 '자기인지'가 가능했던 것이다.

거기서부터 '선한 나'와 '사악한 그들' 간의 경계선이 허물어지기 시작했다. 메리언이 동생을 고문하고 살해했던 자들과 자신이 다를 바 없음을 인정한 순간은 스스로 엄청난 고통 속에 휩싸여 있을 때였다. 이 같은 경험은 그녀가 재판 중 로즈마리 웨스트에게 관심을 갖게 되는 것으로 이어졌다. 그녀는 증언에서 처음엔 "법정 변호사가 장장 5일간에 걸쳐 매시간 소리 내어 읽어주던 패륜적이고 야만적인 별별 상세한 만행들"을 피고석에 앉은 여자와 곧바로 연관시켜 생각하기는 힘들었다고 말했다.[21] 그러던 메리언이 로즈마리 웨스트라는 한 인간에 대해 나름의 그림을 그려나가게 된 계기는 경찰 인터뷰 당시 녹음된 로즈마리의 목소리를 들을 때였다.

나는 로즈마리 웨스트의 빗나간 무지가 어디서 잉태되었는지 이내 느낄 수 있었다. 그녀가 아름다움, 진실, 사랑 같은 걸 거의 모르고 자라왔다는 사실을 알고 나서 공포와 학대만이 삶의 전부인 황폐한 환경 속에 처한 내

---

21 Partington, M. *Salvaging the Sacred*, p. 19.

모습을 상상해보려 애썼다. 그녀가 곧잘 내뱉던 욕설 "죽일bloody"이란 말은 어쩌면 소름끼칠 정도로 그녀의 삶을 정확하게 묘사하고 예측하는 말이었는지도 모른다.

이제야 고통과 죽음까지 초래한 그녀의 절대적인 통제욕구가 이해되기 시작했다. 그리고 그 욕구를 늦은 밤 크롬웰가 25번지에서 그대로 실행에 옮겼다는 것도……. 그건 잔혹한 살인으로 이어진 무기력과 무지의 폭력적 분노였으며, 달리 살아갈 방도를 몰랐던 한 인간의 피폐한 영혼이었다.

그녀가 저지른 일은 짐승 같은 야만성으로 자신의 희생자들도 똑같이 고통, 수치, 무기력을 경험하게 만들려는 시도였다.[22]

메리언은 로즈마리 웨스트 자신도 아마 과거에 그런 일을 똑같이 당했을 거라고 추정한다. 나는 이 말을 읽고 또 읽으면서 공감이라는 모험 뒤에 숨겨진 관대한 정신에 경탄했다. 가슴 찢어지는 슬픔을 받아들이면서도 또한 가누기 힘든 고통을 경험하면서도 메리언은 자신의 마음이 로즈마리 웨스트의 마음속으로, 그러니까 극심한 고통의 원인이었던 가해자의 마음속으로 흘러들도록 허용하고 있었던 것이다. 이윽고 그녀는 놀랍게도 그 처참함 속에서 가느다란 빛을 감지한다.

(로즈마리 웨스트의 녹음된 목소리를 듣던 중) 내게 말 못할 혼란을 주

---

22 Partington, M. *Salvaging the Sacred*, p. 20.

면서도 내 마음 어딘가를 건드린 그녀의 환상 속으로 한 가닥 희미한 통찰의 빛이 파고들었다. 일주일동안 끝없이 이어지던 음란하고 추잡한 성적인 이야기들 속에 단 한 번 아름다움을 감지할 수 있는 언급이 들어있었기 때문이다. 로즈마리 웨스트가 또 다른 희생자 앨리슨 채임버스Alison Chambers에게 크롬웰가로 와서 함께 살자고 유혹했다던 대목에서였다. 말도 타고, 시도 쓰면서 '그들의 농장'에서 주말마다 전원생활을 즐기자고 약속했다는 것이다.[23]

메리언은 말을 이어나갔다.

'시'라는 단어에서 뒤통수를 한 대 얻어맞은 것 같은 느낌이 들었다. 더러운 시궁창 속에서 튀어나온 그 말이 내 속을 휘저어놓았다.[24]

나는 메리언의 이 말에서 두 가지 숨은 의미를 발견했다. 첫째, '시'라는 단어를 접하는 순간 메리언에게 "불현듯 떠오른 기억들"이 있었다는 점이다. 실제로 루시는 어릴 시절 대부분 "시를 쓰고, 말을 타며" 보냈고, 이후 두 자매는 대학에서 나란히 영문학을 전공했다. 루시는 시 쓰기를 계속해나갔고 그녀가 죽은 뒤 가족들은 그 시들을 묶어 세상에 내놓았다. 둘째, 용서에 깃들어 있는 시적인 의미의 중요성이 실

---

23 Partington, M. *Salvaging the Sacred*, p. 21.
24 Partington, M. *Salvaging the Sacred*, p. 21.

질적으로 드러났다는 점이다. 질 스코트가 신학적인 방식으로 용서와 시를 관련지어 설명했다는 건 이미 앞에서 말했지만, 실제 이야기에서 시가 정말 현실적으로 존재함을 확인한 것이다. 시는 창조성, 공감, 상상력이 한데 버무려진 섬세한 영역이자, 미적인 의미와 윤리적인 의미를 모두 아우르는 소위 아름다움을 향한 소망이다.

메리언이 최근에 쓴 저서는 이른바 '전환'에 관한 내용을 담고 있다. 자주 쓰이다 보면 본래의 의미가 퇴색될 위험이 있지만, '전환'은 공감과 시적 상상력을 끌어들인 그녀의 영적 작업을 그대로 가리키는 낱말이다. 루시의 이야기 속에는 지독한 공포와 슬픔이 서려 있다. 많은 사람들은 여기서 움츠러든다. 혐오감과 분노감을 느끼며 멀찌감치 떨어져서 고통으로부터 자신을 보호하려 한다. 반면 메리언이 자신의 분노에 보인 반응은 그것과는 정반대였다. 그녀는 자신의 차단막을 전부 허물어뜨리고, 완전한 타인이지만 어쩔 수 없이 연결되어 있는 한 인간을 이해하기 위해 노력했다. 밖으로 향하는 여정은 동시에 안으로 향하는 여정이기도 하다. 밖으로 무언가를 펼치려면 우선 안으로 당겨져 있어야 하기 때문이다.

동생이 삶을 어떻게 마감했는지 알게 된 메리언의 여정은 복잡하고 깊고 고통스러운 과정이었다. 또한 정직함과 상상력의 장엄한 어우러짐 끝에 조금씩 진전돼온 과정이었다. 가해자들과의 마주침, 영적 수행 그리고 자신의 여정과 동생의 삶에 대한 기록을 통해 어두운 현실과 그 현실에서 흘러나온 깊은 생각과 경험들을 조금씩 조명해나가는 과정이었다. 그 여정은 용서하겠다는 즉각적인 충동에 이끌린 것이 아니라 동생의 슬픔, 고통, 죽음이 이 여정의 종착점이 되어서는 안 된다는 보다 높고 넓은 차원의 인식에 따른 것이었다.

메리언의 책 제목《신성의 회복》은 그녀가 해왔던 모든 일을 담아내기에 더할 나위 없이 적합한 표현이다. 이에 비하면 '용서'라는 말은 오히려 공허하고 삭막하게 들린다. '용서'라는 명사만으로는 그 모든 과정을 설명할 수 있을 만큼 역동적이고 생동감 있게 다가오지 않는다. 그녀가 썼듯이 "용서는 '용서하는'이라는 말로 바뀔 때 비로소 생명력을 얻는다. 용서라는 말이 상징하는 종교적이고 가식적인 도그마(특히 내 안의 도그마)에서 자유로워진다. 무궁무진한 가능성을 덮고 있던 두꺼운 외피가 벗겨진다. '억겁의 따개비들 같은 허울뿐인 독실함'이 다 떨어져 나간 듯 홀가분해진다."[25] 용서는 그 말이 품고 있는 이미지에서 이제 풀려나와야 한다. 용서는 생생한 것이기 때문이다. 우리가 신성을 '회복'하고 '발견'하고 '해방'하고 '소통'하려는 마음을 가질 때, 마침내 용서가 생기 있게 살아 움직일 수 있는 힘을 갖게 된다. *용서가 구원되고, 용서하는 마음이 시작된다.*

메리언은 꿈속에서 로즈마리 웨스트를 만나 "용서한다"고 말해보았지만, "아무런 의미가 없었다"고 털어놓았다. 용서로 가는 길은 이보다 훨씬 더 절실한 곳에서부터 출발한다고 그녀는 믿고 있었다.

---

25 Partington, M. *If You Sit Very Still*.

나는 나 자신을 용서하는 법, 남들도 나를 용서해줄 수 있다고 믿는 법을 배우게 되었다. 그 과정에서 내 썩어들어가던 실수더미들과 마주치곤 했지만 그것이 또 내게 퇴비가 된다는 사실을 새로이 깨우치게 되었다. 아울러 거기서 의미를 찾아야 한다는 사실 그리고 인정하기 싫고 지워버리고 싶던 것들을 더 이상 밀어낼 필요가 없다는 사실도 말이다. 결국 그 모든 것들 또한 나의 일부이므로 오히려 그것들과 새로운 관계를 맺어나가는 편이 더 현명한 일임을 이해하게 되었다.[26]

이러한 사고야말로 메리언의 이야기 이면에 아로새겨진 가장 주목할 만한 장점이다. 부정적인 감정에 굴복하지 않고 더 나은 모습으로 진일보하겠다는 자기인지의 발로! 그녀는 안거 중에 로즈마리 웨스트에게 딱 한번 편지를 썼고, 그 편지를 4년이 흐른 후에야 부쳤다고 말했다. 편지 속에는 이런 말이 담겨 있었다.

마침내 이렇게 당신에게 이야기하게 되는군요. 당신이 이해 못할지도 모르지만, 어떤 면에서는 당신에게 도움이 될 만한 말일지도 몰라요. 정직하게 말해서 당신에게 고마움이라는 기이하고 낯선 감정을 느낀 적도 있어요. 왜냐하면 내 안에 깊이 숨겨진 한 인간으로서의 내 모습을 볼 수 있게 해주었으니까요. 당신이 초래한 끔찍한 고통을 겪으며 진실한 공감이 어

---

26 Self, D. *Struggling with Forgiveness*, p. 20.

떤 건지 알게 되었어요. 아픔을 가진 다른 모든 사람들에 대한 공감, 그리고 당신에 대한 공감까지도…….[27]

답장은 없었다. 하지만 이 이야기는 아직 끝나지 않았다.

되짚어보기

이 두 개의 비극적인 이야기들을 통해 용서가 가진 문제들을 일부 엿볼 수 있었다. 윌슨의 사례에서 우리는 폭탄테러 공격으로 눈앞에서 사랑하는 딸을 잃은 한 아버지가 사고 직후 발언한 용서의 마음이 담긴 말을 들었다. 나는 그가 당시 남긴 말에서 감정적 성향을 드러낸 표현 그 이면을 읽어야 한다고 말했다. 끝없이 이어질 것만 같은 폭력과 보복의 악순환이라는 맥락에서 그의 발언은 IRA에 대한 정치적인 메시지였다. 동시에 "그때도 분노하지 않았고, 지금도 분노하지 않는다."라는 그의 감정도 반영돼 있었다.

물론 이 감정도 그의 발언과 마찬가지로 성격과 상황 두 가지 차원에서 고려해야 한다. 우선 그 폭탄테러 사건은 대단히 충격적이긴 하지만 북아일랜드의 역사에 비춰볼 때 전혀 새로운 국면은 아니었다.

---

[27] Partington, M. *If You Sit Very Still*.

윌슨의 반응이야말로 뉴숫거리였으며, 보다 풍부한 의미에서 '뉴스' 그 자체였다. 새로운 약속의 가치를 일관되고 창조적으로 보여준 영적 혁명이었다.

윌슨의 발언은 딸의 죽음이 개인과 공동체에 또 다른 참극을 몰고 올 복수와 보복의 불씨를 당기는 빌미가 되거나 상황을 더 악화시키는 핑곗거리가 되도록 만들지 않겠다는 결의를 보여주었다. 그 말의 힘과 진정성은 용서라는 말을 쓰지 *않은* 데서 나왔다. 만일 그가 섣불리 용서라는 말을 꺼냈더라면 아마 두서없이 잘 모르고 한 말이었다거나 혹은 가지지도 않은 권위를 가진 척 허세를 부린다는 주장들에서 자유롭지 못했을 것이다. 대신 그는 또렷한 말로 자신의 의사와 태도를 분명히 했다. 그의 발언에 어떤 반응을 보일지는 듣는 사람들 몫이겠지만 그의 나지막하면서도 차분한 목소리, 진정성이 담긴 준엄한 내면의 목소리는 폭탄의 위력보다 더 압도적인 영향력을 발휘했다.

윌슨은 '용서'가 아닌 '용서하는 마음'의 힘과 진정성을 담아 자신의 내면을 있는 그대로 표현했다. 테러범들을 용서해야 할지 말아야 할지, 한다면 어떻게 해야 할지에 관한 문제들은 공란으로 비워두었다. 그의 발언은 용서나 면죄선언이 아니었다. 성직자가 아닌 예언자의 말이었다. 용서를 선언하는 말이 아닌, *뉘우침*을 일깨우는 말이었다. 가해자들에게 다르게 생각하고 다르게 행동하도록 촉구하는 말인 동시에 새로운 가능성을 열어주는 말이었다. 용서가 보다 관대하고 창조적이며 건설적인 방식으로 이해될 수 있음을 보여주는 말이었다.

윌슨이 그 상황에서 의도적으로 신의 뜻을 전하려 했더라면 그는 아마 설교나 하려든다, 독실한 체한다, 짐스러운 말로 부담을 준다, 젠체하고 거만하다는 평을 들어도 할 말이 없었을 것이다. 어쩌면 신의 뜻을 전달하는 사람들이 흔히 저지르기 쉬운 소통의 죄를 오히려 더 가중시키는 일이 되었을지도 모른다. 대신 그는 단순한 말을 빌려 마음에서 우러나온 생각을 담담히 전했고, 그 과정에서 그의 의지가 신의 뜻과 자연스럽게 엮여 하나로 모아졌다. 그때 세상 사람들은 잠시 하던 일을 멈추고 그의 이야기에 귀를 기울였다. 경이롭게도 비로소 말이 '통한' 순간이었다. 결코 용서의 권위나 권능을 내세우지 않는 말이었다. 신의 정신인 새로움을 대변하는 말이었다. 나름의 방식으로 표현된 시적인 말이었다. 의도성이 없으면서도 현실성을 담아낸 말이었다. 우리의 상상력을 사로잡는, 마음으로부터 우러나온 말이었다.

반면 메리언 파팅턴의 이야기는 시간적으로 전혀 다른 프레임 속에 놓여 있었다. 그녀는 동생 루시가 실종된 지 20년이 지나서야 웨스트 부부에게 성폭행당한 후 무참히 살해됐다는 사실을 알게 되었다. 때문에 그녀의 고뇌는 윌슨의 고뇌와는 또 다른 차원에서 엄청난 불확실성과 모호성 속에 가려져 있을 수밖에 없었다. 메리언이 동생 루시의 죽음을 전해들은 때는 웨스트 부부의 집에서 벌어졌던 일들이 막 밝혀지기 시작하던 시점이었고, 그조차도 애매한 의혹투성이였다. 어떤 정치적인 요소가 개입돼 있는 건 아니었지만 그 못지않게 대중들의 관심영역 안에 들어와 있던 떠들썩한 사건이었다. 밝혀진 사건의 실상만으로도 충격적이었던데다, 동생에 대한 터무니없는 거짓말들이 법정에서 함부로 제기되고 다시 언론에 보도되는 상황도 메리언에게는 상당히 고통스러운 일이었을 것이다. 감추어진 잔인성과 들리지 않은 비명을 남몰래 가두고 있다 20년 만에 적나라하게 드러낸 가혹한 현실이었다.

메리언의 이야기를 용서 이야기라는 틀에서 바라보려는 이유는 두 가지다. 첫째, 그녀가 엄청난 분노의 감정에 굴복되기 전 이 비극적인 사건에서조차 뭔가 긍정적인 것을 이끌어내겠다는 결심을 했기 때문이며 둘째, 그 과정에서 용서가 어떤 일회성 이벤트가 아니라 지속적인 노력이라는 깨달음과 통찰을 얻어냈기 때문이다. 하지만 이 둘 사이에는 몹시 격한 순간들이 있었다. 살기에 가까운 분노, 동생의 두개골을 가슴으로 끌어안았던 일, 재판 중 로즈마리 웨스트의 마음속 어딘가를 들여다보았던 경험, 안거 중의 용서 결심, 로즈마리 웨스트에게 쓴 편지를 4년 후에야 부친 일 등등. 이 이야기는 보다시피 단번에 이뤄진 용서 이야기가 아니다. 그렇다고 해서 파팅턴의 용서 정신, 혹은 용서하는 마음이 모자라다거나 약하다고는 결코 말할 수 없다. 오히려 그 어떤 경우보다 강하고 충만했음을 보여주는 사례다.

메리언 파팅턴의 이야기에서 우리가 주목해야 할 또 다른 측면은 창조성과 섬세함이다. 그녀가 보여준 태도는 소위 질 스코트가 말했던 용서의 시성詩性을 몸소 살려낸 것이라 말해도 과언이 아니다. 실제로 우리는 그녀의 글 속에서 시성을 오롯이 드러낸 대목들을 몇 차례 발견할 수 있었다. 예컨대 그녀가 동생의 두개골을 빛나는 황금에 비유했다든지, 용서라는 말에 덧씌워진 이미지를 "억겁의 따개비들 같은 허울뿐인 독실함"이라고 표현한 글들에서다. 그러한 말들과 그 말이 불러일으키는 연상들은 현실을 있는 그대로 묘사한 동시에 그 현실을 전혀 새로운 차원으로 전환시켰다. 하버드 법대 교수 마사 미노우Martha Minow는 충격적 경험에 대한 설명은 충분한 이해와 인식을 결여하게 마련이지만 그렇다고 해서 침묵만이 능사는 아니라고 말했다.[28] 참담한 현실에는 치유와 회복의 언어가 필요하다. 시성이 가치 있을 수밖에 없는 이유가 여기에 있다. 세심하게 고른 말 속에 들어 있는 섬세한 이해와 사려가 새로운 관계의 가능성을 내다볼 수 있게 해주기 때문이다. 시를 읽을 때면 하나하나 신중하게 골라낸 표현들이 귓가에 맴도는 법이다. 그만큼 말의 느낌이 중요하다. 용서도 마찬가지다. 현실의 고통 외에 관용과 신뢰를 느끼게 해주는 섬세한 공감이 전해지는 말이어야 한다.

질 스코트는 이렇게 말했다. "글의 형식과 전달에서 그리고 말의 멜로디와 리듬에서 자연스럽게 솟아나는 시적인 용서야말로 우리가 읽

---

[28] 대규모학살과 관련하여 마사 미노우는 이렇게 말했다. "끔찍한 사건들을 말로 표현하는 것, 아니 묘사할 말을 찾으려고 하는 것 자체가 이미 말로 설명할 만한 단계를 넘어선 가혹행위의 본질과 영향을 흐리는 일이다. 그러나 침묵 역시 용납할 수 없는 행위다. 왜냐하면 침묵은 가해자가 사실상 이겼음을 암시하는 행위이자, 대중들을 압제정권과 공모한 조용한 방관자들로 간주하는 태도이기 때문이다." Minow, M. *Between Vengeance and Forgiveness*, p. 5.

고, 쓰고, 생각해야 할 최선의 지향점이다."[29] 이 말이 공상적으로 들릴지 모르지만 전혀 그렇지 않다. 용서한다는 것은 추하고 가혹한 사건을 똑같이 추하고 가혹하게 인식하거나 묘사하길 거부하고, 한 단계 높은 경지에서 바라보겠다는 의지를 밝히는 행위다. 단순히 복수를 하지 않겠다, 분노를 떨쳐버리겠다, 사과를 받아들이겠다가 아닌, 그 모든 것을 초월한 숭고함의 승리다. 창조성과 명시성, 시성을 함께 담아낸 언어는 그 숭고함을 대변하기 위한 영적 노력의 결실이다. 실천에 옮길 용서 이론은 피해자들에게 필요치 않다. 피해자들에게 정말 필요한 것은 용서 이야기다. 그리고 또 한 가지, 그 이야기의 줄거리 속에 스스로를 써넣겠다는 시적인 확신이다.

두 경우 모두 '용서'라는 말은 없지만, '용서의 정신'을 보여준 진정한 용서 이야기다. 용서 그 자체에서 해방되면서 진정한 용서가 이루어졌다. 윌슨도 파팅턴도 마리와 루시를 죽게 만든 가해자들을 용서한다고 말하지 않았다. 그럼에도 불구하고 우리는 이 이야기 속에서 생생히 살아움직이는 용서의 정신을 보았다. 용서하는 마음이 힘차게 고동치는 소리를 들었다. 서로 전혀 다른 이야기였지만 둘 모두에서 관용과 포용, 창조성과 진정성을 느꼈다. 윌슨과 파팅턴 두 사람 모두 어떤 용서 규범이나 과정을 따르지 않았다(파팅턴의 이야기는 아직 끝나지 않았으므로 '따르지 않는다'가 맞는 표현일 것이다). 그들의 '방식'이

---

[29] Scott, J. *A Poetics of Forgiveness*, p. 199.

란 한 발짝씩 걷고 한 호흡씩 숨 쉬며 천천히 다가간 다음, 얼마만큼 와 있는지 보는 것이었다. 그들은 기꺼이 모험을 감수한 탐험가들이었다. 고통과 죽음, 비통과 증오가 이야기의 최종결말이 되도록 만들지 않겠다는 의지를 가진 사람들이었다. 하지만 속도만큼은 각자 전개되는 외부적 상황에 따라 서로 달랐다. 윌슨은 빨랐고, 파팅턴은 느렸다. 그렇지만 두 사람 다 창조성, 희망, 관용, 공감의 마음으로 현실과 대면했다. 이것이야말로 '용서하는 마음'의 징표였던 것이다.

7장 / 영성으로서의 용서

앞서 4장에서 용서에 관한 예수의 가르침을 토대로 용서하는 마음을 길러야 한다는 결론을 내린 바 있다. 하지만 비록 용서가 기독교 정신의 핵심이라 해도 사람들 사이의 모든 문제를 해결해주지는 못한다. 또 신이 아닌 인간이라는 차원에서 용서가 항상 가능한 것도 아니다. 그러나 예수의 가르침을 따르는 일과 용서하는 마음을 지니는 일은 결코 따로 떼어 생각할 수 없다. 그렇다면 과연 예수의 삶과 행동은 어떠했는가? 예수도 용서하는 사람이었는가? 불경스럽게 들리더라도 이에 대한 답을 찾는 것은 대단히 중요하다.

일반적인 정의에 따르면 용서는 부당한 상처를 입은 피해자가 가해자에게 품은 정당한 적의와 부정적 감정을 털어버리는 일이다. 사람들은 이를 "용서했다."라고 표현한다. 그렇지만 예수가 십자가에 못 박히기 이전 행적에서 이러한 '인간의 용서' 과정이 있었다는 증거는 성서에 뚜렷하게 나타나 있지 않다. 실제로 예수는 많은 시비와 언쟁에 휘말려 때로 위협과 공격을 받았음에도, 그 사건들은 말 그대로 전부 미해결 상태로 남아 있다. 아마도 복음서 저자들이 그 짧막한 사건들이 미치는 관계적 영향들에 대해서는 특별히 관심을 두지 않았던 탓이었으리라. 성서에 예수는 설교자이자 치유자이며 스승이었으되 특별히 용서자로 기술되어 있지 않다. 그는 사명을 띤 예언자였다. 물론 그에게는 연민과 동정심이 넘쳐흘렀지만 그 마음은 주로 가난하고 고통받는 자들에게로 향해 있었으며, 그의 절박함과 인생살이가 남달랐던 만큼 손쉬운 아량이나 느긋한 인내와도 동떨어져 있었다. 예수는 회개와 하느님 나라의 도래를 부르짖는 열정적이고 에너지 넘치는 전도사였다. 그는 병든 자들에게 먼저 다가가 치료해주고 가난한 자들에게 용기를 불어넣으며 하느님의 나라가 그들의 것임을 일깨워주었다. 그럼에도 불구하고 예수의 삶과 사역에서 '인간의 용서'를 찾아보기란 쉽지 않다.

고뇌

사제의 길로 들어선 지 얼마 되지 않아 나는 죽음이 임박한 한 암환

자를 보살피는 일을 맡게 되었다. 한번은 그가 주님의 기도를 마친 후 고개를 들고 내게 말했다.

"이 부분이 가장 어려워요. 가장 힘든 기도지요."

내가 당황스러워하자 그는 그 구절을 직접 인용하며 덧붙였다.

"아버지의 뜻이 이루어지게 하소서. 이 부분이 가장 어렵고 힘든 기도에요." '겟세마니에서 기도하시다'(루카 22.39-46)라는 예화를 이해하고 있는 사람이라면 누구나 다 그의 말에 수긍할 것이다.

'겟세마니 동산에서의 고뇌'는 예수가 십자가의 고통과 죽음을 감수하는 과정을 보여준다. "이 (고통의) 잔을 저에게서 거두어주십시오."라는 말은 고통과 죽음에 대한 두려움에 초점이 맞춰져 있으며, "땀이 핏방울처럼 되어 땅에 떨어졌다."라는 말은 극도의 공포심이 상징적으로 부각된 표현이다. 이어 두 번째 기도 "그러나 제 뜻이 아니라 아버지의 뜻이 이루어지게 하십시오."라는 구절은 '겟세마니 동산에서의 고뇌'가 곧 독립적인 인간의 의지를 사랑과 용서의 하느님의 의지에 맞추려는 몸부림임을 대변한다. 예수는 신학자들이 오랫동안 해석해온 대로 신적인 동시에 인간적인 존재였다. 겟세마니 동산은 인간이 겪는 긴장, 즉 신의 의지와 우리 자신의 의지 사이에 존재하는 고통스러운 긴장을 상기시키는 장소다. 또한 이곳은 예수가 제자들에게 직접 가르치던 주님의 기도 중 "아버지의 뜻이 이루어지게 하소서."라는 말에 담긴 고뇌의 의미를 예수 자신이 철저히 깨달은 곳이기도 하다.

내가 이 얘기를 하는 이유는 십자가의 고통에 대한 두려움을 애써

축소하려는 것이 아니라 엄청난 스트레스 아래 일어나는 반응적 측면에만 초점이 맞춰지는 것을 경계하기 위한 것이다. 《철도원》에서 에릭 로맥스도 시간이 지나면 희미해지는 육체적 외상과 달리 심리적 고통의 흔적은 시간이 지나도 역력히 남는다고 말했다. 겟세마니 동산에서 예수는 실로 적지 않은 심리적 고통을 겪었을 것이다. 고통과 죽음에 대한 두려움 외에도, 배신과 치욕 그리고 신의 의지를 깨닫고 따라야 하는 고뇌가 한데 뒤섞인 복잡한 심경이었으리라. 신의 의지와 요구가 분명 예수의 마음속에 들어와 있었음에도 불구하고, 예수 자신의 의지와 신의 의지 사이에는 아직 좁혀지지 않은 거리가 존재했던 것이다. 우리 인간의 고통을 함께 짊어지려 했던 열의로 예수의 사명을 이해할 수 있다면, 이 겟세마니 동산에서 예수가 느낀 고통은 우리가 다시 그와 함께 짊어질 고통인지도 모른다. 왜냐하면 우리가 가장 비통해하면서도 가장 최선의 모습을 보이려 할 때, 고통 속에서도 신의 의지를 따르려 몸부림칠 때, 거기서 느끼는 우리의 고뇌가 바로 예수의 고뇌였기 때문이다.

따라서 '겟세마니 동산에서의 고뇌'는 뉘우침의 아이콘이다. 자신의 의지를 신의 의지에 순응시키려는 마음을 보여준 상징적인 메시지다. 여기서 한 가지 명확하게 드러나는 핵심은 뉘우침이 고통스러운 몸부림이라는 점이다. 신의 용서를 구하는 뉘우침은 자아의 요구로부터 관심을 돌려 신의 의지로 향하려는 태도이기 때문이다. 허버트 맥케이브Herbert MaCabe는 하느님이 우리를 용서하심은 곧 우리의 뉘우침을 의미하므로 변화는 하느님이 아닌 우리에게 있어야 한다고 역설한다.

하느님의 용서는 하느님께서 피해자로서 우리의 사과를 받아주시고 모욕을 눈감아주신다는 뜻이 아니다. 하느님의 용서는 하느님이 아닌 우리 안에서 일어나는 일에 대한 용서다. 죄를 지을 때 우리가 행하는 모든 모욕과 상처는 하느님이 아닌 오직 우리 자신과 관계되어 있다. 그러므로 하느님께서 우리를 용서해주신다는 말은 하느님께서 우리 자신으로부터 우리를 구원해주신다는 말이며, 우리가 우리 자신에게 입힌 상처로부터 우리를 회복시켜주신다는 말이다. 즉 하느님의 용서는 *재창조*와 *구원*의 용서다.[1]

신께 용서받기 위해 우리가 할 수 있는 전부는 다름 아닌 뉘우침이다. 신의 의지를 받아들이는 것, 신의 사명과 목적에 온 마음을 바치는 것이 우리의 뉘우침이자 하느님의 용서다. '겟세마니 동산에서의 고뇌'가 확실히 일깨우는 가르침은 뉘우침이란 가장 심오한 자아성찰을 통해서 그리고 정신적 용기와 결단으로써 이뤄지는 일이라는 점이다. 비록 성서에서 예수가 우리처럼 뉘우치거나 용서를 구하고 있지는 않지만, '겟세마니 동산에서의 고뇌'는 신의 의지에 순응하려 할 때 누구든 겪게 되는 정신적 고통을 예수도 우리와 똑같이 겪었음을 보

---

1 McCabe, H. *God, Christ and Us*, pp. 121-122.

조반니 벨리니, 겟세마니 동산에서의 고뇌, 1465~1470년경

여준다.

예수는 처음엔 혼자 나서야 할 투쟁이 아니라 직감하고, 산('영광스러운 모습으로 변모하시다'(루카 9.28-36)에 함께 올랐던 세 명의 제자들인 베드로, 야고보, 요한을 이끌고 겟세마니 동산으로 들어갔다. 하지만 이곳에서 보인 제자들의 태도는 실망스러움 그 자체였다. 예수가 홀로 고뇌하며 기도하는 내내 세 사람 모두 깊은 잠에 빠져 있었던 것

이다. 한편 이 장면은 우리의 심리상태를 간접적으로 암시하는 대목이기도 하다. 즉 우리가 그 고통스러운 투쟁을 알고 싶어 하지도, 보고 싶어 하지도, 나누고 싶어 하지도 않는다는 사실이다. 예수가 신의 의지와 자아의 의지 사이에 가로 놓인 죽음의 투쟁, 말하자면 영적 고통 속으로 들어가는 순간, 믿었던 제자들이 그 고통을 함께하려는 여력과 의지를 전부 잃어버리고 마는 것처럼…….

따라서 우리는 이 이야기를 단순히 겉으로 드러난 내용으로만 이해해서는 안 된다. 제자들이 피곤에 지쳐 잠이 들었다는 언급은 그들이 육체적으로 고달팠다는 의미를 넘어, 어려운 문제는 회피하기에 급급했던 반면, 함께했던 행복한 추억에만 매달렸다는 의미를 내포한다.

치유와 가르침, 모험과 논쟁은 제자로서 가질 수 있는 최고의 기쁨과 즐거움이었다. 배우고 성장하는 과정이었을 테니 당연히 그랬으리라. 하지만 이제 상황은 바뀌었다. 예수는 큰 걸음을 내디뎌 갑자기 다른 곳으로 옮겨가고 있었다. 그것도 내면의 자아와 신의 의지가 정면으로 부딪치는 만만치 않은 험난한 길로 들어서고 있었다. 더 이상의 즐거움은 없었다. 오직 투쟁과 죽음만이 기다리고 있을 뿐……. 제자들에게는 단 얼마간이라도 달게 자면서 술기운을 날려버리는 편이 더 다급하게 여겨졌을지도 모른다. 어쨌든 밤은 길고 아침엔 다시 힘을 내야 했으니까. 그런 단순한 생각이라면 제자들이 옳을지 모르지만 적어도 힘에 대한 생각은 옳다고 볼 수 없다. 진정한 힘은 잠을 자면서 아침을 준비한다고 생기는 것이 아니라 그 순간의 고뇌와 기꺼이 맞붙을 때 생기는 것이기 때문이다. 예수는 기도로 거의 탈진상태에 있었음에도 여전히 힘을 잃지 않은 반면, 제자들은 오랜 단잠을 잤음에도 지속적인 도전을 받아들일 힘은 부족해 보였다.

제자들은 겟세마니 동산에서의 고뇌를 어떻게든 피하려 했다. 하지만 신의 의지와의 투쟁은 자아를 파괴하는 투쟁이 아니라, 사랑과 기쁨과 평화의 공동체를 향해 자아를 가다듬고 하나로 합쳐나가는 몸부림이다. 겟세마니 동산에서 예수는 홀로 투쟁했다. 그렇다고 그 투쟁이 예수 혼자만의 투쟁이었음을 의미하지는 않는다. 예수의 길을 따르려는 사람들 모두의 마음속에 있는 투쟁이기 때문이다. 예수의 죽음이 끝이자 부활을 의미한다면, '겟세마니 동산에서의 고뇌'는 끝없는 뉘우침을 의미한다. 예수가 십자가에 못박혀 있는 동안 제자들은 잠을 자지 않았다. '해골 터'라 이르는 골고다가 의식과 주의를 강요하는 곳이었던 반면, 겟세마니는 (제자들의) "눈을 무겁게 내리 감긴" 곳이었다. 동시에 치열하고 창조적인 치유의 고통이 시작된 곳이기도 했다.

예수가 마침내 겟세마니 동산에서 나왔을 때, 그는 이미 자아의 합일과 하느님과의 화해를 모두 이룬 상태였다. 마음을 하나로 모은 내적 통합의 힘으로 예수는 서로 반목하며 자신을 탄압했던 빌라도과 헤로데 앞에 당당히 나섰다('헤로데 앞에 서시다'(루카 23.6-12)). 사리사욕적인 권력과 쾌락에 미혹된 그들의 눈에 예수는 전혀 다른 세상에서 온 것처럼 보였고, 두 사람은 낯설고 어리둥절한 나머지 바로 그날로 화해했다.² 이는 모든 화해가 좋은 것은 아님을 상기시키는 동시에, 하느님 의지와의 화해와는 확연히 다른 것임을 대비시켜 놓은 구절이다. 하느님 의지와의 화해는 뉘우침과 용서, 이 둘과 불가분의 관계에 있다.

겟세마니 동산은 어느 면에서 보면 십자가보다 더 어둡고 위험한 곳이다. 겟세마니 동산은 내적 고뇌, 나의 의지와 신의 의지와의 씨름, 상상과 현실 간의 협상을 상징한다. 게다가 이 고뇌가 더욱 힘들고 고통스러운 이유는 신의 의지를 무조건 따르는 복종의 문제가 아닌, 내 것으로 받아들여야 하는 수용과 소유의 문제이기 때문이다. 이 투쟁이 예수 혼자만의 것이 아니라 우리의 것이기도 하다는 현실을 깊이 깨달을수록 우리는 예수의 세 제자들과 마찬가지로 감당하기 힘든 어려움을 더욱더 실감하게 된다. 예수는 우리를 위해 죽음도 마다하지 않았지만, 이 고뇌만큼은 아무도 우리를 대신해줄 수 없다. 우리 스스로 해야 하는 일이자, 우리 스스로를 버려야 하는 일이다. 고난의 십자가를 지려 해도 먼저 이 고뇌 속으로 들어가야 한다. 야고보의 다리를 절룩이게 하고('야곱이 하느님과 씨름하다'(창세기 32.23-33)), 예수

---

2 "전에는 서로 원수로 지내던 헤로데와 빌라도가 바로 그날에 서로 친구가 되었다."(루카 23.12) 한번은 어느 신학자가 "예수가 화해시켰던 유일한 사람들은 빌라도와 헤로데였다."고 말하는 걸 들은 적이 있다. 그의 이러한 말은 예수를 걸핏하면 화해자라 칭하는 상투적 표현이 남발되고 있다는 데 대한 반감, 그리고 진실과 정의에 대한 예수의 신념을 왜곡할 수 있다는 우려에서 나온 것이었다. 이는 예수와 용서에 대해 생각할 때 반드시 염두에 둘 만한 지적이다.

에게 핏방울 같은 땀을 흘리게 했던 것도 바로 이 고뇌다. 신의 의지와의 투쟁에서 비롯된 고뇌이며 동시에 모든 용서에 따르는 고뇌다.

십자가

예수 자신이 대신 나서서 다른 이들을 용서하는 모습을 처음 볼 수 있는 장면은 가르침이나 치유를 통한 간접적인 비유에서가 아닌, 그가 십자가에서 죽음을 맞이하고 있을 때다. 유일하게 루카 복음에만 이렇게 씌어 있다. "그때에 예수님께서 말씀하셨다. '아버지, 저들을 용서해주십시오. 저들은 자기들이 무슨 일을 하는지 모릅니다.'"(루카 23.34) 게다가 다음과 같은 각주도 달려 있다. "일부 수사본들에는 여기까지 34절 전반부가 없다."

상당히 불편한 생각일지 모르지만 만에 하나 예수가 십자가에서 용서를 말하지 *않았다*고 가정해보자. 그럴 경우 용서가 기독교적 가르침과 신념과 삶의 중심이라고 보는 우리의 믿음은 어떻게 되는 것인가? 비록 이 구절이 나중에 추가됐다 하더라도 이유가 있어 그리 된 것이라고 위안삼아 생각할 수도 있다. 아니면 루카나 다른 복음서의 저자들이 미처 듣지 못했거나 아니면 단순히 잊어버렸다 해도 이 말에 대한 집단 기억이라는 게 반드시 있을 거라고 장담할 수도 있다. 그도 아니라면 아무도 확실히 답할 순 없어도 예수라면 반드시 했을 법한 말이라고 주장할 수도 있다.

그 말은 예수의 인격과 마음을 고스란히 드러내기 때문에, 예수와 예수의 메시지에 잘 들어맞는 성서 구절이다. 다소 성미 급한 설교자 모습으로의 예수보다, 죽음 이후 그의 모습을 돌이켜 생각해볼 때 더 자명하게 여겨지는 말일지도 모른다. 당시 교회는 예수의 죽음과 부활이라는 공유 기억으로 결집된 하나의 공동체로서 자리를 잡아가고 있었다. 이에 대한 상징적인 의식으로 세례와 성찬례를 정립하던 교회로서는 성서에 용서의 증거가 별로 눈에 띄지 않음에도 불구하고 용서의 메시지를 무엇보다 중요시할 수밖에 없었다.

한편 부활 이후의 이야기들은 인간의 용서와 화해에 주로 초점이 맞춰져 있다. 여기에 비춰볼 때 예수가 십자가에서 한 용서의 기도는 수난 이전에 주로 묘사된 치유의 '사역'과 부활을 다룬 이야기들에 명시되어 있는 '사명'이 서로 중첩된 의미로 해석될 수 있다. 물론 용서의 기도가 예수의 사역과 사명의 핵심에 있긴 하지만, 특히 십자가에서 한 용서의 기도는 한 사람의 존재로서 마음으로부터 우러나온 말이었다. 육체적으로 가장 고통스럽던 순간에, 정신적으로 가장 외롭던 순간에 나온 말이었을 뿐만 아니라 모든 수모와 치욕에 맨몸을 드러내고 있을 때, 그리고 가장 취약하고 가장 무력할 때 나온 말이었다. 이 시점에서 제기될 수 있는 질문은 이것이다. "극심한 고통 속에서 용서하는 마음을 가진 사람은 과연 무엇을 하는가?"

루카 복음에서 십자가에 못 박힌 예수를 묘사한 부분은 마르코 복음이나 마태오 복음에 그려진 내용처럼 육체적인 고통을 상세히 다루지 않는다. 참혹한 유기로 인한 고통의 외침에 대해서는 더 이상 지면을 할애하지 않는다. 담담한 어조의 루카 복음에서 예수는 처절하게 버림받은 고독한 자가 아니다. 하지만 좀더 면밀히 들여다보면 잔인한 공포와 비참한 치욕이 암시돼 있다. 시퍼런 멍 자국을 남기지 않고도 치명적인 상처를 입히는 섬뜩한 폭력은 육체적인 타격에 의해서만이 아니라 모욕과 힐난이 담긴 태도와 빈정거리는 제스처, 비웃음 섞인 말에 의해서도 얼마든지 가해질 수 있다. 그러므로 십자가에 못 박힌 고통을 다룬 루카 복음의 내용은 육체적인 잔학함이 아니라 정신적인 가혹함에 관한 이야기다.

육체적 고통과 정신적 고통은 대개 한꺼번에 찾아오지만, 일종의 동료애(이웃을 사랑하라, 적을 사랑하라는 판에 박힌 말이 아닌)가 *용서의 극치*로 표현된 순간은 바로 예수가 극도의 '정신적 고통'에 신음할 때였다. 예수를 뒤따르던 예루살렘의 딸들이 가슴을 치며 통곡한 것도, 구경하러 몰려든 군중이 나중에 애통해하며 돌아간 것도, 로마 군사들조차 예수가 무고함을 인정한 것도 모두 그래서였다. 용서의 기도를 올리고 있는 자가 배신당하고 버려진 자, 조롱과 멸시를 당한 자였기 때문이다. 그것도 지도자들부터 로마군사들, 나중에는 죄수에게까지 연거푸 야유를 받던 자였기 때문이다. 용서의 기도는 마침내 자아의 합일과 하느님과의 화해를 이뤄냈으되 타인들에게는 여전히 적의의 대상이던 자에게서 나온 기도였으며, 심지어 바로 자신을 모독하느라 혈안이 된 사람들을 위한 기도였다.

　십자가에서 예수의 기도는 용서의 극치를 보여주는, 아마도 거의 완벽한 예라고 할 수 있다. 이 말은 예수가 십자가에서 한 용서의 기도가 훌륭하고 정형화된 용서 과정을 완성했다는 의미가 아니라 인간이 저지른 죄악의 결과에 임하는 자세의 본질을 남김없이 보여주었다는 뜻이다. 예수는 '해골 터'라 이르는 골고다에서 용서한 뒤 죽음을 맞았다. 그곳은 험난하고 메마르고 황량한 땅이었다. 예수의 정신, 열정, 사랑, 치유, 용서의 정신을 꺾으려는 온갖 시도들이 난무한 장소였다. 예수는 죽음을 맞이했지만, 아무도 귀 기울이지 않았던 기도 "아버지, 저들을 용서해주십시오."라는 말 속에는 분명 부활의 반짝이는 빛이, 성령강림의 한 줄기 바람이, 그리고 구원의 피어오르는 불꽃이 담겨 있었으리라. 그 기도는 겟세마니 동산에서의 기도 "아버지의 뜻이 이루어지게 하십시오."와 짝을 이루며 조화로운 완결성을 구현했다. 그 두 개의 기도는 새로운 삶, 부활과 영원의 삶으로 이어지는 길이었다.

　예수의 "사명은 아버지의 뜻이 이루어지게 하는 것이요, 기도는 상처준 자들의 용서를 구하는 것"이었다. 이 둘은 비탄에 잠긴 예수의 가슴속에서 서로 어우러지며 약동했던 심장 소리였으며, 다시 그 소리는 예수의 삶과 죽음을 이해하고 따르려는 사람들의 마음속에 깊은 울림을 주었다. 그 이유는 용서의 진술, 용서의 발표, 용서의 약속이 아니라 *용서의 기도*였기 때문이다. 기도는 절실한 마음의 언어다. 진정한 용서는 과거형이 아니다. "내가 용서했다."라는 언명이 아니다. 진실한 용서는 진실한 기도와 마찬가지로 염원이자 투쟁이며, 신의 의지와 사랑을 향해 열린 마음이다. 한마디로 '영성'이라고 부를 수 있는 이 모두의 조합으로부터 새로운 생명이 태어나고 그 안에서 용서하고 용서받는 것은 마치 숨을 들이쉬고 내쉬는 일, 즉 영혼의 호흡과도 같은 것이다.

부활

성서에서 가장 명확하고 완전한 용서 이야기의 예는 예수가 부활한 후 호숫가에 나타나 아침식사를 하는 장면에서 찾아볼 수 있다.(요한 21.1-19) "숯불이 있고, 그 위에 물고기가 놓여 있고 빵도 있는" 가운데 예수는 "와서 아침을 먹어라."라고 말하며 베드로, 토마스, 나타나엘 그리고 다른 몇몇의 제자들을 불러 모았다. 여기서 아침식사가 숯불에 마련됐다는 점에 주목할 필요가 있다. 숯불은 독특한 향을 낸다. 여기서 대개 시원한 맥주와 함께 바비큐를 즐기는 아늑한 저녁식사가 연상되겠지만 베드로는 전혀 다른 기억이 떠올랐을 것이다. 불과 며칠 전 사람들에게 예수의 제자가 아니라고 우긴 부끄러운 대화가 오갔던 그날도 그는 똑같이 숯불을 쬐고 있었다. 그때 베드로는 예수를 모른다고 세 번 부인했다.('한나스의 신문과 베드로의 부인'(요한 18.12-27))

예수는 베드로에게 세 번의 질문을 던진다. 좀더 정확하게 이야기하면, 같은 질문을 두 가지로 총 세 번 던진다.(요한 21.15-19) "요한의 아들 시몬아, 너는 이들이 나를 사랑하는 것보다 더 나를 사랑하느냐?" 그렇지만 대부분의 성서 번역은 그 사실을 모호하게 흐려놓는다. 두 개의 다른 말이 모두 '사랑'이라는 단어로 번역된 탓이다. 처음 두 번의 질문에서 예수는 이렇게 묻는다. "너는 나를 사랑하느냐?"[3] 하지만 베드로는 이렇게 답한다. "제가 주님의 친구임을 주님께서 아십니다."[4] 세 번째 질문에서 예수는 말을 바꿔 이렇게 묻는다. "너는 나의 친구이냐?"[5] 세 번째 질문에 이르러서야 예수는 베드로의 말을 그대로 옮겨서 다시 묻고, 베드로는 '슬퍼하며' 이렇게 답한다. "주님께서는 모든 것을 아십니다. 제가 주님의 친구임을 주님께서는 알고 계십니다." 어쩌면 억울하게 여기며 이미 두 번이나 답해드렸음을 강조하고 싶었으리라.

우정의 고백 혹은 좋아한다는 고백에 대한 예수의 반응은 무엇이었는가? 용서의 말이 아닌 위임의 말이었다. 예수는 베드로에게 세 번의 책임을 지운다. "내 양들에게 먹이를 주어라," "내 어린 양들을 돌보아

---

[3] 이 말에 쓰인 그리스어는 아가파스(agapas)이므로 '사랑'이라고 번역되는 게 맞다. "너는 나를 사랑하느냐(Do you love me)?"
[4] 이 말에 쓰인 그리스어는 필로(philo)이므로 문자 그대로 번역하면 "제가 주님을 좋아하는 줄을 주님께서 아십니다(You know that I am fond(philo) of you)."이다.
[5] 이 말에 쓰인 그리스어도 역시 필로(philo)이므로 문자 그대로 해석하면 "너는 나를 좋아하느냐(Are you fond(philo) of me)?"이다.

라.""내 양들을 보살펴라." 그런 다음 예수는 베드로 자신도 잔인한 죽임을 당하게 될 것이라 이르고는(베드로가 어떠한 죽음으로 하느님을 영광스럽게 할 것인지 가리키고는), 베드로의 희생과 제자의 소명을 암시하며 이렇게 말한다. "나를 따라라."

이 이야기는 결국 용서 이야기다. 카나의 혼인잔치에서 예수가 행한 일과 마찬가지로(요한 2.1-12), 요한도 가장 좋은 포도주를 마지막에 내놓았다(요한 복음의 맨 마지막에 나오는 이야기가 이 용서 이야기임을 빗대어 표현한 말이다. —옮긴이). 신뢰와 위임이 바탕에 깔린, 새 생명의 포도주와도 같은 용서 이야기다. 비록 "너를 용서한다."는 말을 베드로에게 직접 건네지 않았다 해도, 예수는 분명 베드로를 용서했다. 예수는 베드로에게 다시 제자의 소명을 되돌려주었으며, 베드로라고 처음 부르며 그가 받은 위임을 실행해나갈 방법과 수단을 제시해주었던 것이다. "너는 베드로이다. 내가 이 반석 위에 내 교회를 세울 터인즉, (…) 나는 너에게 하늘나라의 열쇠를 주겠다."(마태오 16.18-19) 예수가 세 번이나 강조한 말은 힘의 권위나 지도자의 사명이 아니라 기본적인 의무, 양을 키우고 보살피는 일, 양을 먹이고 기르는 일이었다.

이는 말 그대로 전환의 순간이었다. 과거에 저지른 치명적 약점이라는 짐을 벗기고 대신 새로운 책임과 역할, 관계라는 선물을 준 새로운 변화의 국면이었다. 예수와 베드로와의 조우에는 용서의 두 가지 의미가 한데 어우러져 있었다. 베풀다(카리조마이 charizomai)와 풀어주다(아피에미 aphiemi).

종종 주목받는 특징이지만 요한 복음은 창세기 첫머리와 나란히 같은 말로 시작한다. "한처음에."(창세기 1.1, 요한 1.1) 또 베드로의 용서 이야기와 마찬가지로 창세기 뒷부분에도 요셉이 아버지의 죽음 후 자신을 괴롭힌 형들의 불안한 마음을 부드럽게 다독이는 비슷한 용서 이야기가 나온다.('요셉이 형들을 안심시키다'(창세기 50.15-21))[6] 창세기와 요한 복음 모두 인간의 용서, 즉 사람과 사람 사이의 용서에 관한 이야기로 끝맺는다. 형제들에 대한 요셉의 용서 그리고 베드로에 대한 예수의 용서. 둘 다 과거의 굴레를 벗기고 새로운 미래의 가능성을 전하는 모습으로 그려진다. 또한 둘 다 '한처음에'로 시작해 우리가 용서라 부르는 '새로운 시작'으로 마무리된다.

최후의 만찬

최후의 만찬에서 "예수님께서 빵을 들고 찬미를 드리신 다음, 그것을 떼어 제자들에게 주시며 말씀하셨다. '받아먹어라. 이는 내 몸이다.' 또 잔을 들어 감사를 드리신 다음 제자들에게 주시며 말씀하셨

---

[6] 조나단 삭스(Jonathan Sacks)는 이 구절이 '인간의 용서'가 유다이즘의 '제일 원칙'임을 증명하는 결정적 증거라고 주장했다. 그는 또 이어 "모세의 5서 토라(Torah)에서 요셉의 말을 통해 인간의 용서 원칙이 천명된 이상, 다른 부분에서 다시 반복할 필요가 없는 것"이라고 설명했다. 이로써 그는 '인간의 용서'와 유다이즘과는 전혀 관계가 없다는 항간의 오해를 확실히 바로잡고자 했다. Sacks, J. *Covenant and Conversation*, p. 325.

다. '모두 이 잔을 마셔라. 이는 죄를 용서해주려고 많은 사람을 *위하여* 흘리는 내 계약의 피다.'"(마태오 26.26-30) 이 구절을 제대로 이해하려면 4장에서 언급한 그리스어 *아페시스*라는 용서의 근본 의미를 다시 떠올려볼 필요가 있다. "구속과 제약으로부터 풀어줌, 자유롭게 만듦." 포도주가 자신의 피라고 한 예수의 말은 "생명을 주는 것"으로 이해하라는 뜻이다.

'엠마오로 가는 두 제자에게 나타나시다'(루카 24.13-35)도 다음과 같은 이유에서 "생명을 주는 것"에 관한 이야기로 종종 회자된다. 첫째, 예수는 이방인의 모습으로 등장해 그들에게 성경을 풀이해주고 찬미하고 빵을 떼어준다. 그 과정에서 예수는 자신의 정체를 즉각 드러내지 않으며 직접적인 가르침을 주거나 회개를 요구하지도 않는다. 오히려 겁에 질리고 환멸에 빠진 두 제자들이 예루살렘을 떠나 *그릇된* 방향으로 가고 있을 때 그들과 함께 걸으며, 그들의 이야기를 들어주고 있다. 대화가 이어지는 동안 직설적인 질책도 있었지만("아, 어리석은 자들아! 예언자들이 말한 모든 것을 믿는 데에 마음이 어찌 이리 굼뜨냐?"), 구약의 예언서나 세례자 요한의 설교(마태오 3.1-12) 또는 예수의 갈릴래아 전도(마르코 1.14-15)에서와 같이 회개하라는 적극적인 명령은 전혀 드러나 있지 않다.

예수가 그들과 함께 식탁에 앉아 빵을 떼어 그들에게 나눠주었을 때, 그제야 그들은 "눈이 열려" 예수를 알아보고 마침내 회개한다. 이윽고 그들은 발길을 돌려 이번에는 옳은 방향으로 길을 찾아 나선다.

다시 성스러운 도시 예루살렘으로 그리고 더 큰 의미로는 자신들이 예전에 등지고 떠났던 열한 제자와 동료들에게로 되돌아간다. 열한 제자와 동료들은 "정녕, 주님께서 되살아나시어 시몬에게 나타나셨다."라는 소식을 전하는 두 제자를 반기며, 그들이 "길에서 겪은 일과 빵을 떼실 때에 그분을 알아보게 된 일" 등을 열심히 들어준다.

찬미하고 빵을 떼어내고 나눠먹는 행위는 그리스도인들이 성체 성사Eucharist(하느님에 대한 '감사thanksgiving'를 의미하는 그리스어. —옮긴이) 또는 미사라 칭하는 최후의 만찬을 영원히 잊지 않고 추도한다는 뜻을 내포한다. 이는 새로운 용서를 기반으로 하느님과 맺어진 관계에 대한 구체적인 이해를 집약적으로 전달하는 의식이다. 새로운 용서는 공포와 혼란으로 말미암아 하느님으로부터 멀리 떨어진 채 우리가 우리 자신을 가두는 비극적인 현실에서 스스로 벗어날 수 있게 해준다. 우리 힘만으로는 문제 해결이 불가능함을 아시고, 하느님은 예수의 몸과 피인 빵과 포도주를 통해 그의 정체성을 나눔으로써 그리스도 안에서 하느님과 이어질 수 있는 끈을 우리에게 제시하신 것이다. 여기서 무엇보다 중요한 것은 이러한 정체성은 한 개인의 정체성을 초월해 타인의 삶에 다가가는 과정 속에서 이미 형성된다는 점이다.

최후의 만찬은 뉘우침을 일깨우는 용서를 상징한다. 뉘우침은 하느님을 향한 새로운 방향전환을 뜻하지만 그것만이 전부는 아니다. '타인을 *위한* 존재'인 *그리스도*의 몸과 피를 나눈다는 뜻에서 이웃을 향한 새로운 방향전환으로도 이해할 수 있다. 여기서 언급된 이웃이란 비단 사랑의 대상만이 아니라 공포와 분노와 증오의 대상까지 아우르는 말이다. 예수는 용서와 뉘우침에 대한 우리의 이해를 새롭게 바꿔놓았다. 용서의 의미는 뉘우칠 때 받는 것으로부터 우리가 구하고자 할 때 받는 것으로, 뉘우침의 의미는 하느님을 향한 것으로부터 '우리에게 죄지은 자'를 향한 것으로 전환되었다. 결국 예수가 우리에게 전해준 선물의 핵심적인 의미는 내세적 신앙이나 의례적 종교 행위의 일환으로서 우리를 하느님께 맞춰가는 것이 아닌, 우리 스스로가 '타인을 *위한* 존재'가 되는 것을 의미한다. '남을 위함for-other-ness'은 우리가 받은 만큼 '베풀기 위함for-give-ness'의 기본 바탕이기 때문이다. 메릴린 로빈슨Marilynne Robinson의 소설 《길리아드Gilead》에서 목사 존 에임스John Ames는 '되찾은 아들의 비유'를 들어 이렇게 결론내리고 있다.

이 이야기에서 예수님이 우리를 아버지의 입장, 즉 용서하는 사람의 입장에 서서 보도록 하신 이유는 만약 소위 채무자의 입장에서만 보게 되면 (물론 우리 모두는 채무자입니다만) 우리 안에 자비로움이 깃들지 않기 때문입니다. 자비로움은 큰 선물입니다. 그러므로 용서만으로는 반쪽짜리 선물에 불과합니다. 온전한 선물은 용서뿐만 아니라 회복과 해방까지 담습니다. 그리고 그럴 때만이 신의 뜻이 우리를 통해 이루어짐을 느낄 수 있습니다. 그것은 바로 우리를 다시 우리 자신으로 회복시키는 일입니다.[7]

---

7 Robinson, M. *Gilead*, pp. 183-184.

다음 장에서 다시 살펴보겠지만 '되찾은 아들의 비유'를 아버지의 입장에서만 치우쳐서 받아들이면 초연한 용서를 그린 이야기로 잘못 생각하기 쉽다. 이 이야기는 너그러운 아버지 말고도 돌아온 탕아와 불만에 찬 그의 형, 두 형제의 입장까지 전체적으로 살펴야만 그 의미를 제대로 파악할 수 있다. 그런 관점에서 생각할 때, 용서는 *먼저* 주어지는 것이며, 뉘우침은 이웃을 향한 용서의 마음을 수반한다는 두 개의 기본 요지를 흐리지 않게 된다. 또한 우리로부터 타인들에게로 흐르고 타인들로부터 다시 우리에게로 흐르는 자비로움의 역동성까지 놓치지 않게 된다. 이러한 뜻에서 모든 인간은 근본적으로 *베풂*for giving과 *남을 위함*for others이라는 신의 부름을 받는다고 볼 수 있다.

이와 유사한 암시는 세례의 의미와 가치를 다룬 복음에도 나타난다. 세례자 요한이 "죄의 용서를 위한 회개의 세례"를 선포하는 내용(루카 3.3)은 자기이익에 매몰되기보다 용서하는 신께 다가감으로써 신의 뜻과 본성을 따르는 삶을 살라는 의미를 담고 있다. 세례가 용서와 연관된 개념으로 쓰이는 다른 구절에서도, 세례는 회개에 임할 것을 강조하는 뜻이라기보다 죄와 죄의 결과를 씻어내림으로써 그로부터 자유로워지라는 뜻이다. 우리는 세례를 받으며 용서가 하느님의 몫임을 깨닫게 된다. 죄지은 영혼을 어루만지는 하느님의 손길에서 회개하기도 전에 먼저 구원해주시는 하느님의 사랑과 보살핌을 느낀다. 이로써 세례 받은 자는 용서를 구하는 '부담'에서 해방되는 대신, 타인을 용서하는 진정한 길인 회개의 삶을 살아갈 '임무'를 부여받는다.

되짚어보기

지금까지 용서라는 관점에서 겟세마니 동산에서의 고뇌, 십자가에서의 기도 그리고 최후의 만찬을 살펴보았다. 예수가 세속의 삶에서 자신에게 죄지은 자들을 실제로 용서하는 장면은 나타나지 않지만, 용서의 역동성은 예수의 부활과 승천을 둘러싼 내용의 핵심이라 할 수 있다. 특히 예수가 제자들에게 빵과 포도주를 나눠주며 성찬례를 제정하는 장면과 십자가에서 죄지은 자들을 대신해 용서를 구하는 장면을 눈여겨봐야 한다. 그 어디에서도 용서는 어떤 권위자가 내세우는 힘의 행사로 그려져 있지 않다.

십자가에서조차 예수는 '피해자의 권한'을 상기시키거나 자신의 이름으로 용서를 말하지 않았다. 대신 새로움의 역동성이 펼쳐지고 있었다. 새로운 삶의 희망이 넘쳐흐르고 하느님과 새로운 관계가 맺어지고 죄와 상처라는 끝나지 않는 현실에서 벗어나 사람들 사이에 새로운 유대감이 살아나고 있었다. 용서가 품은 치유의 힘이 소리 없이 물결치고 있었다.

'겟세마니 동산에서의 고뇌'는 자아의 합일과 신의 의지에의 순응이 인간으로서 얼마나 감당하기 어려운 고통인가를 잘 말해준다. 인간으로서 이 둘을 동시에 이루기는 지극히 어려운 일이기 때문이다. 바로 이 점이 예수가 궁극적으로 용서자로 나설 수밖에 없었던 이유다. '겟세마니 동산에서의 고뇌'는 자아의 죽음이 왜 기독교 정신의 핵심인지를 나타내는 장면이기도 하다. 그래야만 자아가 다시 온전한 하나로 통합되고 하느님의 의지와도 화해하며, 이로써 진실한 뉘우침과 진정한 용서가 가능해지기 때문이다. 우리의 자아가 하느님의 은총이 흐를 수 있는 곳으로 바뀔 때, 비로소 우리는 우리 자신으로 되돌아갈 수 있게 된다. 에임스 목사의 표현대로라면 우리 자신을 다시 회복할 수 있게 된다. 포용과 관용의 정신은 예수의 '남을 위함for-other-ness'과 '베풂for-giving-ness'에 그대로 반영돼 있다.

 예수의 가르침이 용서하는 마음을 갖는 일의 중요성을 알려주었다면, 예수의 시련과 수난은 그 마음의 본질과 형성과정을 일깨워주었다. 용서는 가벼운 아량, 강력한 언사, 과장된 생색을 뛰어넘는 관용의 정신이자 치유의 고통이다. 또한 용서는 일부러 추구하거나 강요하거나 설득하려 하면 오히려 못보고 지나치거나 그새 놓치기 쉬운 마음이다.

8장 용서자 신드롬

    기독교 복음서들이 "우리가 하느님께 용서받고자 하면 우리도 다른 사람들을 용서해야 한다."는 메시지를 설파하지만, 이 말이 곧 "과거에 누군가가 무슨 짓을 했든 현재 그 사람이 어떤 태도를 보이든 우리는 그를 완전히 용서해야 한다."는 뜻은 아니다. 실제 상황은 그보다 훨씬 복잡하기 때문이다. 예를 들어 상처도 정도에 따라 여러 단계이듯 '용서'하기에 앞서 먼저 고려해봐야 할 상처의 의미도 여러 단계다. 그럼에도 불구하고 '기독교 정신'의 용서 지향성은 여전히 외면할 수 없는 사실이다.
    그렇다고 해서 그리스도인들도 사람을 가려서 용서해야 한다거나 곤란하고 의심스러울 때는 용서하지 말아야 한다고 여기는 것은 잘못이다. 기독교는 단연코 용서를 지향하는 종교다. 기독교는 비단 용서하시는 하느님을 믿는 데 그치지 않고, 인간 역시 용서해야 하며 용서하는 마음을 가져야 한다고 믿는 종교다. 4장에서 미묘한 문제인 용서의 의무를 다루었다면, 이 장에서는 그 못지않게 주의가 필요한 용서의 욕구에 대해 살펴보기로 한다.

용서 부추기기

용서할 의무가 있다는 생각으로 인해 빚어지는 한 가지 문제는 용서를 너무 쉽게 하도록 만든다는 점이다. 방금 한 이 말마저도 기독교 정신에 위배된다고 생각되거나 마음속으로 불편하게 느껴지는 독자도 있을 것이다. 우리는 종종 용서를 망각이나 묵인, 아량이나 인내와 혼동한다. 용서는 그저 잊거나 봐주거나 털어버리거나 참는 것이 아니다. 이런 태도는 정당하지도 적절하지도 않으며 아무런 도움도 되지 않는다. 오히려 피해자의 삶을 더 비참하게 만들 뿐만 아니라 "이웃을 사랑할 의무"마저 저버리게 만든다. 물론 여기서 말하는 이웃이란 존중심과 배려심이 높은 사람까지는 아니더라도 최소한 이기심과 공격성이 낮은 사람을 뜻한다. 결국 용서 욕구의 문제점은 가해행위를 용인하거나 무시하려는 쪽으로 우리의 의향을 몰아간다는 데 있다.

좀더 구체적이고 정확하게 말하자면 용서 욕구는 지나치게 앞서나

가는 용서 충동이다. 여기서 잠깐, 앞서 언급한 주요 개념을 다시 상기해보자. '좋은 원한'은 지속적인 폭력을 가하는 자에 대한 순화된 형태의 적대감으로서 용서의 범위에서 벗어나지 않는 감정이다. 미묘한 판단의 문제가 남긴 하지만, 넓은 견지에서 볼 때 좋은 원한도 용서에 포함되는 감정이라는 것이다. 반면 용서를 의무로 여기는 사람은 오랜 악행을 묵묵히 감내하게 될 가능성이 크다. 그러다보면 정의와 자비의 요구 사이에 존재하는 미묘한 균형감각을 놓치고 만다. 용서해야 한다는 내외적 압박감하에서 좋은 원한의 중요성을 인지할 수조차 없게 된다. 거듭 강조하자면 좋은 원한은 난공불락의 힘으로 지속적인 위해를 가하는 자에 대한 끈질기면서도 자제력을 잃지 않는 정당한 분개다. 용서 의무에 대한 그릇된 관념은 조심스럽게 다루어야 할 좋은 원한을 증오라는 거친 물살에 쓸려내려가게 만들 수 있다.

용서를 도덕적이고 영적인 의무로 보는 일종의 '용서 쏠림 문화'는 현재 가해행위를 저지르고 있는 자에 대한 부정적인 감정과 적의까지 우리 마음에서 남김없이 없애야만 한다는 식의 잘못된 믿음을 심어줄 위험성이 있다. 단, 지금 이 말은 한때 가해행위가 저질러졌지만 그나마 피해자의 회복이 가능한 상황이 아닌, 학대와 폭력과 억압이 여전히 반복적으로 지속되는 상황에 적용된다. '용서 쏠림 문화'의 또 다른 위험성은 용서가 온당치 않는 상황에서도 피해자가 용서할 수 없음을 자책하게 만든다는 데 있다. 올바른 행동을 하면서도 죄책감을 품는 현실은 매우 안타깝다. 그러므로 용서를 강요하는 행위는 피해자의 삶을 더욱더 불행하게 만든다는 점을 반드시 유념해야 한다.

제프리 머피는 '용서 부추기기forgiveness boosterism'라는 용어를 사용해, 용서를 심리요법적인 기술이나 강박관념으로 받아들이는 세태를 꼬집는다. 머피는 '용서 부추기기'가 용서를 마치 서둘러 해치워야 할 일 혹은 어떤 경우에나 적용되는 보편적인 일로 몰아감으로써, 분개라는 감정을 올바로 이해하지 못하게 방해한다고 지적한다.[1] 다시 말해 '용서 부추기기'가 분개의 정당성까지 흐려놓고 있다는 뜻이다. '용서 부추기기'라는 용어는 최근 다른 학자들 사이에서도 널리 쓰이고 있다. 그중 특히 이브 제럴드Eve Garrard와 데이비드 맥노튼David McNaughton은 '값싼 부추김cheap boosterism'이라는 표현을 여러 차례 사용하며 다음과 같은 견해를 피력한다.

> 일종의 가식이다. 용서가 모든 악행이 빚은 불행을 극복하게 해줄 쉬운 해결책이라는 가식, 상처를 치유하려는 사람 모두가 시도할 수 있는 편한 접근법이라는 가식, 도덕적으로 완전무결하다는 가식, 즉 어떤 상황에서든 용서에 반대할 만한 도덕적 근거가 전혀 없다는 가식이다.[2]

이와는 다소 다른 입장을 취하는 토머스 브러돔Thomas Brudholm은 '용서 부추기기'와 '용서 치료' 간 연관성보다는 전반적인 정치 문화적 역

---

1 Lamb, S. and Murphy, J. G. (eds) *Before forgiving*, p. ix.
2 Garrard, E. and McNaughton, D. *Forgiveness*, p. 29.

학관계에 초점을 맞춘다. 브러돔은 특히 데스몬드 투투 대주교를 지목하며 그가 자신의 공적 지위를 이용해 용서를 선동하고(또는 부추기고) 강요한다며, 이는 전혀 도움이 되지 않을 뿐만 아니라 역효과만 일으키는 행태라고 질타했다.[3]

브러돔의 이 같은 언급은 사실상 남아프리카공화국 진실화해위원회 위원장을 맡았던 투투에게 노골적으로 비난의 화살을 퍼붓는 말이다. 물론 진실화해위원회가 용서에 관한 기독교적 윤리와 사상에 입각해 국가적인 화해 추진을 위한 환경 조성에 주도적인 입장을 취한 것은 사실이다. 이 과정에서 용서의 정확한 의미에 관한 철학적 신중함이 결여됐던 것도 부인할 수 없다. 또한 지적인 측면에서 볼 때, '진실'과 '화해'라는 개념이 같이 묶이면서 혼동이 유발됐던 측면도 간과할 수 없다.

당시 진실화해위원회가 내건 대표 슬로건중 하나는 "진실은 화해에 이르는 길이다."였다. 이 구호 자체는 이론의 여지가 없지만 실제로 모든 상황에 통용될 만한 말이라고 보기엔 무리가 있다. 진실도 진실 나름이며, 화해도 당사자들의 노력 나름이기 때문이다. 실상 이 슬로건은 "*뉘우침*은 용서에 이르는 길이다."라는 기독교적 견해가 다소 희석된, 말하자면 세속화된 버전이라 보아도 무방할 것이다. 그렇다면 차라리 "뉘우침은 화해에 이르는 길이다."라는 슬로건이 좀더 정확한

---

[3] Brudholm, T. *Resentment's Virtue*, P. 51.

1996년 4월 15~18일간 열린 진실화해위원회에서의 데스몬드 투투 대주교(가운데).

표현이 아닐까. 하지만 '뉘우침' 같은 단어를 정치의 장으로 끌어들이기는 현실적으로 쉽지 않다. '뉘우침'이란 말에는 정치적인 가치가 거의 혹은 전혀 없기 때문에, 이 구호를 '과도적 정의나 국가적 재건' 과정의 일부로 삼기엔 부적절하다.

물론 진실은 중요하다. 진실은 '용서'를 위해서 뿐만 아니라 '뉘우침'을 위해서도 절대 없어선 안 될 선결요건이다. 그러나 뉘우침 없는 거짓이 용서에 이를 순 없겠지만, 뉘우침 없는 진실은 용서에 이를 수 있다. 우리가 '용서하는 마음'을 가질 수만 있다면 말이다. 이를 잘 알았을 투투는 기독교 신학자로서, 목회자이자 설교자로서 사람들이 그런 마음을 지니도록 독려한 것이라 판단된다. 더구나 개인적 가치관의 핵심일 뿐만 아니라 역사적 시점과도 맞아 떨어졌기 때문에, 그로서는 가능성이 엿보일 때마다 용서를 열렬히 권하는 입장에 섰을 것이다. 어느 면에서 보면 이 자체는 전혀 논란거리가 아니다. 올바르고 현명한 용서는 오히려 칭송받아 마땅하다. 문제는 용서가 명명백백한, 이를테면 모호성을 완전히 배제할 수 있는 것이 아니라는 점이다.

여기에서 근본적인 허점을 찾아낸 토머스 브러돔은 진실화해위원회가 역설적으로 두 가지 깨달음을 얻게 해주었다고 비아냥거렸다. 첫째는 용서가 피해자에게 다시 상처가 되기도 한다는 점, 둘째는 용서하지 않는 피해자도 존중받아야 한다는 점이 그것이다. 전자가 용서의 개념이 "모호해진 측면"과 관련이 있다면, 후자는 용서에 대한 "극단적인 접근"과 연관성이 있다. 브러돔이 언급한 "극단적인 접근"이란 용서를 피해자의 마음에서 우러나오는 자발적인 선물로 보지 않고, 모든 피해자는 가해자를 무조건 용서해야 한다고 보는 접근을 뜻한다.

한편 용서의 개념이 "모호해졌다"는 말은 '용서'라는 단어의 뜻이 복수심을 극복하고 사면을 수락하는 의지로 변질됐다는 의미다. 이 경우 비록 분개심은 극복했어도 가해자는 반드시 처벌받아야 한다고 믿는 사람, 혹은 가해자를 격리해야만 분개심을 털어버릴 수 있다고 믿는 사람은 전혀 존중받지 못한다고 브러돔은 지적했다. 그는 진실화해위원회가 이 두 가지 잘못된 요소를 모두 배태하고 있다고 비난하며 "진실화해위원회의 담론은 모호하고 극단적인 용서 부추기기의

모범사례"라고 비꼬았다.⁴

브러돔은 "극단적"이라는 측면에 초점을 맞추면서, 투투가 말하는 용서를 무조건적이고 일방적인 것이라고 보는 자신의 비판적 견해를 굽히지 않았다.

투투는 피해자들에게 "첫발을 떼라."고 부추긴다. 피해자들부터 우선 용서하겠다는 의지를 표명하라고 강요한다. 가해자가 어떤 사람인지 자신의 과거 범죄행각에 대해 현재 어떤 태도를 보이는지 채 알기도 전에, 피해자 먼저 용서 의지를 보이라고 몰아세운다.⁵

그의 요지는 투투가 사람들에게 때이른 혹은 섣부른 용서를 종용했다는 것이다. 이 주장을 논박하기는 사실상 어려울지 모른다. 진실화해 추진과정에서 용서에 치우친 편향성이 전혀 없었다고는 볼 수 없기 때문이다. 예컨대 남아프리카공화국의 한 부족인 호사족Xhosa 사례의 경우, 호사어Xhosa로 쓰인 진실화해위원회는 그대로 번역하면 *진실용서위원회*다. 화해가 '용서'로 쓰인 것이다. 진실용서위원회에 참석했던 사람들은 모두 자신들이 '진실용서과정'에 관여한 것으로 이해했을 것이다. 그러므로 이 상황에서 그들이 했던 '용서'는 과정의 결과, 특히 사면 허용이라는 판결과는 동떨어졌을 가능성이 크다.

---

4 Brudholm, T. *Resentment's Virtue*, P. 52.
5 Brudholm, T. *Resentment's Virtue*, P. 53.

그러나 진실화해 추진과정은 불안정한 정치사회 분위기를 신속히 정상화하겠다는 목적만 가진 과정은 절대 아니었다. "과도적 정의"에 관한 실험의 장이기도 했다. 다만 과도적 정의라는 것이 기독교 신학과 치료 심리학 양쪽의 영향을 받은 개념이다 보니, 복잡하고 다차원적인 요소들을 필연적으로 동반할 수밖에 없었다. 말하자면 과도적 정의에서는 바람직한 시기와 그렇지 못한 시기가 함께 공존했으며, 훌륭한 실천들과 그렇지 못한 실천들이 동시에 전개됐던 것이다. 브러돔은 이를 두고 심각하고 불행한 상황은 이렇듯 명확한 구분이 어려운 혼란스런 상황에 의해, 그리고 관용의 정신과 *우분투*ubuntu(남아프리카공화국에서 공동체 정신을 이르는 말. —옮긴이)를 내세우려는 열망으로 인해 더 나쁜 상황으로 곤두박질쳤다고 평가했다. 설상가상으로 여기에 공개적인 용서 표명의 의미까지 덧씌워지기에 이른 것이다.

당시 사람들은 자신들이 이른바 정치사회적 기적 속에 살고 있다는 착각에 빠져 있었고, 그 와중에 나온 거룩하고 놀라운 용서의 말들을 기적 그 자체로 받아들였다. 무미건조한 정치과정을 뛰어넘는 고귀하고 초월적인 무언가가 있다는 증거, 어쩌면 신의 영향력이 작용하고 있다는 증거로 간주했던 것이다.

그렇다 하더라도 진실화해 추진과정이 기독교 신학에 놀아났다거나 그 취지가 과도한 용서 열망 탓에 퇴색했다고 결론내리는 것은 잘못이다. 진실화해 추진과정의 공적이고 실천적인 방법상에서 설혹 일말의 압력이 존재했다 하더라도, 큰 비난을 받을 정도의 억지 조작까지는 없었다고 생각한다. 다만 진실화해 추진과정이 언론을 화려하게 장식했던 것만큼 또는 대중들이 생각했던 것만큼 기대에 미치지 못했다는 아쉬움은 있다. 한편으로는 진실화해 추진과정에서 전혀 진전이 보이지 않던 상황이 의외로 긍정적인 방향으로 전개될 가능성도 여전히 남아 있다고 본다.

예컨대 네 건의 살인사건에 가담했던 남자가 있었다. 그는 사면받고 나서 남편을 잃은 네 명의 부인들을 직접 찾아가 용서를 빌었다. 그중 세 사람에게는 용서를 받았지만, 나머지 한 사람에게는 뺨을 맞았다. 내가 그를 처음 만났을 당시 그는 자신의 뺨을 때린 부인의 생계를 돕고 있었다. 가해자가 자신의 잘못을 진심으로 뉘우치며 피해자에 대한 응분의 보상과 관계회복 노력을 자발적으로 이어나간 것이다. 이 일이 이렇게 전개될지 누가 짐작이나 했겠는가? 인간사에서 이상적이거나 규범적인 용서 방식은 없다.[6] 마찬가지로 진실화해위원회도 한 가지 이야기나 과정만으로 설명할 수 없다.

마이클 랩슬리Michael Lapsley 신부의 사례는 용서라는 미묘한 문제를 성숙하고 절제된 자세로 이해하려 노력한 피해자의 이야기다. 아파르트헤이트가 끝나기 불과 몇 년 전, 랩슬리 신부는 어느 날 편지 한 통을 받았다. 무심코 편지를 뜯는 순간 폭탄이 터졌고 그의 두 손은 그 자리에서 날아가버렸다. 양쪽 고막이 파열됐고 한쪽 눈도 실명됐다.

---

6 Watts, F. and Gulliford, L. *Forgiveness in Context*.

1999년, 남아프리카공화국 케이프타운에서 마이클 랩슬리 신부.

그럼에도 불구하고 그는 자신이 당한 그 일로 인해 더 나은 신부가 될 수 있었다고 말했다. 단, 그는 용서에 관한 한 말을 아꼈다. 이 점이 내가 그를 인상적으로 보았던 이유다. 언젠가 그는 공식적인 자리에서 이렇게 말했다.

나는 내게 폭탄을 터뜨린 사람들을 용서할 수 없습니다. 왜냐하면 그들이 누군지조차 모르기 때문입니다. 행여 그들이 신원을 밝히고 자백하고 후회를 표한다 하더라도, 아무런 처벌도 받지 않은 채 그대로 걸어 나가게 할 수는 없는 노릇입니다. 제가 평범한 일상생활을 이어가기 위해 받지

않으면 안 되는 가외의 모든 도움들에 대해 적어도 응분의 책임을 져야 할 것입니다.[7]

여기서 랩슬리는 이 논의에 중요한 차원 하나를 덧붙이고 있다. 내 적이든 외적이든 의도된 폭력행위가 남긴 상처를 안고 살아가는 피해자가 설령 가해자의 뉘우침을 반기며 몇 마디 친절한 말을 건넸다고 해서, 지속적인 고통과 장애를 초래한 가해자의 책임이 간단히 벗겨지는 건 아니라는 사실이다. 용서 충동 또는 너그러운 사람으로 보이고 싶은 욕구는 그래서 더 신중하게 다뤄질 필요가 있다. 따라서 '절제된 용서'의 자세는 가해자의 변화는 무시한 채 용서자의 우월감과 미덕만 과시하는 소위 '영웅적 용서'를 바로잡는 일종의 교본이라고 할 수 있다.

랩슬리의 태도는 정직하고 겸허한 마음과 현실적인 사고를 그대로 반영한다. 랩슬리는 폭탄테러범들의 신원이 밝혀지지 않는 한, 자신과 그들과의 관계가 결코 진전될 가망이 없다는 점을 잘 알고 있었다. 혹여 그들의 신원이 밝혀진다 해도 그들이 취하게 될 태도에 자신의 마음이 마냥 초연할 수 없으리라는 점도 충분히 느끼고 있었다. 만약 랩슬리가 '신처럼' 행동하려 했다면 폭탄테러범들을 용서한다는 거창한 말부터 앞세웠을 것이다. 물론 그렇게 해서 위안을 찾는 사람들

---

7 Lapsley's Story, http://theforgivenessproject.org.uk

도 있겠지만 두 손뿐만 아니라 청력과 시력까지 잃은 상태로 일평생을 살아가야 하는 그는 이미 고통의 늪에 깊이 빠져본 사람이었다. 다 이겨낸 척 허세를 부릴 이유가 없었던 것이다.[8]

잘 알다시피 투투는 용서의 치유 효과를 두둔하는 대표적인 용서 옹호자다. 그의 입장은 다음 유명한 말에 집약돼 있다. "용서는 당신에게 좋은 것이다," "용서는 가장 높은 경지의 자기이익이다," "용서 없이는 미래도 없다." 하지만 그의 발언들, 진실화해위원회에서 보여준 리더십, 그리고 그가 맡은 기타 후속작업의 성과 등은 전체적인 맥락에서 비중 있게 평가할 필요가 있다. 아파르트헤이트에 뒤이은 국가적 화해과정이라는 대의에서 본다면, 그가 옹호한 용서는 공적인 의미에 가까웠다고 볼 수 있다. 물론 불안한 사람들이 용서에 대한 심

---

[8] 여러 용서 이야기들을 살펴보는 이유 중 하나는 모든 이야기들이 각자 확연하면서도 미묘하게 다르기 때문이다. 또한 시간이 지나면서 이야기가 달라지기도 하기 때문이다. 여기에 나온 랩슬리의 이야기도 여러 가지로 해석이 가능하다. 단, 유의할 점은 랩슬리의 태도를 가해자를 직접 만나본 사람이나 가해자가 현재 실형을 살고 있음을 확인한 사람의 태도와 비교하지 말아야 한다는 것이다. 그의 이야기가 남다른 주목을 받는 까닭은 공정한 미래라는 차원에서 그처럼 실질적인 보상을 명백히 요구할 수 있었던 사람들이 드물기 때문이다. 그래서 나는 그의 이야기를 '지연된 용서 이야기'로 본다. 이야기가 진전되려면 먼저 가해자에 대한 정보가 필요하기 때문이다. 이런 차원에서 볼 때, 랩슬리의 이야기는 과도기적 시점에서 많은 문제들이 진실화해위원회(TRC)나 기타 법적 절차에 의해 제대로 처리되지 못한 남아공의 현실을 압축적으로 보여준 사례라 할 수 있다. 여기에는 특히 정의와 보상 문제가 깔려 있다. 용서하는 마음이 가해자가 치러야 할 대가까지 면제해주는 건 아니다. 용서가 허락하는 미래는 실질적인 요구가 있는 미래다. 가해자는 피해자의 상처와 아픔을 잊지 않고 함께 나누려는 자세를 가져야 한다. 용서만으로 악행의 결과가 저절로 없어지지는 않는다.

리적 압박감을 느낄 만한 환경을 진실화해위원회가 어느 정도 조장한 측면은 비난을 면키 어렵다. 진실화해위원회의 긍정적 기여를 십분 감안한다 해도, 그 상황 역시 당시의 실상을 보여주는 한 단면임을 부정하긴 어렵다는 얘기다. 그럼에도 불구하고 브르돔이 투투를 "용서 부추기기의 대부"라 칭하며 비난한 것은 아무래도 지나친 공세다. 투투의 성직자로서의 역할과 진실화해위원회 위원장으로서의 리더십을 수년간 지켜본 사람이라면, 그 누구도 그를 아무 때고 아무데서나 정치적이고 공개적인 용서를 들이미는 "무비판적인 용서지상주의자"라 일컫지 못할 것이다.

진실화해위원회는 지속적인 억압이나 폭력에 대한 대처방안이 아니라, 아파르트헤이트 종결에 따른 대응의 일환이었다. 피부로 와닿는 급박한 정치 경제적 문제들이 산적한 상황에서 어떻게 해서든 증오와 보복의 악순환에서 벗어날 방도를 찾아야 했다. 그 과정에서 용서가 지나치게 우선시되고 이를 뒷받침할 도덕적 자질들이 부풀려졌다면, 이는 어쩌면 심각하게 우려되던 유혈사태를 피하기 위해 치러야 할 작은 대가였는지도 모른다. 문제를 더욱 복잡하게 만든 것은 그리스도인들이나 다른 종교인들이 진실화해위원회를 너무 낭만적으로 이해하고 해석하면서 생겨난 '진실화해위원회 신화'다. 이 신화가 용서 부추기기를 한몫 거들었다고 볼 수 있다. 여기에 치유적 용서라는 '값싼 자비심'까지 가세하면서 결코 현명하지도 올바르지도 않은 용서에 대한 심리적 압박감만 가중시킨 셈이다.

이러한 문제를 논할 때 분명히 짚고 넘어가야 할 사항은 가해행위가 *현재 진행형인가 아닌가* 하는 점이다. 용서 부추기기의 위험성은 현재 지속적인 협박이나 억압, 폭력을 당하는 피해자마저도 용서하는 것이 미덕이라고 여기게 된다는 데 있다. 이 같은 이유로 피해자는 참을 수 없는 것을 참고, 받아들일 수 없는 것을 받아들여야 한다는 심리적 압박감을 느낀다. 문제는 언제나 과도한 이상화에 있다. 현실에서는 가능하지 않은 순수한 전형이 무작정 떠받들어진다거나 일부 사례들이 영웅적인 미담으로 추어올려지면서 용서가 신화로 둔갑한 것이다. 두 경우 모두 용서가 쉽고 간단한 것이라는 인상을 줌으로써 결과적으로 피해자들에게 더 큰 좌절감을 안긴다.

자아존중을 중시하는 기독교 신학은 이러한 시각에 절대 동의하지 않는다. 사람들마다 처한 상황 자체가 미묘하고 다양하듯이 용서에 대한 이해 역시 섬세하고 현실적이어야 한다고 보기 때문이다. 가슴 아프고 고통스러운 현실에 부딪친 사람들이 가장 피해야 할 것은 자신을 제외한 다른 모든 사람들은 금세 잊고 쉽게 극복할 거라 믿는 잘못된 환상이다. 이와 관련하여 존 스윈턴John Swinton은 이렇게 말했다.

마치 법과 규칙 또는 가치판단 기준이라도 되는 양, 피해자들에게 용서의 소명에 귀 기울이라고 몰아세우는 것은 피해자들을 또다시 *용서의 피해자*로 만드는 것과 다름없다. 왜냐하면 그 소명에 부응하지 못한다는 죄책감이 피해자를 더 큰 낙담과 실의에 빠뜨리기 때문이다. 용서는 어려운 일

이다. 어떤 사람에게는 아예 불가능한 일이기도 하다.[9]

용서와 종결

여러 가지 이유에서 생기는 용서에 대한 심리적 압박감은 현실적인 가능성을 도외시한 부적절한 기대를 품게 만든다. 그중 하나는 용서가 비극적인 현 상황을 '종결'지어주고, 지속되는 고통에 '종지부'를 찍어줄 거라는 착각이다. 2007년 7월 코네티컷 체셔Cheshire에서 끔찍한 강도 살인사건이 발생했다. 그날 오후, 제니퍼 페티Jennifer Petit는 딸 미켈라Michaela가 저녁식사를 거든다기에 먹을거리를 사러 근처 식료품점에 다녀오는 길이었다. 모녀는 자신들이 그새 누군가에게 표적이 되어 미행당하리라고는 꿈에도 생각지 못했다. 두 명의 가해자는 집까지 침입해 들어와 자고 있던 그녀의 남편 윌리엄 페티William Petit 박사를 감금하고, 제니퍼와 11세 딸 미켈라를 성폭행한 후 살해했다. 윌리엄 페티가 간신히 빠져나와 이웃에 도움을 청하러 간 사이, 17세 딸 헤일리Hayley도 침대에 묶인 채 집과 함께 불태워졌다. 이 악랄한 범행으로 내분비내과 전문의였던 윌리엄 페티 박사는 단란했던 가족의 유일한 생존자가 되었다(현재는 의사직을 그만두고 가족추모재단을 이끌고

---

[9] Swinton, J. *Raging with Compassion*, p. 167.

있다). 사건 직후 체포된 가해자 두 명 중 한 명에게는 사형선고가 내려졌다. 페티 박사는 오프라 윈프리 쇼에 나와 사형으로 '종결'이 되겠느냐는 윈프리의 질문에 이렇게 답했다.

글쎄요. 종결이라는 게 있을까요……. 도저히… 있을 것 같지 않네요. 다른 사람들은 어떨지 모르지만 가족을 하루아침에 잃은 저로서는 종결을 생각할 수 없습니다. 제 가슴속에는 날카롭게 찢겨진 구멍이 하나 뚫려 있습니다. 제 영혼 속에도 그렇게 너덜너덜한 텅 빈 구멍이 남아 있어요. 세월의 물살이 구멍 속을 들락거리며 가시처럼 남은 뾰족한 날들을 조금은 무디지게 만들 순 있겠죠. 하지만 그 구멍은 그 자리에 그대로 남아 있을 겁니다. 결코 무엇으로도 메워지지 못할 거예요. 40개월이 지난 지금도 마찬가지입니다.[10]

특히 마사 미노우는 극악무도한 일의 '종결 가능성'에 반박하며 이렇게 말한다. "설령 종결이 가능하다 해도 삶을 무참히 짓밟힌 사람에게는 모욕이다."[11] 미노우 교수는 종결은 차라리 저항해야 마땅한 '유혹'이라고 일갈했다. 그녀는 이를 "가늠하기 힘들고 규정하기 어려우며 불가해한 상태로 불가피하게 남아있는 것들을 그저 피하려고만 하

---

10 http://www.oprah.com/showinfo/Dr-William-Petit-on-the-Unspeakable-Tragedy-in-Connecticut, 9 December 2010.
11 Minow, M. *Between Vengeance and Forgiveness*, P. 5.

는 태도"로 규정했다.¹² 이는 미노우 교수가 자신이 언급한 이른바 "집단적 공포"에 관해 설명하는 내용이지만, 그 핵심 요지는 개인적인 문제와 가정적인 문제 모두에 적용된다. 질 스코트도 다음과 같은 말로 유사한 결론을 내리고 있다. "용서는 미완의 실천으로 남아있어야 한다."¹³

사람들이 용서라는 단어를 쓰는 것 자체에 불편함을 느끼는 한 가지 이유는 '용서'가 '종결'을 연상시킨다는 점에 기인한다. 《북아일랜드의 용서와 기억 Forgiving and Remembering in Northern Ireland》이라는 책에 자신의 이야기를 기고한 두 사람은 용서라는 말을 쓰지 않는 데 대한 입장을 명확히 밝혀놓았다. 그중 한 명인 조 베리Jo Berry는 1984년 영국의 해안도시 브라이턴Brighton에서 발생한 폭탄테러로 아버지를 잃었다. 그녀는 당시 폭탄을 심은 가해자인 IRA 소속 패트릭 마지Patrick Magee와 여러 대담에 함께 등장해 주목받기도 했다. 책에 실린 인터뷰에서 그녀는 이렇게 말한다.

대단한 일을 행하는 사람들도 존재합니다. 이들은 용서한 적도 없고 하고 싶지도 않다, 분개를 품고 있지 않다, 괜찮다고 말합니다. 용서하지 않으면 어딘가 덜 된 인간이라는 생각은 옳지 않아요. 내가 용서라는 말을

---

12 Minow, M. *Between Vengeance and Forgiveness*, P. 24.
13 Scott, J. *A Poetics of Forgiveness*, P. 200.

쓰기 싫어하는 이유도 이 때문입니다.[14]

다른 한 명의 기고자인 마이클 패터슨Michael Paterson은 1981년 북아일랜드의 수도 벨파스트Belfast에서 일어난 폭탄테러로 심각한 상해를 입었다. 당시 그는 왕립경찰대 소속 경찰이었으나 엄청난 아픔을 딛고 현재는 임상 심리학자로서 새로운 삶을 살고 있다. 같은 책 《북아일랜드의 용서와 기억》에 실린 그의 감동적인 글에는 이런 말이 씌어 있다. "내 글 어디에도 나를 불구로 만들고 나와 내 가족에게 고통과 좌절, 슬픔을 안겨준 가해자들을 용서한다는 말이 없다는 걸 독자들은 알아차렸을 것이다."[15] 이어서 그는 분노와 분개는 풀어버린 대신 긍정적인 마음가짐을 갖기로 했다고 말한다. 이 사례들에서 주요 쟁점은 용서의 현실이 아닌, 용서라는 '말'이다.

그동안 별다른 주목을 받지 못했던 용서라는 말이 지난 20년에 걸쳐 지대한 관심의 대상으로 떠올랐다. 한마디로 용서에 대한 새로운 깨달음의 시기였다고 해도 과언이 아니다. 그러나 그런 깨달음이 충격의 여파 속에서 '용서'라는 말을 꺼내는 것은 너무 위험하다는 식으로 그쳐선 안 된다. 우리가 정말로 얻어야 할 깨달음은 용서가 관용, 공감, 신뢰를 바탕으로 한, 느리고 깊고 예측불가하고 예민한 수수께끼 같은 모험이라는 점이다. 용서를 이러한 시각으로 바라볼 때, 지

---

14 Spencer, G. *Forgiving and Remembering in Northern Ireland*, p. 226.
15 Spencer, G. *Forgiving and Remembering in Northern Ireland*, p. 197.

금 겪고 있는 상처와 미래에 겪을지 모를 상처에 대처할 힘을 얻을 수 있다.

용서자 신드롬

용서 욕구가 초래하는 문제는 또 있다. 용서하려는 마음이 쉽사리 들지 않는 데서 느끼는 강박이 아니라, 반대로 용서하려는 열망이 지나치게 앞서는 데서 오는 충동에 관한 문제다. 자기 자신을 훌륭한 '용서자'로 보려는, 그리고 다른 사람에게도 그런 사람으로 비치고 싶다는 열망은 도덕적 우월감과 뒤섞이게 마련이다. 스스로를 용서자로 본다는 것은 잠재적으로 자기 자신을 매우 좋은 사람으로 여긴다는 뜻이다. 반면 다시 신뢰감을 갖기에는 아직 상처가 아물지 않은 사람, 상처준 이에게 다시 웃어주고 망설임 없이 껴안아주고 '용서한다'고 말해주기에는 분노와 분개가 여전히 풀리지 않은 사람으로서 자신을 보는 것은, 불편하고 못마땅한 심지어 불쾌하기까지 한 내 모습을 어쩔 수 없이 받아들여야만 하는 일이다.

때문에 용서 충동은 사람들로 하여금 용서할 거리를 억지로 찾게 만든다. 심지어 화가 나거나 언짢게 느껴야 할 상황도 있는 그대로 받아들이지 않게 만든다. '이 일은 어째서 나를 분노케 하는가? 이 일이 내게 던지고 있는 의미는 무엇인가? 새로 알게 된 진실과 통찰에 비추어 나는 어떤 반응을 보여야 하는가?'라는 질문에 답을 구하는 대신 '가해자에게 뉘우치는 기색이 없더라도 용서해줄 만큼 관대하고 훌륭한 모습을 보여야 하지 않을까?'를 고민한다. 이것이 바로 '용서자 신드롬forgiver syndrome'이다. 강한 앙심을 품거나 복수심에 가득 찬 사람이 아니라면 대부분 이런 성향을 띤다. 문제는 실제 일어난 상황을 바라보는 방식에 있다.

용서자 신드롬을 가진 사람은 상처받았을 때 다음과 같이 생각하는 경향이 강하다. '내가 상처를 받았으니 누군가 잘못을 저지른 건 분명하다. 그러나 그게 다가 아닐 수도 있다. 내가 자기중심적이고 자기방어적이기만 한 건 아닐까? 어쩌면 문제의 원인이 나였을지도 모른다. 상황이란 그리 확연하지 않다. 따라서 전적으로 내 탓은 아니더라도 어느 정도 책임질 부분이 있을지 모른다.'

용서자 신드롬에는 윤리적 인식이라는 차원에서 두 단계의 오류가 있다. 우선 첫 번째 단계에서 피해자는 상처가 불가피한 상황에서 생긴 것이라 보고 부정적 감정을 마음속 정의의 목소리로 착각한다. 그 다음 두 번째 단계에서 피해자는 분개에 의해 불의가 씻겨나갔다고 믿으며 분개를 떨쳐버리는 것이 미덕이라 생각한다. 여기서 더 나아가면 피해자는 자화자찬을 넘어 세 번째 단계인 망상에까지 빠져든다. 이와 같이 용서자 신드롬에 사로잡힌 사람들은 안타깝게도 정직한 자기 인지를 회피하고 습관적으로 높은 도덕기준을 내세운다. 이 같은 태도는 어렵고도 진실한 그리고 사려 깊은 용서라는 대의에 아무런 도움을 주지 않는다.

　심지어 피해자가 나름대로 납득할 만한 혹은 스스로 용인할 만한 이유(가령 내가 너무 오만방자하게 행동해서 누군가가 반드시 바로잡아줄 필요가 있었다든지 아니면 내가 다른 사람을 해칠 가능성이 있어서 누군가가 제때 막아줄 필요가 있었다든지 하는 이유들)를 억지로 끄집어내 가해자를 용서한다 해도, 결국은 상황 해결에 전혀 긍정적인 역할을 하지 못한다. 하지만 일반적으로 용서자 신드롬에 빠진 사람들은 첫째, 자신은 도덕적 흠결이 전혀 없으며, 둘째, 스스로 훌륭한 용서자라는 이중적 환상에 사로잡힌다. 하지만 진정한 용서자는 자신의 태도가 과연 올바른지 아닌지를 늘 회의하며 공감과 심사숙고 과정을 통해 자신의 한계와 약점을 충분히 인지하려 노력한다. 메리언 파팅턴의 표현처럼 자신의 "썩어들어가던 실수더미들"을 늘 상기하려 애쓴다.[16]

　기독교적 용서의 대표적 패러다임으로 간주되는 '되찾은 아들의 비유'에 비춰볼 때 '용서자 신드롬'에 사로잡힌 사람, 스스로를 용서자로 보려는 욕구를 가진 이에게 아버지라는 인물은 꽤 매력적으로 다가온다. 물론 이 예화가 나무랄 데 없는 긍정적인 미덕을 상징하긴 해도 반드시 그런 측면에서만 보기는 어렵다. 왜냐하면 탕아의 귀환과 아버지의 환대 말고도, 질투와 경쟁의 불편한 현실을 상기시키는 큰아들의 태도가 함께 묘사돼 있기 때문이다. 이 이야기가 용서 이야기인

---

16 이 책, p. 164.

지 아닌지의 여부는 우리가 어떻게 가정하느냐에 따라 달라질 수 있다. 관념적으로는 어떤 결론이어도 상관없지만 문제는 사람들이 아버지가 보인 태도를 '용서의 진수'로 간주하고 이를 무작정 모방하거나 실천하려는 데 있다. 이러한 경향은 용서를 염두에 둔 사람들뿐만 아니라 도량이 넓은 종교인으로 불리는 사람들, 특히 타인의 시선을 의식하는 그리스도인들에게 나타난다.

앞서 미국인 소설가 메릴린 로빈슨이 자신의 소설 《길리아드》에 '되찾은 아들의 비유'를 어떻게 그려내는지 살펴보았다. 이 책의 후속편으로 나온 《집Home》은 일종의 평행 소설parallel novel이다. 《길리아드》가 이제는 노인이 된 목사 존 에임스의 시각에서 들려주는 이야기라면, 《집》은 주로 글로리 보턴Glory Boughton의 시각을 따라가는 이야기다. 서른여덟 살의 글로리 보턴은 에임스 목사의 평생지기 친구인 아버지 로버트 보턴Robert Boughton 목사를 돌보기 위해 집으로 돌아오고, 반항아이자 말썽쟁이였던 오빠 잭Jack도 20년 만에 집으로 돌아와 예전처럼 한자리에 모인다.

이 두 소설에서 눈길을 끄는 요소는 잭의 아버지 보턴과 잭의 대부 에임스 둘 다 용서라는 문제로 고심한다는 점이다. 이미 살펴보았듯이 존 에임스의 시각에서 바라본 '되찾은 아들의 비유'는 주로 아버지의 입장에 초점이 맞춰져 있다. 한편 로버트 보턴은 바로 그 상황에 처한 아버지이며, 거기에 비극의 일부가 자리잡고 있다. 그는 집안을 건사하느라 늘 여념이 없는 인물로 아들 잭의 귀향을 나름의 방식대로 반기려 애쓴다. 그렇지만 잭에게는 이런 상황마저도 숨 막히도록 답답하다. 물론 변명거리로 삼아서는 안 되지만 이는 잭이 젊은 시절 비행을 일삼고 심지어 악행을 저지른 이유를 얼마간 설명해주는 배경이다. 잭의 성장환경은 어딘가 결핍돼 있었다. 그의 아버지가 그에게 좀더 포용적이고 개방적이었더라면 그는 아마 다르게 자랐을지 모른다. 적어도 덜 방탕하게 살았을지 모른다. 어쩌면 자기 자신을 좀더 편안하게 받아들이고 가족들과도 원만한 관계를 유지했을지도……. 그러나 잭이라는 인물은 단순히 미운 오리새끼나 잃어버린 양 그 이상의 존재를 대변한다. 잭은 억압적 가정의 피해자인 동시에 인종차별주의에 물든 마을의 무사 안일한 분위기에 경종을 울리며, 대부 에임스와 아버지 보턴 두 사람에게 신학적·윤리적 도전을 제기하는 일종의 예언자적 인물이다.

《길리아드》의 내용 중 존 에임스가 잭의 귀향과 잭과 나눈 대화들을 회고하는 대목에서 우리는 에임스의 유의미한 태도 변화를 관찰할 수 있다. 그는 처음 '되찾은 아들의 비유'를 읽으며 자신도 똑같이 잭을 용서해야겠다고 마음먹는다. 하지만 이런 욕구는 시간이 지나면서 신의 가호를 비는 축복의 마음으로 점차 바뀐다. 이 변화는 매우 심오하고 긍정적이며 건강한 발전이라 할 수 있다. 그의 달라진 태도는 신의 사랑과 인간의 수용을 나타내는 동시에 잭의 잘못을 묵과하지 않음을 보여주는 상징적인 제스처다. '되찾은 아들의 비유'라는 틀에 갇혀 있던 관계를 과감히 뚫고 나아간 영적 깨달음의 표시다. '되찾은 아들의 비유'는 용서의 신학적 관점과 가족 내 역학관계에 대해 많은 걸 알려주지만, 소설에서도 드러나듯 우리가 염두에 둬야 할 점은 결코 이 예화가 모든 상황에 두루 적용할 수 있는 용서 패러다임의 '만능' 전형은 아니라는 사실이다.

실제로 루카 복음도 돌아온 탕아가 무엇을 절실히 깨달았는지 말해주지 않는다. 모든 것을 탕진하고 곤궁에 허덕일 즈음 어느 마을 주민의 집에서 돼지를 치다가 "제정신으로 돌아오는" 마음의 변화만 얘기해줄 뿐이다. 또한 그의 아버지가 살진 송아지를 잡아 그를 배불리 먹이긴 했으되 그가 추후 제 목소리를 낼 만큼 존경받는 공동체의 일원으로 받아들여졌는지의 여부도 전혀 설명해주지 않는다. 성경구절에 지나치게 현대적인 해석을 덧붙이는 건지는 모르겠지만 용서 욕구를 당연하게 보려는 사람이라면 바로 이 점에 주목해야 한다. '용서자 신드롬'의 위험성은 용서하는 자와 용서받는 자, 돌아온 탕아(되찾은 아들)와 너그러운 아버지가 마치 칼로 자른 듯 명확히 양분됐다는 데 있다.

물론 이런 시각에 잘 들어맞는 상황도 있겠지만 실상은 그렇지 않은 경우가 대부분이다. 따라서 이 패러다임을 모든 상황에 그대로 옮겨보려는 생각은 용서를 왜곡시키는 결과를 낳는다. 용서자가 자기 스스로를 도덕적이고 고결한 존재로, 심지어 신과 같은 존재로 생각하게 된다는 것이다. 그러나 용서자도 용서를 하는 입장에 서 있는 만큼 용서를 받는 입장에 서보려는 태도를 가질 필요가 있다. '되찾은 아들의 비유'를 보다 성숙하고 건강한 시각으로 읽고자 한다면 세 인물의 입장, 심지어 가장 끌리지 않는 인물인 큰아들의 입장까지도 두루 살펴야 한다. 헨리 나우웬Henri Nouwen은 진지한 용서자는 자신의 뉘우침에도 진지해야 한다고 지적하며, "큰아들에 대해 생각하면 생각할수록 내 안에 큰아들의 모습이 있음을 깊이 깨닫게 된다."고 말했다.[17] 진실하고 깊고 값진 용서는 탕아의 아버지나 신과 같아야 한다고 생각할 때가 아니라 우리가 탕아나 큰아들과 다를 것 없는 존재임을 깨달을 때 비로소 시작된다.

되짚어보기

용서의 메시지를 해석, 적용, 실천하는 일은 결코 쉽지 않다. 용서란 예수를 따르는 길이자 하느님과 맺은 새로운 계약의 삶을 이행하는 길이기 때문이다. 이 장에서 우리는 용서 욕구의 두 극단적인 예를 살펴보았다. 그중 하나인 '용서 부추기기'는 거짓 용서를 부르고, '용서자 신드롬'은 용서에 집착한 나머지 용서의 본질을 놓치게 만든다. 용서에 대한 강박과 죄책감을 불러올 뿐만 아니라 결국에는 상처를 덧나게 하고 정의에도 어긋나는 역효과를 유발한다. 4장 '용서할 의

---

17 Nouwen, H. M. *The Return of the Prodigal Son*, p. 69.

무?'와 7장 '영성으로서의 용서' 그리고 여러 장에 나누어 소개한 다양한 용서 이야기들에서 살펴보았듯이 용서에 대한 긍정적 이해를 넓히려면 지나치게 낭만적이고 단순한 시각, 다시 말해 피해자에게 무력감을 안기는 '용서 부추기기'나 반대로 피해자를 자기미화에 빠뜨리는 '용서자 신드롬'과는 분명히 선을 그어야 한다.

한편 고통을 멈추려는 자연스러운 욕구에서 나타나기 쉬운 용서 충동도 심도 있는 고찰이 필요하다. 끔찍하고 참혹한 일을 겪은 사람들과 가족들은 상처가 남긴 깊은 트라우마와 자꾸 되살아나는 아픈 기억을 어서 끝내버리고 싶다는 '종결' 욕구에 시달린다. 이 끈질긴 '종결' 욕구는 좀처럼 잦아들기 어렵지만 실상 현실은 과거와 영원히 단절될 수 없다. 지속적인 고통과 심각한 장애를 짊어지고 살아가야 하는 사람들 또는 사랑하는 사람이 평생 불구로 살아가는 모습을 지켜봐야 하는 사람들은 그래서 더 가슴 아프고 힘들 수밖에 없다.

더구나 마음속 깊은 흔적으로 남은 상처의 고통스러운 후유증은 겉으론 잘 드러나지 않는다. 용서는 상처를 참아내게 해줄 수는 있지만 그 자체를 결코 없애지는 못한다. 어떻게 보면 용서란 매일 매일 새롭게 시작해야 하는 것인지도 모른다. 따라서 용서는 고통이자 사랑이다. 현명한 용서자는 자기 안의 날카롭게 찢긴 구멍을 그냥 덮기보다 보듬고 살아가는 법을 찾으려 애쓴다.

용서는 느리고 깊고 예측불가하고 수수께끼와도 같은 예민한 것이다. 이 결론은 우리 안에 잘 '흡수'되기만 한다면 용서자 신드롬을 치유할 좋은 해독제가 되어줄 것이다. 상처를 완전히 없애기 위해 어떻게든 종결시켜야 한다는 유혹도 떨쳐버리게 해줄 것이다. 아픈 상처를 딛고 온유함과 신중함, 결연한 의지로 앞으로 나아가도록 해줄 것이다. 한편 피해자 가족이나 친구로서 우리가 이러한 진실을 잊지 않고 기억한다면 그리고 인간의 용서와 그 현실적인 한계를 받아들인다면 고통과 실의, 절망에 빠진 피해자를 더 따뜻한 배려와 큰 격려의 마음으로 도와줄 수 있을 것이다.

9장 / 악마와의 대면

남아프리카공화국 진실화해 추진과정에서 나온 가장 주목할 만한 통찰을 제시하는 자료 중 하나는 임상 심리학자이자 진실화해위원회 위원이었던 품라 고보도-마디키젤라Pumla Gobodo-Madikizela가 쓴 《그날 밤 한 사람이 죽었습니다A Human Being Died That Night》라는 책이다. 이 책은 아파르트헤이트 정권하에서 저지른 범죄로 212년을 형을 선고받고 복역 중인 유진 드 콕Eugene de Kock을 저자인 그녀가 형무소로 직접 찾아가 그와 대화를 나누며 갖게 된 생각들을 기록한 내용이다. 부제는 '남아공의 어느 용서 이야기A South African Story of Forgiveness'지만, 그보다는 '복잡하고 고통스러운 공감 이야기'로 보는 것이 더 정확할 것이다. 드 콕은 '원초적 악마Prime Evil'라 불릴 정도로 아파르트헤이트 정권이 저지른 악행의 총책임자이자 학살의 원흉이나 다름없었다고 고보도-마디키젤라는 말한다. 그녀는 드 콕을 처음 방문한 날을 이렇게 회고한다. "악의 화신이 바로 앞에 서서 내게 예의바른 미소를 짓고 있었다."[1]

드 콕과의 형무소 면담은 그가 진실화해위원회 청문회에 처음 출석한 이후부터 계속됐다. 청문회에서 흑인 경찰관 세 명을 살해했다고 자백한 그는 자신의 손에 남편을 잃은 미망인들과도 직접 대면했다. 당시 이 사건의 조사 책임을 맡았던 고보도-마디키젤라는 그 부인들과 얘기하던 중 의외의 상황에 깜짝 놀라고 만다. 다들 "그에게 깊이 감동받았다"는 반응을 보였기 때문이다. 그중 한 명인 펄 파쿠Mrs. Pearl Faku 여사는 드 콕이 눈물까지 흘리며 자신들의 고통을 진심으로 이해해주었다면서 이렇게 말했다.

감정이 북받쳐올라 더 이상 말을 잇지 못했어요. 용서한다는 뜻으로 그저 고개만 끄덕였죠. 우리가 흘린 눈물이 우리 남편들을 위한 눈물일 뿐만 아니라 그를 위한 눈물이기도 하다는 걸 그가 알아주었으면 좋겠습니다. (…) 그의 손을 꼭 잡고 미래가 있다는 걸, 그도 변할 수 있다는 걸 알려주고 싶어요.[2]

---

[1] Gobodo-Madikizela, P. *A Human Being Died That Night*, p. 6.
[2] Gobodo-Madikizela, P. *A Human Being Died That Night*, pp. 14-15.

고보도-마디키젤라는 드 콕에 대한 미망인들의 태도를 지켜보면서 용서의 본질에 대해 깊이 되돌아보게 됐다고 말했다. '지나치게 성급한 용서가 아닐까?' '원초적 악마라고까지 불리는 드 콕이 과연 이런 대접을 받을 만한 가치가 있을까?' 더 깊이 들어가서 '드 콕은 원래 천성이 악한 자가 아닐까?' '그렇다면 용서도 다 소용없는 게 아닐까?'[3] 이러한 의문들이 머릿속을 가득 메운 가운데 그녀는 이 '원초적 악마'를 어쩔 수 없이 알아가지 않으면 안 되는 길고 지난한 면담과정의 첫 발을 뗀다.[4] 하지만 시작과 동시에 그녀는 그런 범죄자를 알아가는 일 자체가 과연 윤리적으로 올바르냐는 자가당착적인 문제에 직면한다. 드 콕을 이해할수록 그에게 변명의 구실을 주게 되지 않을까, 이런 일은 도저히 있을 수도 없고 있어서도 안 되는 일이 아닐까 하는 두려움이었다.[5] 그럼에도 불구하고 그 결과물로 나온 그녀의 책은 발전적 관계를 이야기하고 있었다.

고보도-마디키젤라는 한 인간을 알아가면서 품게 된 마음속 깊은 고뇌를 자신의 책 속에 솔직하게 풀어놓았다. 그녀는 드 콕이 저지른 끔찍한 악행들을 자세히 파고들던 와중에 그가 스스로 죄의식과 싸우고 있다고 털어놓았을 때 묘한 홀가분함을 느꼈다고 고백했다. 그런 홀가분함은 드 콕이 진실화해위원회에 출석해 사람들 앞에서 자신

---

[3] Gobodo-Madikizela, P. *A Human Being Died That Night*, p. 15.
[4] 면담은 6개월에 걸쳐 총 46시간 동안 진행되었다. p. 17.
[5] Gobodo-Madikizela, P. *A Human Being Died That Night*, p. 17.

의 죄상을 진술하며 느꼈던 감정과 유사한 것이었다. 아파르트헤이트 정권의 폭압 속에서 자신도 똑같이 고통을 당하며 살아왔다고 말해온 그녀가, 진실화해위원회에 나와 증언하고 호소했던 "피해자들과 강한 정서적 유대관계"를 맺고 있는 그녀가, '악의 화신'인 드 콕에게도 공감을 느낀 것이다. 그녀는 이 감정을 결코 편안하게 받아들일 수 없었다고 술회한다.

유진 드 콕처럼 인간으로서 하기 힘든 끔찍한 만행을 저지른 자에게 공감을 느낀다는 건 마치 스스로를 범죄자 소굴에 몰아넣은 것 같은 이해하기 어려운 혼란스러운 경험이었다.[6]

전환점이 되었던 순간들 중 하나는 드 콕이 두 명의 미망인들과 만났던 일을 떠올리며 괴로운 심경을 토로했을 때다.

인간이라면 누구나 그렇게 느껴야 하는 법이라고 말해주며 나도 모르게 떨리는 그의 손에 내 손을 가만히 가져다댔다. 하지만 그의 손은 차갑고 단단하게 주먹이 쥐어져 있었다. 마치 나를 저지하려는 듯 동시에 지금은 시들어가지만 아직은 생명력이 남아 있는 자신의 예전 모습을 부여잡으려는 듯했다. 순간 나는 화들짝 놀라 손을 빼며 마음에서 우러나왔던 내

---

6 Gobodo-Madikizela, P. *A Human Being Died That Night*, p. 79.

갑작스런 행동을 돌이켜보았다. 불과 얼마 전에 이 손으로 이 목소리로 나와 똑같은 무고한 사람들에게 온갖 악행을 저지르고 명령했던 자와 대면한 상황에서, 내 행동은 아무리 생각해도 도저히 납득할 수 없었다.[7]

다음날 아침, 그녀는 오른쪽 팔을 제대로 가눌 수 없었다. 일시적으로 팔이 마비됐던 것이다. 심리학자인 고보도-마디키젤라는 이를 '분리' 현상으로 이해했다. 악과 접촉했던 자신의 일부를 떼어내려는 어떤 무의식의 작용이라고 본 것이다. 청문회가 열리던 날 휴정시간에 휴게실에서 우연히 드 콕을 만난 그녀가 자신의 경험을 전하자 그는 놀라움이 담긴 표정으로 이렇게 말했다. "그랬다면 품라, 아마도 당신 손이 닿았던 내 손이 '방아쇠 손'이었기 때문일 겁니다."[8]

그녀의 기이한 경험은 잔학한 만행을 용서하는 일이 얼마나 큰 긴장과 고뇌와 고통을 수반하는지 단적으로 보여준다. 자신도 모르는 무언가에 손을 뻗는 행위는 곧 위험을 무릅쓰는 일이다. 육체적인 취약함, 정신적인 불편함, 윤리적인 모호함 모두를 감수할 수밖에 없는 길로 들어서는 행위다. 고보도-마디키젤라는 바로 거기서 혼란스러운 충격을 느꼈다고 고백한다.

---

[7] Gobodo-Madikizela, P. *A Human Being Died That Night*, p. 32.
[8] Gobodo-Madikizela, P. *A Human Being Died That Night*, p. 39.

지금 이 순간까지도 그 말의 억센 손아귀에서 벗어날 수가 없다. 폐부 깊숙이 전해져온 충격이 아직도 가시질 않는다. 수없이 혼란스럽고 모순적인 메시지를 잉태한, 한 인간의 음침한 쾌락의 덮개를 벗겨내는 말이었기 때문이다. 그는 과거 한때 죄책감도 없이 다른 사람들에게 극심한 고통을 주었던 인간이다. 그들이 겪은 고통을 머릿속에 몇 번이나 그리며 음미했던 인간, 자신이 한 짓을 떠벌릴 때 공포감에 사로잡히는 사람들 표정을 관찰하며 힘과 자부심을 느꼈던 인간이다.

드 콕은 그와 나 사이에 그어진 경계선을 순식간에 넘어오는 데 성공했고, 내 방어막을 기어코 뚫고 들어왔다. 나는 무방비상태로 침범당한 느낌에 분노감마저 일었다.[9]

팔이 마비되었던 경험과 함께 그녀는 자신이 드 콕의 세계로 끌려들어가고 있다고 느꼈다. 그녀는 이어 그의 '방아쇠 손'이라는 말은 일종의 자기보호 기제로, 자신이 저지른 만행과 자기 자신을 분리시키려는 교묘한 술책이라며 이렇게 덧붙였다. "동시에 이 말은 그가 얼마나 파편화된 인간인지를 여실히 드러내는 표현이었다. 그는 조각조각 나뉜 자기 자신을 어떻게든 끼워 맞춤으로써 자아일체감을 가져보려 애쓰는 인간이었다."[10] 그러나 이런 상황에 처한 사람은 드 콕 혼자만이 아니었다.

---

9 Gobodo-Madikizela, P. *A Human Being Died That Night*, pp. 39-40.
10 Gobodo-Madikizela, P. *A Human Being Died That Night*, pp. 41.

그 경험을 통해 내 안에서 해체가 일어나고 있음을 깨달았다. 원초적 악마인 드 콕과 동일시하려는 내 안의 일부와 맞서 싸우고 있었던 것이다. 어떤 면에서 보면 내가 이 일을 끝까지 해낼 수 있었던 것도 그 '분리' 경험을 통해서였다. 왜냐하면 마음으로부터 행위자와 행위 자체를 구분할 수 있게 되었기 때문이다. 나아가 드 콕의 인간적이고 긍정적인 다른 일면도 발견할 수 있었다.[11]

고보도-마다키젤라는 여기서 용서의 중요한 측면을 짚어낸다. 용서에 수반되는 대가와 위험이 그것이다. 용서자에게 요구되는 공감이 오히려 용서자를 범죄자의 혼돈과 파괴 심지어 잔인함의 세계로 끌어들이기 때문이다. 용서자에게는 가장 달갑지 않고, 꺼려지는 부분이다. 어떻게 보면 상처의 황무지로 들어가는 모험일 수도 있다. 하지만 이 모험이 공감과 구별되는 결정적 차이는 피해자에게 아무런 선택권이 주어지지 않는다는 데 있다. 피해자의 통제권을 벗어난 사건들에 의해 사실상 떠밀려 들어가는 것이기 때문이다.

반면 공감을 거쳐 범죄자의 세계와 마음으로 들어가는 여정에는 반드시 개인적 자유의사가 전제돼야 한다. 단, 가해자에게 핑곗거리나 변명의 여지를 남겨주기 위함이 아닌, 공감을 토대로 가해자를 이해하기 위함임을 명심해야 한다. 단지 이해뿐이라면 이 여정은 훨씬 덜

---

11 Gobodo-Madikizela, P. *A Human Being Died That Night*, pp. 41-42.

고통스러울지 모른다. 그러나 모든 것을 이해한다고 해서 저절로 용서가 이뤄지지는 않는다. 용서는 공감의 귀결이기 때문이다.

공감은 진정성의 문제다. 공감은 가해행위의 뿌리인 가해자의 정신과 마음을 들여다봐야 하는 현실이다. 추상적인 의미에서의 공감이 용서에 다다를 수는 없다. 용서가 비로소 가능한 영역으로 옮겨가는 계기는 정도와 깊이를 더해가며 진지한 공감이 구체적으로 진전될 때 찾아온다. 용서는 객관성과 거리의 문제가 아니라 주관성과 관계의 문제다. 따라서 용서는 진정한 친밀성을 필요로 한다. 방금 한 이 말만으로도 배신과 폭행의 피해자는 아마 경악과 비탄을 금치 못할 것이다.

어느 날, 심도 있는 대화가 오가던 중 드 콕은 고보도-마디키젤라에게 자신이 혹여 그녀의 가족이나 친구를 해치지 않았느냐고 물었다. 그녀는 이 질문에서 그의 고뇌를 읽어냈다.

나는 드 콕을 바라봤다. 두 눈을 깊숙이 들여다보면서 악의로 가득 찬 악마의 증거를 샅샅이 찾아내려 애썼다. 하지만 그의 눈은 고통으로 일그러져 있었다. 그 순간 연민밖에는 아무것도 느낄 수가 없었다. 깊은 상처로 고통스러워하는 친구를 바라볼 때 느끼는 감정이었다. 나는 그의 얼굴을 다시 응시했다. 그러고는 잠시 생각했다. 손이라도 대어줄까? 그의 몸과 마음을 휘감고 있는 괴로움을 잠시라도 멎게 해주고 싶었다. 그런데 또다시? 그렇지만 어떻게? 어디에? 손을 뻗어 내민다는 게 어색하고 당혹스럽게 여겨졌다. 그것도 180센티미터가 넘는 거구의 남자에게, 숱한 "내 사람들"을 죽인 잔인한 범죄자에게, 더군다나 흑인 간수들이 지켜보는 앞에서……. 그들이 어떻게 생각할까? 드 콕은 또 어떻게 생각할까? 포용의 제스처를 보이는 이 흑인 여자를 뭐라고 생각할까?[12]

그녀는 이렇게 대답했다. "아뇨, 유진, 그런 사람은 없었어요." 고보도-마디키젤라는 행여 드 콕이 그녀의 가족이나 친구를 죽였다 하더라도 털어놓지는 못했을 거라고 말한다. 드 콕의 질문 속에서 절망적인 내면의 목소리를 들었기 때문이라는 것이다.

내 귀에 들려왔던 건 사람 사는 세상에 다시 속하고 싶다고 애원하는 버림받은 자의 목소리였다. 그는 자신의 과거를 견디기 힘들 것이다. 그리고 자신이 빼앗은 목숨들에 대한 기억으로 얼룩진 미래도 견디기 힘들 것이다.[13]

드 콕의 질문에 대한 고보도-마디키젤라의 대답이 얼마나 진실한지 우리로선 알 길이 없다. 어떤 면에서는 그리 중요하지 않은지도 모른다. 그 이유 중 하나는 피해자들에 대한 그녀의 공감이 더하면 더했지 덜하지는 않았으리라는 증거를 이미 여러 차례 봤기 때문이다. 일례로 그녀는 피해자들을 "내 사람들"이라고 표현했다. 단, 이 표현

---

12 Gobodo-Madikizela, P. *A Human Being Died That Night*, pp. 114-15.
13 Gobodo-Madikizela, P. *A Human Being Died That Night*, p. 115.

9장 악마와의 대면

을 소위 그녀가 일컬은 "마음의 아파르트헤이트"라고 부르는 행태, 즉 "그들은 악하고 우리는 선하다."식의 내재적 편가르기로 보는 것은 잘못이다. 오히려 우분투라는 개념에 집약된 인간의 참모습과 정체성에 대한 보다 폭넓은 사고의 반영이라고 봐야 한다.

남아프리카공화국에서 우분투는 지역적인 독특한 감성을 표현하는 말이라기보다 연대감 형성의 가치를 일깨우는 데 주로 쓰이는 말이다. 이러한 우분투는 아파르트헤이트의 종식뿐만 아니라 이후의 화해적 분위기를 조성하는 데도 매우 주효한 개념이었다. 인간은 근본적으로 서로 다른 별개의 존재가 아니라는 것. 즉 흩어진 개인들의 관계 맺기가 아니라 맺어진 관계 자체가 이미 인간의 근본 조건이라는 뜻이다.

"우리가 있기 때문에 내가 있다."라는 문구가 이 개념을 제대로 살려낸다고 볼 수 있겠다. 영어에 우분투라는 의미를 그대로 포착해서 전달할 만한 단어는 없지만 우분투 정신은 용서라는 개념에 개인주의적인 문화 그 이상의 새로운 맥락을 제공한다. 개인주의적인 시각에서만 보면 용서할 수 있는 사람은 오로지 피해자뿐이다. 반면 고보도-마디키젤라가 이야기하는 공감은 우분투적 접근방식의 반영이다. 한 인간의 개별적인 자질이나 경험보다 '함께함'과 '공동체'가 더 중요하다는 것이다. 이러한 뜻에서 고보도-마디키젤라의 접근은 데스몬드 투투의 사고와 궤를 같이한다. 데스몬드 투투의 신학은 관용과 창조의 정신을 발휘하는 데 관계와 공동체를 으뜸으로 꼽는 한편, 개인적인 책임도 아울러 강조한다.

공감의 고통은 고보도-마디키젤라가 진실화해위원회에 관여할 때부터 이미 내재해 있었다. 특히 이본느 크후트와네Yvonne Khutwane의 증언 일부를 읽어보면 고보도-마디키젤라가 고문학대 피해자들에게 얼마나 깊이 공감하고 있었는지 알게 된다. 청문회에서 이본느 크후트와네는 군인들에게 붙잡히던 날, 자기 자식뻘밖에 안 되는 나이 어린 군인이 군용트럭 뒤에서 자신의 질 속으로 손을 집어넣은 끔찍한 경험을 털어놨다. 고보도-마디키젤라는 그녀의 얘기를 듣던 당시 자신의 심리상태를 이렇게 표현했다.

> 그 순간 군용트럭 뒤에 있는 그녀의 모습이 머릿속에 그려졌다. 얼룩무늬 군복을 입은 한 백인 병사의 의해 유린되는 모습이……. 그 일이 마치 내게 일어난 일인 것처럼 그 충격적 경험 하나하나가 세세하게 느껴졌다. 불쑥 쑤시고 들어온 병사의 손, 그녀가 느꼈을 치욕감과 무력감 이 모든 것이 마치 비수에 찔린 것 같은 고통으로 다가왔다. (…) 그 느낌이 너무나 생생해서 나도 모르게 눈물이 쏟아졌다. 목이 메어 숨조차 쉴 수 없었다. 내 옆에 앉아 있던 동료위원이 달래느라 내 등을 쓸어주었다. 그제야 나는 제정신이 들었고 평정심을 되찾기 시작했다.[14]

---

14 Gobodo-Madikizela, P. *A Human Being Died That Night*, p. 91-2.

그녀는 공감이 고통만이 아니라 치유라고도 말한다.

청문회가 끝나고 나서 크후트와네 부인이 해줄 말이 있다며 나를 찾아왔다. 그녀는 증언하는 동안 내 모습을 보면서 상처가 치유되는 듯한 기분이었다고 말했다. "당신의 마음이 내 고통의 가장 깊은 곳과 맞닿아 있다는 느낌을 받았어요. 누군가 내가 겪은 일을 진심으로 이해해주고 있구나 생각했죠."[15]

다른 누군가의 마음이 내 고통의 가장 깊은 곳과 맞닿아 있다는 사실, 어떤 방식으로든 아픔을 함께 느낀다는 사실을 알게 되는 것만으로도 치유와 화해의 길이 열린다. 이렇듯 서로 공감하는 일은 도덕적인 인격과 영적인 인성을 형성하는 중요한 과정의 일부다. 물론 공감 능력과 성향은 각자 다르다. 다른 사람들의 고통에 무덤덤하거나 방어적인 태도를 보이는 이들이 있는가 하면, 감정이 금세 이입되는 사람들도 있다. 그 자리에서 당사자에게 직접 반응을 보이는 사람들이 있는가 하면, 혼자 책이나 기사 등을 읽으며 다른 사람들의 경험을 가늠해보려는 이들도 있다.

가령 우리는 책을 읽고 종종 '감동'받는다고 말한다. 여기에는 어느 정도의 감사함도 수반된다. 감동 그 자체의 가치를 인식하며 느끼는

---

[15] Gobodo-Madikizela, P. *A Human Being Died That Night*, p. 93.

감정이다. 이는 곰곰이 생각해볼 만한 대목이다. 왜냐하면 감동은 우리가 읽은 책 속의 인물을 직접 치유할 수는 없어도, 실생활에서 다른 이들에게 치유와 희망의 메시지를 전하는 능력 나아가 용서하는 능력을 함양시키기 때문이다.[16]

공감은 우분투에서 핵심적인 요소다. 그러나 우분투가 주로 피해자에 대한 공감이라면, 용서는 피해자가 가해자에게 공감하는 것을 말한다. 때문에 차라리 가차 없는 보복이 낫다고 여기거나 그냥 참아내는 편을 택하기도 한다. 하지만 어느 쪽도 고통을 마무리짓지는 못한다. 어느 쪽 고통이 좀더 참을 만한가, 아니면 좀더 오래가는가 하는 판단의 문제만 남을 뿐이다. 복수를 주장하는 사람들은 상대에게 본때를 보여야만 마음을 놓을 수 있다고, 참기만 해서는 압박감과 괴로움에 시달린다고 말할지 모른다. 반면 용서가 옳다고 여기는 사람은 여러 가지 상황을 두루 살피는 데 전력을 기울인다. 비유하자면 적을 무찌른다 해도 실제로는 적이 완전히 사라지는 게 아니라는 것, 보복당한 적은 다시 상황을 뒤엎을 기회를 노리다가 또 다른 보복에 나서리라는 점을 염두에 둔다. 복수는 복수를 낳는 폭력의 악순환을 경계

---

[16] 사진과 용서에 대해 논하면서 질 스코트는 수전 손택(Susan Sontag)이 지적한 전쟁 사진의 정신적 마비효과에 대해 언급했다. 그녀는 공감을 느끼는 것과 타인의 고통이 우리 안에 있는 공포심을 불러일으키는 상황에 압도되는 것은 서로 전혀 다른 문제라며 분명한 선을 그었다. 이는 폭력의 피해자들에게 공감하는 것이 아니라 그들의 고통과 동일시함으로써 자신도 그런 운명을 겪을 수 있다는 공포심에 정신적 마비상태를 겪는 것으로 봐야 한다는 뜻이다. Scott, J. *A Poetics of Forgiveness*, p 133. 이러한 구분은 피해자가 용서의 '위험성'을 어떻게 인정하고 수용하게 되는가 하는 문제와 관련이 있다.

한다.

복수의 길을 따르려는 사람과 용서를 생각하는 사람 사이에 놓인 쟁점은 각각 "어느 쪽이 더 강한 대응인가?"와 "어느 쪽이 더 긍정적인 결과를 가져오는가?"이다. 고보도-마디키젤라는 이렇게 말한다. "용서를 종종 유약함의 표현으로 간주하지만, 용서 여부에 대한 결정은 역설적으로 피해자를 가해자의 소망 열쇠를 쥔 힘 있는 위치로 끌어올린다."[17] 용서가 단순히 가해자의 소망을 들어주는 것이라면 가해행위를 "묵인해줌으로써" 도리어 피해자 자신의 힘과 영향력을 박탈당하는 결과가 빚어진다. 진정한 용서는 그런 식으로 이뤄지지 않는다. 이에 그녀는 이렇게 덧붙인다. "용서는 가해자가 저지른 행위를 결코 그냥 '넘기지' 않는다. 오히려 그것을 '넘어서는' 일이다. 인간이란 그런 존재다. '한 인간으로서 나는 네가 내게 저지른 악행을 똑같이 반복할 수 없으며 반복하지도 않을 것이다.'라는 뜻을 전달한다. 이것이야말로 피해자의 승리다." 그녀는 이를 일종의 복수라고 말한다. 단, '고귀한 복수'다. 용서는 피해자 자신, 가해자 그리고 제3자에게 인간다움이 무엇인지를 보여주는 고귀한 행위다.

고보도-마디키젤라는 그런 뜻에서 용서는 '만족감'의 요소를 내포한다고 언급한다.

---

[17] 이 문단 안에 있는 모든 인용문은 Gobodo-Madikizela, P. *A Human Being Died That Night*, p. 17 참조.

드 콕과 면담을 마치고 돌아오면서 어떤 의기양양함 같은 걸 느꼈다. 과거 그가 피해자들에게 던진 증오와 경멸 같은 비인간적인 태도로 그를 대할 수 없는 나 자신을 발견했기 때문이다. 증오감이 나를 그의 희생양으로 만들도록 내버려두고 싶지 않았다.[18]

용서는 곧 폭력의 악순환을 끝낼 수 있는 힘이다. 용서자의 승리는 적을 무찌르는 것이 아니라 교전법칙을 바꾸는 데 있다. 이는 진실화해위원회의 취지일 뿐만 아니라 '화해'를 새로운 남아프리카공화국 헌법의 주축 중 하나로 삼은 결정에도 그대로 반영돼 있다. 분노나 분개를 느끼는 사람들에게 용서는 정말이지 어렵고 힘들다. 더구나 가해자의 인정이나 후회, 뉘우침도 없는 상황에서 피해자가 진실을 놓치지 않을 유일한 방편이 분노와 분개뿐이라면 오죽하겠는가? 그럼에도 불구하고 고보도-마디키젤라는 용서하지 않는 것은 '전환'의 가능성에 문을 닫아버리는 일이라고 설파한다.[19] 단, 이러한 주장의 위험성은 용서를 자칫 특정 목표를 위한 실무전략으로 전락시킬 수 있다는 점이다.

자크 데리다Jacques Derrida는 바로 이것이 남아프리카공화국에서 실제로 일어난 일이며 용서의 순수성을 본질적으로 훼손시켰다고 비판했다. 사상적인 측면에서 반대 입장에 선 그는 용서가 "지나치게 가볍

---

18 Gobodo-Madikizela, P. *A Human Being Died That Night*, p. 118.
19 Gobodo-Madikizela, P. *A Human Being Died That Night*, p. 103.

게" 받아들여진다고 보고 "용서는 가벼운 것이 아니다. 결코 화해의 치유법 정도로 간주해서는 안 된다."고 말했다.[20] 정말로 어려운 문제가 여기에 있다. 용서가 폭력과 보복의 악순환을 전환하는 힘을 가진다면 실질적인 정치적 영향력을 띤다는 의미와도 같다. 그래서 사람들이 공적이고 정치적인 과정에서 용서를 '이용'하려 들면 그 힘이 변질돼버리고 결국은 그 전환적 힘이 사라지거나 타락하거나 무가치한 목적을 위한 수단으로 굴러떨어진다.

토머스 브러돔은 진실화해위원회 관계자들을 겨냥하며 용서와 복수는 양자택일의 차원이 아니라 여러 가지 가능한 반응들의 양 극단임을 제대로 이해하지 못한다고 비난한다.

> 용서냐 아니면 복수-증오-비통이냐 하는 양자택일적 사고의 함정에 빠진 이분법은 두 선택의 양 극단 사이에 존재하는 여러 가지 가능한 태도와 반응의 실제적 스펙트럼을 무시하는 관점이다. 용서의 악의적 반대가 복수라는 식의 시각은 범죄자의 정당한 법적 기소와 처벌을 원하는 피해자의 입장을 제대로 대변하지 못한다.[21]

브러돔은 진실화해 추진과정에서 용서의 길을 택하지 않은 사람들을 병적인 문제가 있는 양 몰아붙이는 경향이 있었다고 질타한다. 분

---

20 Derrida, J. *On Cosmopolitanism and Forgiveness*, p. 41.
21 Brudholm, T. *Resentment's Virtue*, p. 29.

노와 분개가 사람을 사악하고 쇠약하게 만든다고 보고, 피해자들에게 용서가 정신건강에도 좋으니 어서 하라고 부추겼다는 것이다(치유 목적에 주안점을 둔 "용서는 당신에게 좋다."라는 주장이 대표적이다). 이런 문제 제기는 어느 면에서 타당하다. 브러돔은 홀로코스트와 아파르트헤이트 이후 정의와 기억의 문제를 비교한 로렌스 랭거Lawrence Langer의 글을 인용해 이렇게 서술한다.

> 동포를 배신, 약탈, 살해한 자들을 계속해서 증오하는 홀로코스트 생존자들의 증언을 직접 들은 사람들(혹은 그들을 개인적으로 아는 사람들)이라면 그러한 증오가 그들의 인생관에 (당연히) 영향을 미치긴 했어도, 그들의 삶까지 좀먹거나 망쳐놓진 않았다는 걸 충분히 알고도 남을 것이다.[22]

이 같은 지적은 다른 맥락에서 나오긴 했지만 전혀 일리 없는 얘기는 아니다. 삶이나 건강을 해치지 않으면서 강한 분개를 품는 일은 실제로 가능하기도 하거니와 정의를 위해 꼭 필요하기도 하다. 우리 자신의 행복을 포기하고 정의로운 대의를 지키는 것이 더 올바를 때도 있다. 개인적인 행복이 윤리의 궁극적 기준은 아니기 때문이다. 그렇지만 공공연한 용서 남발이 위험하듯 분개나 적개심에 지나치게 매달리는 일도 위험하다. 따라서 그 위험성을 최소화하기 위해 주관적 요

---

[22] Langer, L. 브러돔 인용, T. *Resentment's Virtue*, p. 39.

소와 객관적 요소를 동시에 고려해야 한다. 가령 특정한 상황에 처한 사람에게 용서를 권할 수 있다. 그렇다고 이 일이 다른 상황에 놓인 이에게까지 같은 방식의 용서를 권할 명분은 못 된다.

특수한 과도기적 상황에서 진실화해위원회가 이룬 성과를 기준삼아 전혀 다른 경우들을 재단해서도, 똑같은 성과를 이뤄내야 한다거나 이뤄낼 수 있다고 예단해서도 안 된다. 아파르트헤이트 종식을 기점으로 진실화해위원회의 판단을 미루어 짐작컨대, 진실화해를 추진했던 사람들에게 정치적 과도기란 과거 입에 올릴 수조차 없었던 용서가 현재 권장할 만한 가치이자 덕목이 된 시기임을 뜻했다. 다시 말해 그들에게 정치적 과도기란 불가능하고 부적절하던 것이 합당하고 기적적인 것으로 바뀔 수 있는 가능성의 시기였던 셈이다.

'용서 부추기기'를 비판하는 사람들은 역사적 격변의 시기, 더구나 공적이고 정치적인 상황 아래, 기독교 교리나 현대 심리학에 치우친 용서는 대단히 심각한 결과를 불러올 수 있다고 우려한다. 용서의 의미를 임의대로 곡해하거나 지나치게 단순화하기 십상이라는 근거에서다. 여기에는 진실화해위원회를 모든 용서 과정의 전형으로 보거나, 그 과정의 결실을 모든 용서의 기준으로 삼는 것은 결코 현명치 못한 일이라는 생각이 깔려 있다.

그러나 비판적 견해라고 해서 진실화해위원회가 추구한 가치, '용서'라는 말이 지닌 진정한 의미, 여러 용서 이야기에서 드러난 용서의 본질까지 비난하거나 부정하지는 않는다. 그 대신 진짜 용서 이야기는 '용서지상주의자들'의 말처럼 그렇게 흔하지 않다는, 어쩌면 훨씬 드물지도 모른다는 사실을 상기시킨다. 진짜 용서 이야기는 생각만큼 줄거리가 잘 짜여있는 것도 주인공이 의지대로 이끌어가는 것도 아니다.

결론적으로 고보도-마디키젤라가 들려준 용서 이야기는 진실화해위원회를 통해 시작됐지만, 사면 문제와는 전혀 얽히지 않았다는 측면에서 우리에게 중요한 시사점을 제공한다. 피해자들에게 '용서받은' 드 콕은 지금도 감옥에서 212년형을 복역 중이다. 그가 만약 사면받았더라면 이야기는 전혀 달랐을 것이다. 어쩌면 '용서 이야기'가 아니었을지도 모른다.

모든 용서 행위는 보다 넓은 역사적·사회적·정치적 맥락 안에서 일어난다. 동시에 각각의 용서 행위는 정도는 다르되 다시 그 맥락에 영향을 미친다. 용서를 분노에 찬 개인이 특정 상황에서 취하는 행동이나 과정(이를테면 객관적이고 합당한 정의실현 행위)으로만 보면, 가해 행위와 이를 둘러싼 전체적인 맥락 그리고 용서든 복수든 그에 따라 나타날 후속 과정들을 제대로 파악하는 데 어려움을 겪는다. 실제 용서는 복잡한 맥락, 즉 일종의 영적·윤리적·관계적 생태계 안에서 이뤄지게 마련이다. 이 말은 용서가 무조건 상황에 좌우된다는 뜻이라기보다 용서가 상황을 전환시킬 힘을 지닌다는 의미다.

이 전환의 힘이 어떤 위원회의 노력이라든가 심리학적인 과정으로 생긴다고는 보지 않는다. 정말로 중요한 건 명확한 인과관계를 확인하기 어려운 공적인 정치의 장과 소위 우리가 말하는 '용서'를 연결시키려는 다층적이고 다각적인 소통이다. 대화의 끈을 이어가고 거기서 새로운 사실을 알아가고 실패와 성공을 겪어나가는 일이 진정 책임감 있는 태도다. 용서와 복수를 양자택일의 문제로만 보고 양 극단 사이에 치유 공간이 열려 있다는 희망을 버리는 것은 전혀 도움되지 않는다. 오히려 용서는 감정적 고려와 윤리적 고려 양쪽을 '통합'하고, 나아가 '초월'하는 일이다. 또한 피해자가 더 이상 피해자로 머물지 않게 되는 날이 올 때까지 혹시라도 발생할지 모를 여러 개인적·상황적 문제들을 슬기롭게 극복해 나가는 일이다.

질 스코트는 용서를 "정당한 복수에 대한 회의에서 용서에 대한 중립적 수용을 거쳐 가해자에 대한 충일한 인간애"로 진전해나가는 일종의 연속체로 본다.[23] 그녀는 이어 "그러므로 용서의 실천은 끊임없는 소소한 제스처와 의도들을 포함한다."고 말한다. 또한 그녀는 "그 외에도 용서의 스펙트럼 안에는 분개심과 복수심 같은 감정들도 같이 들어 있는 까닭에 용서 과정을 거치면서 이러한 감정들이 종종 터져나오기도 하고, 심지어 수년이 지난 후에 불쑥 올라오기도 한다."고 덧붙인다.[24]

한편 고보도-마디키젤라는 우리가 진지하게 자문해야 할 것은 사회적 환경이 용서를 북돋우는 분위기냐 아니면 가로막는 분위기냐라

---

[23] Scott, J. *A Poetics of Forgiveness*, p. 199.
[24] Scott, J. *A Poetics of Forgiveness*, p. 199.

고 강조한다. "문제는 피해자가 가해자를 용서할 수 있는가 아닌가가 아니라 우리(우리의 상징, 언어, 정치, 법, 언론, 학계)가 복수의 대안을 생각할 만한 환경을 조성하고 있는가 아닌가"라는 뜻이다.[25] 이는 수십년에 걸친 독재나 압제에서 풀려난 국가에만 해당하는 질문이 아니라 언제 어느 때라도 가정과 국가 모두에 적용되는 질문이다. 또 가해자는 우리와 '다른' 인간이기 때문에 반드시 처벌하거나 격리해야(또는 처벌과 격리 모두) 하는가의 문제가 아니라 가해자도 우리와 '같은' 인간이기 때문에 공동체의 일원으로 받아들여야 하는가의 문제다(여기서 말하는 '우리'란 직간접적인 피해자뿐만 아니라 더 넓은 의미에서 가까운 제3자와 낯모르는 방관자까지 모두 포함한다).

질문을 좀더 단순하게 제시하자면 다른 사람에게 심각한 해를 입히거나 폭력을 일삼거나 부당한 억압을 가한 자들에 관해 말할 때, '그들'이라고 표현할 것이냐 '우리'라고 표현할 것이냐의 문제다. 간단한 질문 같지만 정신과 심리, 윤리와 정치 문제가 한꺼번에 뒤엉킨 매우 복잡하고 어려운 질문이다. 특히 우리가 피해당사자이거나 또는 피해자와 가까운 사람일 때는 더욱 그럴 수밖에 없다.

---

25 Gobodo-Madikizela, P. *A Human Being Died That Night*, p. 118.

달갑지 않은 공감

내가 고보도-마디키젤라의 이야기를 이렇게까지 길게 다룬 이유는 그녀가 제기한 문제가 용서의 심리, 그러니까 결국 용서의 현실적 차원에서 가장 핵심적인 열쇠라고 믿기 때문이다. 그 문제는 다름 아닌 공감이다.

우리가 분노라는 감정을 통해 우리 자신이나 지인에게 크나큰 피해를 입힌 자들과 거리를 두려는 까닭은 만일 그들을 우리와 같은 인간으로 대하면, 우리의 도덕적 입지가 손상될 뿐만 아니라 그들의 공동체 진입 문턱을 낮추게 되리라는 두려움 때문이다. 내가 드 콕을 면담하는 내내 몸부림치며 저항했던 두려움도 살인자의 입장에 서지 않을 수 없게 만드는 공감에서 비롯됐다.[26]

용서라는 문제에서 마주치는 가장 심오한 측면은 상상이다. 우리에게 가혹한 상처를 준 자를 용서하는 일은 정말 상상도 할 수 없다. '상처의 황무지'에서 용서를 떠올리기란 도저히 힘들다. 충격이 가시지 않은 상태에서는 육체적·심리적 고통에 온통 신경이 쏠릴 수밖에 없다. 그럼에도 불구하고 피해 당사자뿐만 아니라 피해자에게 동조하게

---

26 Gobodo-Madikizela, P. *A Human Being Died That Night*, p. 120.

마련인 공동체 차원에서도 공감은 매우 중요한 문제다.

우리는 피해자의 이야기를 들을 때 대체로 피해자와 우리 자신을 동일시한다. 어디선가 들려오는 어린아이의 고통스러운 울음소리에 무의식적으로 강하게 이끌리는 것과 같은 이치다. 반면 힘없는 노인에게 무자비한 폭력을 휘두른 자에게 어떻게 공감할 수 있겠는가? 아동 성폭력범이나 상습강간범은 또 어떤가? 무고한 여성들을 잔인하게 살해한 피터 서트클리프Peter Sutcliffe(1980년대 요크셔 리퍼The Yorkshire Ripper로 악명 떨친 연쇄살인범. ―옮긴이)나 로즈마리 웨스트 같은 연쇄살인범, 드 콕 같은 만행을 저지른 자, 나치정권 주동자나 유대인 포로수용소에서 악랄한 고문을 자행한 자들에게는?

이들의 극악무도한 범죄는 말만 들어도 소름끼치도록 혐오스럽다. 상상 못할 범죄를 저지른 자들에게 공감하는 일은 거꾸로 우리를 아주 위험한 곳, 극도의 잔인성이 모습을 드러낸 곳으로 끌어다놓는 행위와 같다. 피도 눈물도 없는 자들에게 공감하기 위해 그 냉혹함과 비정함을 우리 스스로 상상해야 하다니……. 하지만 냉혹함과 비정함을 상상한다고 해서 스스로 그런 사람이 된다는 뜻은 아니다. 오히려 그 반대다. 왜냐하면 그런 자들에게 공감하는 과정 속에는 피해자에 대한 공감도 함께 들어 있을 수밖에 없기 때문이다.

잔악무도한 가해자들에게만 전적으로 공감한다는 건 스스로를 그들과 똑같은 사람으로 만드는 위험을 자초하는 일이다. 한편 피해자뿐만 아니라 가해자와도 공감한다는 건 가슴이 찢어지는 고통을 감수해야 하는 일이다. 절로 탄식의 한숨을 자아내는, 용서자가 택하지 않으면 안 되는 고되고 힘든 길이다. 감정적인 십자가형을 지는 일과 매한가지다. 제3자의 입장에서 느끼는 감정이 이럴진대 피해자라면 오죽하겠는가?

가해자에게만 무조건적으로 공감하는 피해자는 자신의 상처에 대한 현실감은 물론, 분노나 분개라는 정당한 감정에 대한 현실감까지 잃을 위험이 있다. 실제로 잃기도 한다. 독재자, 상습폭력범, 협박범들의 가혹행위는 이 무조건적인 공감에서 나온 인내를 동력으로 삼아 그칠 줄 모르고 무섭게 내달리는 습성에 기인한다. 피해자가 진정으로 용서하는 마음을 가지려면 자신의 부당한 상처와 피해에 대한 현실감을 잃어선 안 된다. 오히려 현실감이라는 토대 위에서 가해자에게 공감의 손을 내밀어야 한다. 용서는 상처의 황무지에서 시작되지만, 자신이 디딘 곳이 상처의 황무지라는 현실조차 깨닫지 못한다면 용서는 시작조차 불가능하다.

고보도–마디키젤라는 공감을 다음과 같이 표현한다. "공감이란 가해자에게 손길을 건네며 이렇게 말하는 것과 같다. '내게 준 고통으로 인해 당신이 느낄지 모를 고통을 나도 함께 느낄 수 있습니다.'"[27] 하지만 이는 문제의 절반만 헤아린 말이다. 이보다는 "비록 내 마음은 당신이 준 고통으로 가득 차 있지만 내게 준 고통으로 인해 당신이 느낄

---

27 Gobodo-Madikizela, P. *A Human Being Died That Night*, p. 127.

지 모를 고통이 들어올 자리도 내 마음속 공간에 남겨두려 노력합니다."여야 한다. 이렇게 표현해야만 용서는 확실히 보장된 것이 아니며 미리 결론짓거나 강제할 수도 없고 얼마만큼의 시간이 걸릴지조차 모르는 일이라는 점이 분명해진다. 또한 충만한 삶은 사람 사이의 연대와 유대감, 즉 '공동체'와 '교감'이 있는 곳에서만 가능하다고 믿는 이들에게 용서는 선택이 아니라 인간의 책무라는 점도 명확해진다.

지금 말한 모든 것이 쉬우리라고는 절대로 생각지 않는다. 한번은 교도소 교정위원을 지낸 한 사제가 여성을 강간살해하고 그 인육까지 먹은 죄수의 손에 영성체를 쥐어줄 때 느낀 복잡한 심경을 내게 토로한 적이 있다. 영성체는 다층적이고 다차원적인 의미를 내포하지만 대표적인 의미를 꼽자면 '연결성'과 '용서'다. 성찬례를 하며 우리는 *우리 모두를 아우르는 공통성*, 결속 그리고 유대감을 깨닫는다. 이러한 차원에서 볼 때 사제에게 그 경험은 분명 버거운 도전이었으리라. 또 다른 섬뜩한 인간 앞에 선 우리의 내면을 마주봐야 하는 동시에 신의 용서는 인간의 능력을 뛰어넘는 것이라는 명백한 증거와 맞닥뜨려야 하는 도전이기 때문이다.

고보도-마디키젤라는 드 콕의 이름을 편하게 부르게 되면서 동료들에게 그에 대해 조금씩 공감하기 시작했다고 털어놓았다. 그녀로선 동료들의 반응이 궁금하기도 했을 터. 하지만 막상 동료들은 이를 두고 몽상적이다, 이해할 수 없다, 심지어 뭔가 문제가 있다는 식으로 대부분 좋지 않게 평했다. 이러한 반응에 대해 그녀는 "악의 내면을 파악하기 위해 그 사고 과정을 뒤밟아보려는 시도, 대중매체의 고정관념과 손쉬운 증오의 차단막을 벗겨내고 진실을 밝히려는 노력"을 부정하거나 묵살하는 태도라고 반박했다.[28] 물론 고도보-마디키젤라가 동료들의 반응을 이해 못하는 바는 아니었다.

같은 인간이라는 이유만으로 악마나 다름없는 자와 나를 연관 짓는 건 정말이지 꺼려지는 일이다. 내 안에 존재하는 잠재적인 사악함까지 대면하게 만들기 때문이다. 소름 돋는 발자국을 남기며 살아온 자를 동정하고 용서하는 행위는 마치 한 밥상 앞에 무고한 피해자와 사악한 가해자를 마주 앉히는 일이나 마찬가지다. 생각만으로도 밥맛 떨어지는 일일 수밖에 없다.[29]

타인에게 수치심을 준 것도 모자라 이들의 정체성마저 뒤흔들어놓을 만큼 심각한 상처를 입힌 행위는 지독한 혐오감과 반감을 불러일으키기에 충분하다. 그 끔찍한 행위에 본능적으로 표출되는 격분과 절규의 반응은 피해자와 연대감을 유지하고 사회를 결속시키는 하나의 방편이기도 하다. 반면 아무런 반응을 보이지 않음으로써 고의적인 잔혹범죄가 마음대로 활개치도록 놔둔다면 우리의 삶은 '공동체'와 '교감'과 영영 멀어지게 된다. 한마디로 지옥 속에서 살아가게 된다는

---

28 Gobodo-Madikizela, P. *A Human Being Died That Night*, p. 123.
29 Gobodo-Madikizela, P. *A Human Being Died That Night*, p. 123.

말과 같다. 누군가로부터 언제라도 해를 입을지 모르는 지옥, 자아가 분열되고 희망이 붕괴되는 지옥, 치유 가능성을 전혀 기대하기 힘든 지옥이다.

피해자가 가슴속 깊은 비탄과 고통의 지옥에서 벗어날 유일한 길이 있다면 아무리 오랜 시간이 걸릴지라도 귀 기울여 듣는 공감의 자세를 수용하겠다는 마음이다. 이러한 마음가짐만으로도 이미 치유의 길에 들어선 것이나 다름없다. 산산조각난 마음을 다시 하나로 그러모을 수 있게 해주기 때문이다. 또한 누군가에게 이해와 인정을 받는다는 느낌은 소외되었던 내 안의 자아를 다시 보듬어 안게 해주고 참을 수 없는 기억을 참을 수 있게 해주며 사별로 인한 견딜 수 없는 상실감속에서도 다시 미래를 꿈꾸게 해준다. 이는 인간의 치유에 대한 놀라운 증거이자 용서로 가기까지 거쳐야 할 기나긴 과정의 첫 시작이다.

그 다음 단계로 나아가려면 피해자는 스스로 느끼는 분노와 분개가 정당하다는 것과 가해자의 인간성이 무르고 약하다는 것, 어쩌면 아예 무너진 상태라는 것도 함께 살펴야 한다. 그러고 나면 백척간두에 서 있는 가해자의 인간성이 보이기 시작하면서 그가 절박하고 위태로운 형국에 처했다는 사실까지 헤아리게 된다. 용서하는 피해자, 아니 용서하는 마음을 가진 피해자에게 비로소 한 인간으로서의 가해자 모습이 눈에 들어온다. 이러한 공감적 관심은 가해자에게 후회나 뉘우침의 기색이 엿보이는 데서 출발한다. 그 후회나 뉘우침을 과연 믿어도 되는 것인지 아닌지는 그 다음 문제다.

물론 공감이라는 요소 없이도 피해자가 가해자에게 관용을 베풀 수 있다. 가령 불행한 성장과정을 겪은 사람이기 때문에 그런 일을 저질렀을지 모른다, 어쩌면 가해자 자신도 과거 피해자였을지 모른다고 직관적으로 이해할 수도 있다. 인식은 그렇게 하더라도 용서하는 마음을 가진 현명한 피해자는 가해자에게 성급히 면죄부를 주지 않는다. 이를테면 가해자가 한때 심한 상처를 받았기 때문에 그런 범죄를 저질렀을지 모른다고 쉽사리 말하지 않는다. 혹은 가해자의 과거가 현재의 범죄행위를 충분히 납득시키는 사유가 된다거나 심지어 무죄를 입증하는 근거가 된다고 섣불리 말하지 않는다.

현명한 피해자가 이런 논리의 함정에 빠지지 않는 이유는 학대는 학대를 낳고, 폭력은 폭력을 낳고, 복수는 복수를 낳는 무한반복의 악순환에 결코 끝이 없다는 사실을 잘 알기 때문이다. 그러므로 현명한 피해자는 이렇게 생각할 것이다. '그 행위는 절대 정당화될 수 없다. 그 어떤 경우에도 변명의 여지가 없다. 나는 아직도 상처로 고통받고 있지만 상처의 결과에만 집착하지 않겠다. 이미 지난 일로 더 이상 격분하지 않겠다. 그건 나의 존엄성을 주장하는 올바른 방법이 아니다. 그렇다면 이제 분노, 분개, 원한을 놓아버리자. 내 안에 가해자를 가둔 차가운 감옥의 자물쇠를 풀고 그를 내 공감적 상상의 공간으로 불러들이도록 노력해보자. 그에게도 치유의 기회가 될지 모른다. 내가 이렇게 하는 첫 번째 이유는 내 마음속 감옥을 비워내는 게 스스로에게 이롭기 때문이다. 분노, 분개, 원한은 평생 짊어지고 가기엔 너무나 무거운 짐이다. 두 번째 이유는 폭력과 보복의 고리를 끊기 위해 이것이 내가 할 수 있는 최선이기 때문이다. 이 악순환은 그 어떤 가혹 행위보다 파괴적이다.'

기독교 신학이라는 측면에서 본다면 이런 뜻도 될 것이다. '내가 용서하는 이유는 용서가 *피해자로의 나를 내어주는 선물*이자 하느님의 나라를 맞이하는 도리이기 때문이다.'

용서의 결과는 다름 아닌 부활이다. 피해자는 이제 더 이상 피해자나 부당한 상처에서 살아남은 생존자가 아니라 승리자로 거듭난다. 한쪽이 이기고 다른 한쪽이 지는 의미로서의 승리가 아니다. 진정한 용서는 되돌릴 수 없는 것을 되돌리는 반전의 제로섬 게임이 아니다. 진정한 초월과 부활의 문제다. 가해자를 꺾고 피해자가 이기는 승부가 아닌, 오히려 피해자가 가해자에게 치유와 자유의 기회를 주는 선물이다. 진정한 용서가 진정 꺾어야 할 대상은 죽고 죽이는 악의 흉포한 힘이다. 악에 대한 자비의 승리, 비정에 대한 공감의 승리다. 소외에 대한 치유의 승리, 냉혹함에 대한 관대함의 승리다. 용서하는 마음은 죽음이 아닌 삶을 선택하며 그 대가로 피해의식이 지배했던 과거 대신 새로운 가능성이 열리는 미래를 얻는다. 거기서부터 용서할 수 있는 힘이 자라나고 그 힘으로 선순환이 일어나며 연이어 죄와 악의 세계에도 변화를 몰고 온다.

그러나 이러한 용서 과정이 정의의 대가로 이루어지는 것이 아님을 결코 잊어서는 안 된다. 품라 고보도-마디키젤라가 드 콕의 '방아쇠 손'을 잡아주었다고 해서 혹은 그의 친근한 이름을 불러주었다고 해서 그가 사면받아야 한다는 뜻은 아니다. 살인범이 영성체를 받았다고 해서 감옥에서 풀려나야 한다는 뜻도 아니다.

정의 과정과 용서 과정은 별개다. 정의 과정이 국가 또는 공동체와 범법자 간 문제라면, 용서 과정은 인간과 인간 간 문제다. 용서 과정을 피해자와 가해자 간 문제로만 보면 용서하는 마음, 용서의 정신을 담아내는 데 한계가 있다. 그보다 더 넓은 차원에서 보면, 용서는 상처의 황무지라는 거칠고 메마르고 차디찬 돌무더기 땅을 헤치고 앞으로 나아가는 것을 의미한다. 그렇다고 문제를 부정하거나 가해자를 묵인하는 것도 아니요, 우리를 황무지로 데려갔던 그 일을 잊어버리는 것도 아니다.

품라 고보도-마디키젤라의 책 《그날 밤 한 사람이 죽었습니다》는 우리에게 달갑지 않은 공감이 용서 과정에서 얼마나 중요한 것인지를 잘 말해준다. 피해자가 분노와 분개라는 정당한 감정을 무시하려는 유혹을 이겨내고 궁극적으로 '피해자로서의 나를 내어주는 선물'을 건넬 때 비로소 용서가 이뤄진다. 그 선물은 바로 치유다. 그러나 치유로 가기까지의 여정은 고통이다.

| 10장

다시 상상하는 용서

나는 1987년 사제 서품을 받은 이래 용서를 이해해야 할 필요성을 절실하게 느꼈다. 왜냐하면 용서는 성체성사에서 중요한 의미를 띤 말이기도 하지만, 무엇보다 기독교 정체성의 특징적인 개념이기 때문이다. 나는 심리학과 신학 둘 다 공부했으면서도 용서의 개념이 도무지 손에 잡히질 않았다. 철학자들과 윤리학자들이 쓴 온갖 글들을 섭렵하며 일부는 명확하게 파악했지만 그래도 내가 문제의 핵심에 가까이 다가선다는 확신은 들지 않았다. 박사과정을 밟는 동안에도 여전히 이 문제의 발치에 머물러 있음을 깨달았을 뿐이다. 솔직히 이 문제에 진지하게 임해보기도 전에 말문부터 막힌 적이 한두 번이 아니었다. 이후 다른 활동에 참여하며 다른 쪽으로 관심을 돌려보기도 했지만 용서의 근본적인 물음이 내 뇌리에서 떠나질 않았다. 그동안 용서에 대한 불완전한 이해를 다 내가 부족한 소치로만 여겼다. 그러나 경험과 공부가 쌓이면서 전부 나 때문만은 아니라는 소신을 갖게 되었다.

용서는 수수께끼 같으면서도 의외로 확신할 수 있는 것이기도 하다. 문제는 용서의 진실이 사람들이 기대하는 것보다 특히 그리스도인들이 널리 전파하려는 소위 '용서 신화'보다 훨씬 더 어둡고 어려우며 고통스럽다는 점이다. 그럼에도 불구하고 이 괴로운 진실 뒤에는 확실히 깊고 긍정적인 무언가가 존재한다. 용서에 대한 환상은 그 누구에게도 도움이 되지 않는다. 반면 바깥의 혼돈뿐만 아니라 내면의 고뇌까지도 끌어안는 진정한 용서는 분명 치유의 힘을 지닌다.

수많은 일들이 발생했던 지난 사반세기 동안 용서에 관한 연구도 활기를 띠면서 보완적이고 내실 있는 방향으로 발전해왔다. 용서라는 말이 일상적으로 흔히 쓰이기 시작했고 공공연하게 거론되기도 했다. 더욱이 동유럽의 정치적 격변에서부터 아파르트헤이트 종식, 9·11 사태에 이르는 일련의 굵직한 사건들이 우리의 도덕적 상상력과 영적 감수성을 자극하면서 '자유롭게 풀어줌'의 의미를 담은 '용서'란 말 자체도 자유롭게 풀려났다.

최근 다 읽기도 어려울 만큼 용서에 관한 책들이 속속 출판되고 있다. 그중 가치 있고 흥미로운 책들이 잇달아 내 발목을 잡는 바람에 이 책의 집필 작업이 몇 번이나 지연되기도 했다. 특히 질 스코트의

《용서의 시학》이 정말 많은 도움을 주었다. 스코트가 표현한 "시적"이라는 말은 '서정적' 혹은 '낭만적'이라는 뜻이 아니라, '창조성'에 대한 언급이다. 용서는 말 그대로 '창조되는' 것이라는 뜻이다. 전혀 달라질 수도 있었을 정체성과 관계에, 나아가 공동체와 국가에 새로운 미래를 불러들이는 것이기 때문이다.[1] 창조성은 보다 넓은 관점에서 용서를 상상 가능한 것으로 바라보게 해준다. 이는 우리 눈의 초점을 용서의 정의에만 맞추지 않고, 윤리학 신학 심리학 등 특정 분야의 시각에서 벗어나 여러 가지 통찰들을 두루 꿰뚫어보도록 우리 눈을 활짝 뜨는 것임을 일깨워준다.

자크 데리다는 용서할 수 없는 것을 용서하는 것만이 진정한 용서이며 그와 같은 "순수한" 용서는 "미친 짓"이라고 말했다.[2] 이 표현은 매우 고무적이다. 용서가 무슨 뜻이든 무조건 윤리학 심리학 신학이라는 '이성적' 범주 안에 넣어서 생각하려는 시도가 도리어 잘못이라는 입장에 힘을 실어주는 발상이기 때문이다. 용서는 현실인 만큼 피할 수 없다. 따라서 현실적인 개념과 행동의 판단근거가 될 만한 기준을 새롭게 창출할 필요가 있다. 데리다의 "용서는 미친 짓"이라는 말은 용서는 결코 "계산적이거나 규범적일 수 없는 것"이라는 뜻과 같다. 그러므로 용서는 반드시 "새로운 것," "예기치 못한 것"을 수반할

---

[1] Scott, J. *A Poetics of Forgiveness*, p. 3.
[2] Derrida, J. *On Cosmopolitanism and Forgiveness*. 데리다는 이 책에서 "우리는 오직 용서할 수 없는 것만 용서할 수 있다."는 견해를 밝혔다.

수밖에 없다.[3] 이 주장은 정치적·개인적·영적 자유가 있는 사람만이 창조적이며 또 그런 사람만이 용서할 수 있다는 논리로 이어진다.

진정한 용서는 판에 박힌 정형화된 공식이 아니다. 품라 고보도-마디키젤라는 "용서는 이런 것이다, 혹은 저런 것이다."의 문제에서 벗어나 "용서가 자랄 수 있는 환경을 사회가 어떻게 조성할 것인가?"의 문제로 옮겨가야 한다고 주장했다.[4] 물론 여기서 "그렇다면 그 조건은 무엇인가?" "용서를 얼마만큼 장려해야 하는가?"의 문제가 다시 제기되지만 핵심요지는 선명하다. 즉 "자유롭고 창조적인 사람만이 용서할 수 있다면 그리고 용서가 좋은 것이라 믿는다면, 결코 피해자들에게 용서를 강요해선 안 되며 오히려 그들이 더 자유로움을 느낄 수 있도록 힘을 북돋워줘야 한다. 또 피해자들이 자기 자신과 다른 사람들을 자유롭게 해줄 수 있는 한 가지 방법이 있다면 그 역시 용서다."

순환논리로 들리겠지만 사실 그대로다. 용서와 자유는 스스로 선순환의 소용돌이를 만들어낸다. 증오와 복수라는 악순환의 소용돌이로 빨려 들어가지 않기 위해서는 먼저 이 선순환의 소용돌이 안으로 발을 내디뎌야 한다. 이렇듯 용서는 일회성 이벤트가 아닌 역동성이다. 용서는 마음의 문제이자 개인적이고 실천적이며 때론 정치적인 정신

---

[3] Niva Arav, 'To Exceed the Scene of Economy: Derrida's Forgiveness and Responsibility,' Bloch-Schulman, S. and White, D. (eds) *Forgiveness: Probing the Boundaries*.
[4] 이 책, pp. 244-245

이다.

나는 남들이 줄곧 일컫기도 하지만 스스로 인정하기에도 이른바 '반反정형주의자box-ist'다. 사람이든 개념이든 뭐든 상자나 카테고리 안에 집어넣는 건 질색이다. 어쩌면 나의 이 같은 성향이 나를 용서 연구로 이끌었는지도 모르겠다. 반反카테고리 개념이라는 게 있다면 그건 바로 용서다. 용서는 그 정의상 온갖 '묶어두기'나 '닫아두기'와는 상당히 거리가 멀다. 용서의 본질과 의미 또는 실제에 대한 모든 언급에는 이 점을 반드시 반영해야 한다.

만약 용서를 어떤 하나의 관념 안에 짜맞추려 한다면 그것이야말로 '미친 짓'이다. 마찬가지로 만약 누군가가 용서를 삶의 유일한 철학이나 관념으로 삼으리라 말한다면 아마도 '미친 사람'으로 치부될 것이다. 물론 도덕적으로도 옳지 않은 일이다. 따라서 기독교적 관념만으로 용서의 당위성을 논해서는 안 된다.

창조성

용서에 대한 진지한 고민을 촉발시킨 질문은 첫 장에서 언급한 10대 아들을 잃은 한 어머니와의 만남에서부터 시작됐다. 그 질문은 구체적으로 이렇다. "참혹한 일을 당한 피해자가 용서에 관해 물을 때 과연 어떤 말을 해줄 것인가?" 그리고 그 연장선상에서 "피해자가 우리 자신이라면 어떻게 할 것인가?" 용서를 주제로 한 철학논문에서 아우렐 콜나이Aurel Kolnai는 용서의 정당성과 필요성을 반증하는 극명한 사례를 제시했다.

그의 주장에 의거하면 가해자의 잘못을 묵인하는 일과 뉘우침에 응답하는 일은 용서 문제에 관한 한 별반 차이가 없다. 전자는 명백히 잘못된 일이므로 용서가 아니다. 후자 역시 가해자의 변화를 인정한 것일 뿐 용서는 아니다. 콜나이는 여기에 보다 복잡하고 현실적인 상황을 대비시킨다. 즉 가해자가 "전격적이고 근본적인 마음의 변화"를 보이지 않음에도 불구하고 피해자가 가해자의 변화 가능성에 대해 믿음을 지닌 경우다. 그는 이것이야말로 용서라고 역설했다. 용서는 가해행위를 묵인하는 것도 아니요, 가해자의 변화를 그저 인정만 하는 것도 아닌, 가해자를 "다시 받아들이는 일"이라면서 이를 "관대한 신뢰의 모험"이라 표현했다.

콜나이가 이 이론을 정립한 이래 용서 연구가 여러 방면으로 전개됐지만, "관대한 신뢰의 모험"이라는 개념만큼은 지금까지도 상당히 가치 있는 접근으로 평가받는다. 단, 많은 학자들과 마찬가지로 콜나이는 상처의 두 번째 단계에 해당하는 상황에 특히 관심을 두었다.[5] 부당하긴 하지만 혼란스러운 감정 분출을 야기하지 않는, 파괴적인 수준보다는 훨씬 낮은 '실제적 상처'를 주로 다룬 것이다. 그런 측면을

---

5 Kolnai, A. 'Forgiveness,' p. 100.

고려하여 질 스코트의 통찰과 함께 엮는다면 "관대하고 *창조적인* 신뢰의 모험"으로 용서를 정의해볼 수 있겠다.

"창조적인"을 덧붙인 이유는 용서를 '과정'이라는 말에서 벗어나게 하려는 의도다. 물론 용서가 즉각적으로 이루어질 리는 만무하더라도 '과정'이라는 말이 담은 의미가 너무나 제약적이기 때문이다. 정확히 말해서 '과정'이라는 말은 용서가 시간이 걸리지만 그래도 이성적이며 통제·관리가 가능하다는 의미를 부여한다. 심지어 '종결'의 가능성까지 내비친다. 나는 용서를 틀에 갇힌 과정으로 보지 않는다. 한편 스코트가 창조성을 용서의 핵심에 놓았듯이 제임스 알리슨James Alison도 반反인과응보설을 토대로 용서에 관한 새로운 사고방식을 제안했다.

내 견해와 꽤 유사한 결론에 도달한 알리슨의 연구는 실상 나와는 전혀 다른 분야에서 출발했다. 그의 관심사는 "동성애자들에 대해 수십년 동안 계속돼온 가톨릭 교회의 증오와 폭력을 동성애신자들이 어떻게 용서할 것인가?" 하는 문제였다. 특히 새천년이 시작되는 해에도 교회 측으로부터 아무런 사과 표명이 없자 이에 크게 실망한 사람들은 공식적인 사과를 요구하며 거세게 항의했다. 알리슨은 이 사태를 폭력과 보복의 양상이 그대로 반영된 예로 간주하고, 이런 상황이라면 바티칸 교황청이 차라리 사과하지 않는 편이 낫다는 주장을 폈다. 교황청 측에 마음의 변화가 엿보이지 않는데다 상대 쪽도 불평불만이 더 앞서기는 마찬가지이므로 소란스러운 와중에서 표명되는 용서는 결코 바람직하지 않다는 이유를 내세웠다.

알리슨은 비폭력적인 형태의 용서를 특히 강조한다. 용서하는 자가 우월감을 지녀서도 용서받는 자가 굴욕감을 느껴서도 안 된다는 알리슨의 견해는 그 자체로 타당할 뿐만 아니라 이 책이 도달한 결론과도 상당 부분 일치한다. 예를 들어 그는 용서 표명을 통해 "새로운 우리"가 탄생한다고 주장한다. 용서는 "과거의 우리와 그들"로 계속 머무르게 하지 않지만 그렇다고 "새로운 우리와 그들"로 만들지도 않는다며, 용서는 상처를 극복하는 과정의 맨 마지막 단계가 아니라 오히려 그 첫 단계라고 알리슨은 말한다. 가해자의 마음의 변화를 받아들이고 이끌고 북돋우는 일이 피해자의 용서라고 보기 때문이다.

다만 용서가 뉘우침보다 선행한다는 생각은 속죄가 이뤄지는 방식에 관한 그의 재해석을 있는 그대로 살펴볼 때, 신학적인 관점을 적용한 결과로 보인다.[6] 인간이 신과 같은 방식으로 용서할 수만 있다면 이는 이치에 전혀 어긋나지 않는다. 하지만 그가 의미하는 용서를 수많은 용서개념 중 하나인 신성한 용서쯤으로 간주한다 해도 인간의 용서와 신의 용서에는 큰 차이가 있다. 그러한 차원에서 나는 그가 인간 대 인간의 용서 또는 개인 대 기관의 용서에까지 이를 똑같이 적용시킨 방식에는 의문이 생긴다. 물론 그가 용서의 창조적 측면을 강조한 것은 용서에 따르는 용기를 주장한 것만큼이나 중요하다. 알리슨

---

[6] 그는 다음과 같이 해석한다. "하느님의 사랑이 희생이라는 절차를 통해 우리에게 베풀어진 것이 아니라, 예수의 수난과 죽음과 부활이 새로운 삶의 방식을 열어줌으로써 비로소 우리가 죽음의 공포로부터 벗어날 수 있게 된 것이다." Alison, J. *On Being Liked*, 제2장 참조.

은 "용기"라는 말보다 "신념"이라는 말에 주안점을 두고, 용기를 비롯한 그 밖의 모든 자질들을 불러일으키는 "신념"이야말로 우리가 꼭 지녀야 할 가치 있는 자질이라고 언급했다. 백번 옳은 말이다. 그렇지만 동시에 용서는 위험한 일이기도 하며, 그 위험은 용서하는 사람이 고스란히 감수해야 할 몫이라는 점에 주의를 기울여야 한다. 그 점을 알리슨은 이렇게 역설한다.

> 여기서 말하는 용서는 상대를 나와는 전혀 다른 인간이라고 선언하는, 결코 폐쇄적인 "차단"의 의미를 전달하는 행위가 아니다. 그 반대로 *나와 함께* 죽음으로부터 벗어나 새로운 "우리"가 될 수 있도록 *나와 같은* 인간에게로 향하는 창조적인 움직임이다. 그러므로 용서는 일시적 제스처나 선언이 아니라 시간을 두고 묵묵히 나아가는, 죽음을 무릅쓴 삶이다.[7]

우리는 여기서 메리언 파팅턴, 품라 고보도-마디키젤라, 에릭 로맥스의 이야기를 떠올리며 깊이 공명하게 된다. 용서는 관용과 신뢰, 창조성과 용기가 수반돼야 한다. 나는 알리슨이 말한 "새로운 우리"를 '화해'라고 보지 않는다. 가해자와 피해자로 나누기보다 같은 인간으로 여겨야 한다는 뜻으로 이해한다. 신이 아닌 인간의 용서라는 측면에서 볼 때, 피해자가 가해자와 공동체 내에서 친밀한 교분을 쌓아야

---

[7] Alison, J. *On Being Liked*, p. 42.

한다는 의미가 아니라 "달갑지 않은 공감"의 과정이 가해자의 인간성을 새로이 인식하는 계기가 될 수 있도록 우리의 상상을 열어두어야 한다는 뜻이다.

전형이 아닌 지도

한때 나는 '용서 과정'을 단계별로 설명해줄 새롭고 더 나은 이론이 정립돼야 한다고 생각했다. 실제로 일종의 교과서적인 과정을 그대로 따른 용서 사례들도 없지 않다. 그러나 평범하지 않은 과정을 이상적인 전형으로 잘못 추어올리다가는 정작 도움이 필요한 사람들에게 되레 득보다 실이 클 거라는 판단이 들었다. 물론 그런 이론을 활용하는 심리학자들도 있고 유용하다고 말하는 이들도 많다. 하지만 대개는 피해자 곁에서 사태 혼란을 수습하는 가까운 제3자에게 필요한 이론이라고 보는 편이 맞다. 즉 피해자의 가족이나 친구에게 경청과 공감을 토대로 한 이해의 틀을 제공함으로써, 피해자가 역경을 딛고 불안과 공포에서 벗어나 용서의 가능성을 생각할 수 있도록 돕는 이론에 더 가깝다.

다만 명확한 용서 과정은 없다 하더라도 어렴풋한 틀은 상정해 볼 수 있다. 내가 떠올린 것은 과정과는 거리가 먼, 그렇다고 일정이나 프로그램은 더더욱 아닌 일종의 개략적인 '지도'다. 지도에 그려진 건 피해자가 조난당한 곳인 광활한 상처의 황무지와 그 황무지를 사방으로 둘러싼 달갑지 않은 공감의 강물이다. 강물 저 너머에는 새로운 땅이 있다. 상처의 황무지보다는 훨씬 덜 황량하지만 사건이 발생하기 전 추억 속 낙원과는 모든 면에서 다르다. 예전의 그곳으로는 안타깝게도 다시는 돌아갈 수 없다. 그러나 저 새로운 땅은 잘 가꾸면 언젠가 새 생명이 움틀 수 있는 곳이다.

여기에서조차 용서의 관대하고 창조적인 모험은 여전히 프로젝트에 불과하다. 새로운 땅이 모두가 화해할 수 있는 곳이라고 보는 건 순진한 생각이다. 다만 확실한 한 가지는 피해자와 가해자 모두가 끔찍한 범죄의 결과로부터 심리적·정신적으로 자유로워질 수 있는 곳이라는 사실이다. 상처의 황무지에서는 피해자가 가해자를 마음 깊은 곳으로 끌고와 내내 가둬놓을 수밖에 없다. 하지만 공감의 강물을 건너면서 피해자는 마음의 감옥 문을 열고 그 속을 온통 차지하던 가해자를 풀어주게 된다.

이 과정을 세 단계의 모험으로 그려보면 첫 번째 단계는 회복과 치유, 두 번째 단계는 가해자와의 바람직한 관계, 마지막이자 끝나지 않는 단계는 지속적인 삶의 여정이다. 단, 이 세 번째 단계에서의 삶은 상처받은 과거, 상처의 황무지에서 보낸 시간 그리고 공감의 강물을 건넌 경험으로 인해 예전과는 확연히 다를 것이다.

하지만 위 내용을 용서가 이뤄지고 나서 다시 되짚어볼 수 있는 용서의 3단계 과정으로 이해해서는 안 된다. 신이 아닌 인간의 용서는 설령 겉으로는 완전해 보일지라도 언제나 연약하며 불완전하다. 이 사실을 바꿀 수 있는 조건은 기억 상실뿐이다. 그럼에도 불구하고 공감의 강물을 거치고 나면 무언가 변화가 일어난다. 전체 모험 중 특히 이 여정에 특별히 주의를 기울일 가치가 있다고 보는 까닭이 여기에 있다. 용서는 사랑과 같아서 끝이 없다. 또한 사랑처럼 용서에도 의미 있는 전환의 순간들이 찾아온다.

그렇다면 상처의 황무지에서 공감의 강물을 건너 새로운 땅으로 용서의 여정을 지속하는 동안 피해자에게 과연 무슨 일이 일어나는가? 처음 황무지로 떠밀려왔을 때보다는 많이 회복됐다 하더라도, 대부분의 피해자들에게 용서는 단순히 '시도'하거나 '노력'한다고 해서 이뤄지는 일이 아니다. 단순히 원한다고 되는 것도 아니다. 절실한 갈망이 있을 때만 용서가 가능하다. 억지로 용서하는 일은 헤엄을 전혀 못 치는 사람이 각오만 가지고 물속에 뛰어드는 행위와 같다. 무모하고 위험하기 짝이 없는 일이다. 정말 필요한 것은 달갑지 않은 공감이라도 과감히 시도해보겠다는 마음이다. 그럼으로써 피해자는 가해자의 내면과 그 일이 일어나게 된 원인을 일부나마 이해할 수 있게 된다. 다시 한 번 강조하건대 이는 가해자에게 면죄부를 주고자 함이 아니라 가해자를 한 인간으로서 바라보기 위함이다. 달갑지 않은 공감을 시도한다는 건 나에게는 전혀 낯선, 멸시받아 마땅한 심지어 두렵기까지 한 자에게 손을 내미는 행위다. 그것도 가해자에게 후회나 뉘우침의 기색이 있고 없고를 떠나서……. 물론 행여 가해자에게 그런 기색

강물 저 너머에는 새로운 땅이 있다.
추억 속 낙원과는 모든 면에서 다르다.
그러나 언젠가 새 생명이 움틀 수 있는 곳이다.

이 보인다면 상황이 좀더 낫게 여겨질 수는 있다. 그렇지만 고통은 가해자가 뉘우친다고 해서 없어지지 않는다. 마찬가지로 가해자의 뉘우침이 없다고 해서 공감의 필요성까지 사라지는 건 아니다. 피해자는 자신이 걸어 들어간 달갑지 않은 공감의 강물 속에서 그냥 고통이 아니라 치유의 고통을 느끼기 때문이다. 그 강물에 몸을 맡긴 동안 피해자는 자신이 받은 상처와 뜻하지 않은 현실에 대한 엄청난 분노 그리고 가해자도 똑같은 인간이라는 깨달음 사이에서 찢어지는 아픔을 경험한다.

강물을 헤쳐나가는 여정이 지속될수록 고통은 점점 더 커져만 간다. 때문에 피해자는 어쩌면 상처의 황무지를 벗어나고 싶지 않을지도 모른다. 차라리 그곳에 위로와 안식이 있는 것처럼 여길지 모른다. 가해자만 마음속 감옥에 가둬두면 자신에게 남은 유일한 피해의식 안에서 안주하며 살 수 있다고 믿을지도 모른다. 그러나 상처의 황무지는 계속 머무르기엔 너무나 외로운 곳이다. 새로운 땅이 보이는 저편으로 다가갈수록 마음의 감옥 문이 조금씩 열리고, 그 속에 갇혔던 가해자도 비로소 풀려난다. 마침내 강물 밖으로 나와 새로운 땅에 발을 내디딘 피해자는 가해자에게 자유라는 선물 말고도 또 하나의 선물을 건네게 된다. 바로 '피해자로서의 자신을 내어주는 선물'이다. 그럼으로써 가해자는 '용서'와 자신이 피해자로 만든 사람이 키워온 '피해의식'이라는 두 개의 무거운 짐을 짊어지고 새로운 땅으로 걸어 들어간다. 가해자에게는 낯설면서도 새 생명을 주는 짐이다. 그것은 용서받았다는 기억이기 때문이다.

지금까지 그린 용서의 지도에서 강조해야 할 사항들이 더 있다. 용서는 시도한다고 해서 곧바로 이뤄지지 않는다. 용서는 다음 세 가지가 선행될 때 가능하다. 첫째, 피해자의 치유가 보다 진척될 수 있도록 주변 사람들이 피해자에게 충분히 공감해야 한다. 피해자가 상처의 황무지 한복판에서 가장자리로 걸어올 수 있도록 힘껏 거들어야 한다. 둘째, 피해자가 가해자에게 먼저 공감의 손길을 내밀어야 한다. 달갑지 않은 공감이 피해자를 치유의 고통에 빠뜨리지만, 황무지가 과거의 섬이 되려면 우선 이 공감의 강물을 건너야 한다. 셋째, 정의와 진실, 자비와 평화라는 신념을 안고 새로운 땅을 향해 힘차게 내디뎌야 한다. 이 전 과정의 결과가 곧 용서다. 피해의식을 벗어버리고 피해자로서의 나를 내어주는 일이며, 새로운 삶을 다르게 그러나 홀가분하게 시작하는 일이다.

이렇게 말하면 마치 용서가 다 이뤄진 것으로 여길 위험성이 있다. 그러나 용서는 결코 종결을 암시하지 *않는다*. 그러므로 *용서가 끝났다* 혹은 *용서를 끝냈다*라는 말은 있을 수 없다. 우리의 의도와 능력, 대응 모두가 개입됐더라도 용서는 개인적인 성취가 아니다. 용서는 단계적인 과정도 아니다. 몇몇 용서 사례들이 정확히 단계를 밟아간 과정으로 이해되기도 하지만 용서에 '표준적'이거나 '규범적' 과정이란 없다. 현실에 그런 삶이 없는 것과 마찬가지다. 용서는 과거의 상처를 없던 일로 만드는 것이 아니다. 이는 용서가 불가역성의 문제를 다루는 일이라는 한나 아렌트의 유명한 발언이 과장된 탓이다.[8] 오히려 용서는 불가역성의 문제를 *끌어안고* 살아가는 일이다. 용서는 관대하고 창조적인 신뢰의 모험이며, 그 과정에서 피해자로서의 나를 가해자에게 내어줌으로써 마음의 짐을 벗어버린 내가 원래의 내 모습으로 되돌아오는 일이다.

용서는 나타나는 것

   용서는 화해와 다르다. 만일 내게 상처준 사람을 용서하면 그 사람과 다시 예전처럼 지내야만 한다는 생각에 용서를 두려워할지 모른다. 하지만 이는 전혀 사실이 아니다. 그건 마치 시간을 거꾸로 되돌린다는 말과 똑같다. 용서는 새로운 나, 새로운 관계로 나아가는 새로운 방법이다. 용서는 상처와 피해를 묵과하지 않는다. 폭력과 죽음을 외면하지 않는다. 잔인한 진실을 더 넓은 목적과 현실이라는 맥락 안에서 숙고한다. 상처를 잊는 것이 아니라 상처의 기억이 남은 삶을 지배하지 않도록 하는 것이다.

   그 일은 시간을 멈추게 했지만 용서는 시간을 다시 흐르게 한다. 그렇다고 해서 용서가 망각이란 뜻은 아니다. 용서는 사건이 일어난 날

---

[8] Arendt, H. *The Human Condition*, p. 237ff.

짜와 시간을 지금 현재가 아닌, 기억 속 과거라는 원래의 제자리로 되돌려놓는다. 용서하는 사람은 미래를 살아갈 자유, 상처의 황무지에서 강물을 건너 새로운 땅으로 걸어 들어갈 자유를 되찾는다. '교과서적인 용서'가 간혹 화해로 이어지는 경우도 있지만, 현실적인 미완의 용서는 반드시 그럴 리도 없고 늘 그럴 수도 없으며 때론 그래서도 안 된다. 용서는 차라리 화해나 용서를 잊고 치유의 공간을 만드는 데 집중할 때, 그리고 그곳에 공감을 풀어놓을 때 더 잘 이뤄진다.

용서는 용서를 잊을 때 비로소 현실이 된다. 어느 피해자의 질문으로 시작된 용서 문제를 지금껏 얘기해놓고 이제 와서 용서를 잊으라고 말하는 것이 이상할지 모르겠다. 내가 첫 장에서 언급했던 아들을 잃은 어머니에게 "용서를 떠올리기엔 아직 이릅니다."라고 말했던 이유 중 하나는 자신에게 닥친 고통조차 감당하기 어려운 상황에서 피해자가 용서까지 생각해야 한다면, 상황을 더 힘들고 복잡하게 만들 뿐 아니라 스스로를 더욱 괴롭히는 결과를 초래한다고 믿었기 때문이다. 아직 상처의 황무지에 머물러 있는 한 관심과 상상을 용서에서 거둬들여야 한다. 이 단계에서의 공감은 그야말로 달갑지 않은, 엄두도 못 낼만큼 어려운 일이다. 자신의 아픔과 고통만으로도 견디기 힘든 상황에서 가해자를 생각할 여력도 그렇다고 잊을 수도 없는 피해자는 깊은 마음의 감옥 안에 가해자를 가둬놓을 수밖에 없다.

8장에서 살펴보았듯이 용서 충동은 여러 가지로 잘못될 공산이 크다. 대표적인 예가 '용서 부추기기'와 '용서자 신드롬'으로 둘 다 심각한 문제를 불러온다. 이외에도 문제가 빚어질 만한 '변질된' 용서들도 있다. 기본적으로 가해자의 존재를 무시하는 치유적 용서가 그 하나이며, '뉘우침에 의존하는 용서'가 또 다른 하나다. 가해자의 뉘우침을 조건으로 하는 용서는 가해자가 마음의 변화를 보일 때까지 피해자를 가해자의 포로로 만들 뿐만 아니라 피해자에게 용서해야 한다는 의무감을 걸머지우는 결과를 가져온다. 더군다나 피해자가 상처의 황무지에서 길을 잃은 상황이라면, 그리고 가해자도 피해자가 '어디에 있는지' 알아낼 능력도, 알아낸들 만날 의향도 없는 상태라면 용서는 아예 불가능하다.

용서 욕구는 피해자가 가해자보다 우위의 힘을 지녔다는 착각에 사로잡힌 예다. 앞서 설명했듯이 신의 용서를 사람과 사람 간 상황에 잘못 적용시킨 데서 기인한다. 신학자이자 목회자인 존 패튼John Patton은 톰이라는 사람과 대화하던 중 이 같은 오류를 깨달았다고 말한다. 어느 날 자신의 아버지와 전화통화를 마치고 난 톰은 "뭔가 마음에 걸린다."는 속내를 패튼에게 털어놓았다. 과거 아버지와 어머니가 이혼하는 과정에서 어린 톰이 느꼈던 무력감과 절망감을 비로소 그의 아버지가 충분히 공감해주었다는 것이다.[9] 다음은 두 사람이 나눈 대화를 간략히 요약한 내용이다.

---

9 Patton, J. *Is Human Forgiveness Possible?*, p. 74.

존: 뭔가 마음에 걸린다뇨? 아버님도 힘들었다는 걸 새삼 깨달아서인가요?

톰: 제가 정말로 아버지를 용서할 수 있을까 싶어서요.

존: 그 힘을 포기하는 게 어려워서 그러신 거군요.

톰: 힘이요?

존: 아들보다 신부처럼 말씀하셔서요. 정작 마음에 걸리는 게 뭔지 먼저 생각해보세요.[10]

위 대화는 '용서자 신드롬'이든 '용서 부추기기'든 또는 톰처럼 스스로 사면 권한이 있다고 착각하는 것이든 '용서에 대한 생각'이 공감을 얼마나 방해하는지 여실히 보여주는 사례다. 용서에 있어서 가장 중요하다고 할 만한 공감은 치유의 고통을 피해자가 기꺼이 받아들일 수 있게 해주는 유일한 요소다.

용서에 대한 패튼의 접근과 해석은 이 책에서 주로 다룬 타인에 의한 심각한 상처가 아니라 기존에 맺어진 관계에서 생기는 상처에 초점을 맞추고 있다. 앞서 언급했듯이 이러한 상처들 역시 파괴적이고 치명적이다. 오랜 기간 쌓아온 신뢰를 철저히 무너뜨리는 배신이라든가, 친밀한 가족관계에서 겪는 예기치 않은 실망감은 심각한 충격과 혼란을 줄 뿐 아니라 자신감과 자아존중감마저 서서히 갉아먹기 때문

---

10 Patton, J. *Is Human Forgiveness Possible?*, p. 74.

이다.

특히 가족에게서 받은 깊은 상처는 지금껏 가꿔온 자아정체성을 한순간에 무너뜨릴 정도로 매우 위협적이다.[11] 따라서 이러한 상처는 다른 심각한 상처들과 상당 부분 겹친다고 볼 수 있다. 황무지, 강물, 새로운 땅이 그려진 지도는 타인으로부터 입은 파괴적인 상처와 마찬가지로 친밀한 관계에서 겪는 배신에도 꼭 들어맞는다.

용서는 행하는 것이 아니라 *발견되는* 것이라는 패튼의 견해는 내 생각과 일맥상통하는 면이 있다. 패튼은 가해자도 "나와 같은 인간"이라고 말한다.

> 특수한 관계(가족관계 등을 지칭함)에서의 문제점은 용서를 무언가 해주거나 해주지 않는 문제로 이해할 경우, 누가 위고 누가 아래인지 또는 누가 신부이고 누가 고해자인지의 역할 구별을 사실상 피할 수 없게 된다는 데 있다. 이러한 관계는 친밀감을 더하기보다 괴리감만 심화시킨다.[12]

이러한 차원에서 패튼은 "시도하지 않는" 용서를 주장한다. 용서는 "해줄 수 있는 힘이 있어서 혹은 그렇게 하는 게 도덕적으로 옳아서 하는 일이 아니라, 하느님에 대한 관계 그리고 서로에 대한 관계의 본질을 보여주는 일'이라는 것이다.[13] 조금 전에도 말했지만 나는 그의

---

11 이는 2장에서 말한 상처의 가장 높은 단계인 '파괴적' 상처에 해당된다.
12 Patton, J. *Is Human Forgiveness Possible?*, p. 172.

이 같은 견해에 충분히 동의한다. 단, 피해자와 가해자가 서로 모르는 상태에서 빚어진 파괴적 상처일 경우 패튼의 주장을 적용하기에는 애로점이 있다. 그래서 내가 내린 결론은 이것이다. 용서는 *발견되는* 것이 아니라 *나타나는* 것이다.

나는 지금까지 다룬 상황이 친밀한 관계에서의 상황과 똑같이 "우리 모두의 본성은 같다."는 발견으로 이어지리라고는 보지 않는다. 그러한 발견이 용서의 일부는 될 수 있을지언정 전부일 수는 없다. 용서는 '불가능한 것'에서 '상상할 수 있는 것'으로, '받아들이기 힘든 것'에서 '고통스러움을 견디는 것'으로 옮겨가는 과정에서 치유가 이뤄지며 조금씩 발견되는 것이다. 하지만 '발견되는 것'이라는 말도 충분히 열려 있다는 뜻을 담았다기보다 종결의 의미에 더 가깝다. 그러므로 내가 가능하다고 생각하는 용서는 강물을 건너 새로운 땅으로 걸어 들어가는 동안 '용서하는 마음'이 쉼 없이 고동치는 지속적인 과정이다. 이 점이 내가 상처를 치유한 피해자의 품성으로 용서가 '나타나는 것'이라 표현하고 싶은 이유다. 왜냐하면 피해자가 달갑지 않은 공감의 강물 속에 과감히 몸을 담그고 앞으로 나아감으로써 '더 이상 피해자의 섬이 아닌' 새로운 뭍으로 올라서게 되기 때문이다.

용서는 마음에서 우러나오는 것이라는 점에서 사랑과도 같다. 말과 몸짓이 소통을 도와 용서 과정을 이끌어갈 수는 있지만, 그 안에 마음

---

13 Patton, J. *Is Human Forgiveness Possible?*, p. 174.

이 없다면 용서가 아니다. 한편 용서는 일부러 쫓으려 하면 도리어 찾기 어렵다는 점에서 행복과도 같다. 가장 깊은 행복은 기쁨에 빠진 일종의 자기망각이다. 자연 속에서 누리는 행복이든 마음을 사로잡는 일에서 오는 행복이든 다른 사람에게서 느끼는 행복이든 모두 나를 잊을 때 찾아온다. 용서 또한 어느 정도의 자기망각과 겸허함을 요구한다.

사람들은 용서를 뭔가 크고 거창한 것, 위에서부터 선언돼야 할 어떤 것으로 생각하면서 정신적인 혼란을 겪는다. 진실한 용서는 마음에서 우러나오는 것일 뿐 피해자라는 위치에 서서 격식을 차려 전달하는 의식이 아니다. 진정한 용서자는 피해자라는 옷을 벗어버리고 "더 이상 피해자가 아니다."라는 구호가 새겨진 새 옷으로 갈아입는 사람이다. 진정한 용서자는 스스로는 용서를 잊을지라도 여전히 용서자로 남아 있는 사람이다.

용서는 혼신의 힘을 모은 관용, 용기, 창조성을 필요로 한다. 동시에 이 세 가지는 상처의 황무지에서 살아남기 위해서도 꼭 갖춰야 할 자질이다. 현명한 용서자라면 황무지에서 길을 잃고 헤매는 동안에는 용서가 도저히 불가능하다고 판단할 것이다. 대신 이 세 가지 자질을 '생존 기술'로 삼아 어떻게든 살아남기 위해 노력할 것이다. 그런 다음 마침내 달갑지 않은 공감의 강물을 건너 더 나은 땅에 도달하면, 그때는 이 세 자질을 다시 새로운 일에 쏟을 것이다.

용서를 '시도하는 것'으로 보는 것은 결코 바람직하지 않다. 그보다는 '가해자를 이해하기 위해 노력하는 것'이다. 할 수 있는 한 최선을 다하는 것! 그것만으로도 충분할까? 물론이다. 왜냐하면 치유의 고통이라는 강 저편 새로운 땅으로 걸어 들어가는 동안, 용서가 *나타나면*서 심장이 다시 힘차게 뛰는 걸 느끼는 사람은 우리를 괴롭히고 배신하고 학대한 사람이 아니라 그런 자를 같은 한 인간으로 공감하려고 애쓴 자신이기 때문이다.

11장 / 용서하는 마음

 이 책은 용서의 여러 측면들을 다루고 있지만 그중 가장 주된 관심사는 부당하고 심각한 상처를 입은 피해자들에게 과연 무엇이 가능하며, 무엇이 기대되는가 하는 문제다. 하지만 가해자가 뉘우치고 있음을 피해자가 알게 된 경우는 전혀 다른 문제를 제기한다. 만약 가해자가 자신이 저지른 일을 후회하고 어떻게든 잘못을 바로잡으려 애쓴다면 피해자가 처한 상황도 그에 따라 달라질 수밖에 없다.
 게다가 가해자의 후회를 반드시 액면 그대로 받아들일 수도 없다. 가해자의 반성과 뉘우침이 정말로 진실한지 어떤 형식으로든 가해자의 보상이 적절하고 타당한지는 피해자가 확인해야 할 몫이다. 만일 가해자의 뉘우침이 진실하고 보상도 받아들일 만한 정도라면, 피해자는 용서가 의무까지는 아니더라도 의무에 거의 가까워지는 상황에 처한다. 물론 피해자가 속한 공동체의 윤리나 개인의 도덕규범에 따라 차이가 있지만 기독교적 윤리의 차원에서 본다면 상황은 비교적 명확해진다. 가해자가 뉘우친다고 해서 다 용서받을 자격이 되는 건 아닐지라도 피해자는, 더구나 독실한 그리스도인이라면 그를 용서하기 위해 노력해야 한다는 것이다.

  이 상황이 확연할 것처럼 들리지만 어디까지나 가정임을 감안해야 한다. 막상 현실에 부딪히면 피해자는 가해자의 뉘우침이 얼마나 진심을 담고 있는지를 알아내야 하는 문제에 봉착하기 때문이다. 겉으로 표현된 감정에 현혹되지 않아야 함은 두말할 필요도 없다. 연기하듯 내뱉은 뉘우침은 비겁하고 얄팍한 자기본위적인 생각에서 나온 것이기 때문에 피해자는 피해자로서 마땅히 받아야 할 존중을 전혀 받지 못한다. 진정한 뉘우침은 내 안의 변화여야 하되 나에 대한 것이 아닌 전부 상대를 향한 것이어야 한다. '나의 뉘우침이 진심을 담고 있는가?' 스스로는 그렇다고 믿을지 모르지만 남들이 눈치채지 못하는 나만의 의도가 숨어 있을 수도 있다. 아니면 자기기만일 수도 있다. 이렇듯 피해자는 가해자의 뉘우침에 대해 판단을 해야 하며 그 판단을 위해서는 자신을 해치고 상처주고 아프게 하고 괴롭힌 사람, 결국 가해자에 대해 공감을 시도하지 않으면 안 된다.

  공감은 가해자가 양심의 가책과 피해자에 대한 존중이라는 증거를 내보일 때 유의미하지만 설령 그러한 요소들이 눈에 띄지 않는다 하더라도 여전히 중요하다. 물론 이와는 전적으로 다른 차원에서 뉘우침이 없어도 용서가 마땅한가 아닌가는 오랜 기간 학계의 논쟁거리였다. 하지만 나는 이 문제가 그렇게까지 중대하다고 보지 않기 때문에 다른 학자들만큼 관심을 기울이지는 않았다. 이유는 두 가지다. 이미 언급한 바와 같이 첫째, '뉘우침'이라는 말 자체가 제대로 정의되지 않거나 영적·종교적 의미와 구분되지 않으면 '인간의 용서'에서 오해의 소지가 생길 수 있다. 둘째, 뉘우침이 있고 없고의 여부는 피해자가 '열었다가 다시 닫을 수 있는' 문제가 아니다. 다시 말해 가해자에게 뉘우침의 기색이 전혀 없다고 해서 그걸로 문제를 덮고 끝내야 하는 건 아니라는 뜻이다. 뉘우침조차 없는 비극적인 상황에서도 용서 이야기가 전개될 가능성은 있다. 혹 완결되는 이야기가 아닐지도 모른다. 그러나 용서 이야기는 마무리가 아니라 등장인물의 미묘한 상호작용과 전체 줄거리를 구성하는 사건들로 판단된다. 단, 전체줄거리는 우리가 소위 전적인 용서 또는 완전한 용서라고 부르는 '방향'으로 궤적을 그리고 있어야 한다.

사실 전적인 용서가 이뤄졌다고 알려진 사례들은 대부분 과대평가된 측면이 있다. 이를테면 어떤 극적인 용서 사례가 칭송이 자자한 가운데 반복적으로 회자되면서 우상시된 경우다. 극히 예외적인 용서 사례가 그 예외성으로 인해 되레 더 부각돼 대표적이고 전형적인 사례로 잘못 비춰지는 아이러니가 발생한다. 아니면 미완의 부분적 용서 이야기들(이러한 용서 사례들을 폄훼할 의도는 없다)이 자연스레 전해

지면서(아니면 잘못 전달되면서) 완전하고 완결된 용서 이야기로 윤색된 경우도 있다.

독실한 그리스도인으로서의 관점과 비非그리스도인들도 동감할 만한 관점 두 가지를 모두 고려해 볼 때, 뉘우침이 명백히 드러나지 않은 상황에도 용서라는 문제는 분명히 남아 있다. 피해자가 사망하고 가족이나 친구만 살아남은 상황이나 가해자가 사망하고 없는 상황, 아니면 가해자와 접촉 기회마저 없는 상황(가해자가 종신형을 선고받고 복역 중이거나 피해자와 피해자 가족의 연락을 거부하는 경우)에도 용서라는 문제는 그대로 남아 있다. 이러한 상황에서의 용서 문제는 "내가 그 사람이 저지른 죄를 용서할 수 있을까?"가 아니라 "이런 상황에서도 내가 어떻게 하면 용서하는 사람이 될 수 있을까?" "어떻게 하면 용서하는 마음을 가질 수 있을까?"라는 질문이어야 한다.

이는 피해자들뿐 아니라 언제 어디서라도 피해자가 될지 모르는 우리 모두에게 중요한 질문이다. 용서하는 마음을 갖는 일은 어느 날 갑자기 충격적인 피해를 입고 상처의 황무지를 헤매게 될 때까지 잊고 살 수 있는 문제가 아니기 때문이다. 그러므로 이러한 질문에 대한 고민은 말하자면 우리 모두가 영적으로 세심하게 준비해둬야 할 사전 경험과도 같은 것이다.

용서하는 마음의 네 가지 자질

　용서하는 마음을 갖추려면 네 가지 특징적인 자질이 필요하다. 그러나 이 네 개의 자질을 완벽하게 전부 갖춘 사람은 없다. 누구나 미흡함을 느끼지만 현명한 사람은 이를 채찍질로 여기고 자신에게 부족한 자질을 함양하기 위해 노력한다. 어떤 사람들은 천성적으로 용서하는 성향을 지녔는가 하면, 또 어떤 이들에게는 이 자질이 좀처럼 쉽게 나타나지 않는다. 이 네 가지 자질이란 과연 무엇일까? 첫째는 높은 수준의 공감, 둘째는 미래지향성, 셋째는 믿음, 마지막 넷째는 정의감이다. 미리 밝혀두지만 어떤 고담준론高談峻論을 펴려는 게 아니다. 먼저 정의감부터 시작해서 내가 말하고자 하는 바를 좀더 구체적으로 설명해보겠다.

　용서하기 위해서는 우선 무엇이 용서받을 일인지 인식할 수 있어야 한다. 우리에게 불쾌감이나 실망감 혹은 괴로움을 안겨주긴 해도 실은 용서할 거리도 못 되기 때문에 용서할 수 없는 일들이 주변에서 흔히 일어난다. 그런 경우 우리는 대개 상황을 있는 그대로 받아들임으로써 그것이 초래한 결과를 참아 넘기거나 때론 낫게 고치려 애쓴다. 반면 용서 문제가 개입돼야 하는 경우는 우리에게 고통과 괴로움을 초래한 원인이 반드시 부당한 일이어야만 한다. 이 말은 결국 용서하는 사람은 정의의 요구에 늘 귀 기울이지 않으면 안 된다는 논리로 이어진다.

용서는 부당한 일을 겪은 뒤여야만 의미를 갖는다. 단, 용서는 단순히 정의의 요구를 인지하고 해결하는 일이 아니다. 용서하는 마음은 정의의 요구에 주의를 모으고 불의를 바로잡기 위해 노력한다. 그렇다고 해서 보복적인 방식은 아니다. 오히려 용서는 상처의 결과인 '피해자의 위치'에서 자유로이 걸어나와 '가해자의 위치'에 선 자를 풀어주는 일이다. 용서 안에서 피해자와 가해자는 모두 '인간의 위치'로 돌아간다.

특히 상처라는 측면에 비춰볼 때 정의감은 용서하는 마음에 필요불가결한 요소다. 용서하는 마음은 뒤를 돌아보는 것만큼 앞도 똑바로 내다본다. 상처는 우리의 관심을 자꾸만 끌어당겨 계속 뒤돌아보게 만든다. 지나간 과거를 끊임없이 떠올리고 원인과 결과를 따지는 데 몰두하게 만든다. 과거회귀적인 사고에 빠져 옴짝달싹할 수 없게 만든다. 물론 용서하는 사람도 과거를 기억하고 원인에 관심을 두지만 그 마음은 언제나 미래를 향한다. 이렇듯 미래지향성이라는 자질은 고통과 불의를 바라보는 방식에 변화를 가져온다.

사람들은 흔히 회복적 정의와 용서를 연관시킨다. 회복적 정의는 미래가 인과응보와 처벌이라는 과거에만 좌우되도록 내버려두기보다 미래를 위해 현재 상황을 더 낫게 만들겠다는 변화 의지를 담고 있다. 그러나 회복적 정의가 곧 용서는 아니다. 다만 미래지향성이라는 공통점 아래 회복적 정의의 실천 과정에서 이따금 용서가 따라 나오기도 한다.

회복적 정의가 논란거리가 되는 이유 중 하나는 피해자에게 부담과 스트레스를 안겨줄 가능성이 있다는 점 때문이다. 피해자가 직면하게 될 '용서'는 사회가 피해자에게 억지로 지우는 짐이어서는 안 된다. 신 앞에 선 인간의 한계와 조건을 이해하려는 세계관의 일환이어야 한다. 여기서 믿음이라는 세 번째 자질이 대두된다. 이 믿음은 그리스도인들만 용서하는 사람이 될 수 있다거나 그리스도인들은 반드시 용서하는 마음을 가져야 한다는 뜻에서 제기된 자질이 아니다. 용서하는 사람은 겉으로 드러내든 속으로 품고 있든, 선이 악보다 강하다는 믿음으로 가득 차 있다는 뜻이다. 이러한 믿음은 데스몬드 투투의 기도문에도 잘 나타나 있다.

선은 악보다 강하다.
사랑은 증오보다 강하다.
빛은 어둠보다 강하다.
삶은 죽음보다 강하다.
승리는 우리의 것이다. 우리를 사랑하시는 그분을 통해.[1]

이것이 바로 용서자의 마음에서 찾아볼 수 있는 믿음이다. 하지만 동시에 상처의 황무지에서 끊임없이 도전, 시험받는 믿음이기도 하

---

1 이 기도문의 인용을 허락해준 투투 대주교에게 감사를 표한다.

다. 상처의 황무지는 나와 우리 삶의 이야기가 결코 긍정적으로 풀려 나가지 않으리라 여겨지는 곳이다. 선과 사랑과 빛이 얼마나 깨지기 쉽고 연약한지 이해하고 깨닫게 되는 곳이다. 이 점은 유대그리스도 인들의 사고방식에 또렷이 각인돼 있다. 히브리인들이 광야에서 유랑하며 겪은 경험이기 때문이다. 오랜 세월 떠돌면서 깊디깊은 회의감을 품게 되고, 그 회의감이 이내 불평과 원망의 목소리로 터져나오는 장면이 성서에 기록돼 있다.[2]

예수가 악마에게 시험받았던 곳도 광야다. 악마는 예수에게 험하고 가파른 은총의 길 대신 권세와 영광의 탄탄대로를 택하라며 유혹했다.[3] 3세기 이집트의 황야로 들어가 악마의 유혹과 위협에 버티면서 금욕생활을 했던 성 안토니우스Anthony the Great를 본보기로 삼아, 많은 사람들이 삶의 버팀목이 완전히 사라지고 원초적인 외로움에 노출될 때에야 오롯이 드러나는 극단의 영적 투쟁에 들어가기 위해 이집트의 광야로 발길을 이어갔다. 황야는 진실로 선이 악보다 강한지, 사랑이 증오보다 단단한지, 빛이 어둠보다 세찬지, 삶이 죽음을 이겨내는지에 대해 우리를 수없이 회의하게 만드는 곳이다. 말 못할 고통에 겨워하는 피해자가 머무르게 되는 곳이 바로 이 황무지다. 하지만 용서하는 마음은 황무지에서도 믿음을 잃지 않는다. 그 믿음은 캄캄하기만 하던 황무지에 어느새 빛이 깃들게 한다. 종교가 있든 없든, 중요

---

2 탈출기 16,1-3, 17,1-3; 민수기 11,1-6 참조.
3 마태오 4,1-11; 마르코 1,12-13; 루카 4,1-13 참조.

한 건 변함없는 *믿음*이다. 결코 *확실성*이 아니다. 악과 증오, 어둠과 죽음의 원초적이고 실질적인 힘은 겪어본 사람만이 알지만 용서하는 마음을 지닌 이는 그 힘이 전부가 아님을 안다. 그 힘의 손아귀에 사로잡힌 채 증오와 복수, 비탄에 잠긴 수동적인 피해자로 남기를 거부한다.

용서하는 마음의 네 번째 자질은 공감이다. 용서에 있어서 공감은 불가피하다. 과거 지속적이었든 일시적이었든 공감의 부재가 모든 가해행위의 원인 중 일부였다면, 공감의 존재는 용서라고 부를 만한 향후 모든 진전 상황의 전부다. 이미 언급했듯이 피해자의 공감이 가해자의 '뉘우침'보다 더 중요한 까닭은 피해자가 가해자의 진심을 판단할 근거가 되기 때문이다. 심지어 후회와 반성, 보상과 존중이 전혀 기대되지 않는 상황이라 하더라도 공감은 제 몫을 다한다.

공감은 가해자가 왜 그런 짓을 저질렀는지 그 이유를 얼마간이라도 이해할 수 있게 해준다. 단, 가해자에게 면죄부를 줄 만큼 초인적인 공감을 발휘해야만 용서가 가능하다는 뜻은 아니다. 거듭 밝히지만 용서는 절대 사면이나 무죄선언이 아니다. 묵인이나 수용도 아니다. 용서하는 마음의 자질 중 가장 먼저 정의감을 꼽은 이유도 이 때문이다.

해명과 변명은 서로 명확히 구분돼야 한다. 피해자는 공감을 통해 가해자의 그릇된 행위가 어디서 유발되었는지 이해하게 된다. 이때 공감은 가해자에게 변명의 여지나 정당화의 구실을 주는 것이 아니다. 공감의 가치는 피해자에게 도움이 될 해명을 제시해준다는 데 있다. 이를 통해 피해자는 의미도 희망도 없는 억울하고 암울한 상황 속에서 조금이나마 의미라는 걸 찾아낼 수 있게 된다.

물론 공감만이 그 유일한 방법은 아니다. 사실 인식도 의미를 이끌어내는 결정적인 요소다. 그러나 공감이 전제되어야만 비로소 가해자의 현실을 바로 보고, 이를 바탕으로 피해자 자신의 분노와 분개도 제대로 이해할 수 있게 된다. 더 나아가 생각과 감정이 용서하는 마음으로 향하는 토대가 마련된다. 만약 공감이 없다면 피해자가 모든 사실을 다 파악한다 해도 이 말밖에는 달리 할 말이 없을 것이다. "그자가 내게 저지른 일은 그 어떤 사실로도 이해할 수 없어!" 당연히 그럴 수밖에 없다.

하지만 용서하는 마음을 통해 피해자는 가해자의 마음속으로 들어가봄으로써 상황을 종합적으로 바라볼 수 있게 된다. 그 과정에서 두려움과 역겨움을 느끼기도 하겠지만 이를 감수할 인지적·정서적·영적 능력이 없다면, 아울러 얼마간의 도덕적 용기와 배짱이 없다면 용서하는 마음과는 거리가 멀어지게 된다.

용서하는 마음속에는 정의감과 미래지향성, 믿음 그리고 공감을 통해 가해자가 들어올 공간이 생긴다. 모든 용서는 이 네 가지 측면을 다 같이 포함하지만 상황과 조건에 따라 그 느낌과 정도는 각기 다르다. 그중 한 가지가 피해자의 품성과 인격이다.

완벽하고 균형 있는 품성과 인격을 갖춘 사람은 드물지만 이는 별로 중요한 문제가 아니다. 정의감, 미래지향성, 믿음, 공감이라는 네 가지 자질은 최고 경지에 다다라야 할 목표가 아니라 늘 바라보고 노력해야 하는 지향점이기 때문이다. 따라서 이 네 자질을 결여하면 용서 자체가 불가능해진다는 측면에 초점을 맞춰야 한다. 우선 첫째, 정의감을 결여하면 불의를 외면하거나 묵인하게 되므로 용서의 필요성조차 사라진다. 둘째, 미래지향성을 결여하면 과거에 갇히게 되므로 용서보다는 처벌이나 복수에 집착한다. 셋째, 믿음을 결여하면 불의가 극복되리라는 희망이 없으므로 용서할 이유도 희박해진다. 넷째, 공감을 결여하면 아무런 설명이나 해명을 얻지 못하므로 용서 여부를 판단할 근거를 잃는다.

정의, 미래지향성, 믿음 모두 중요하지만 가장 기본적인 자질은 공감이다. 피해자와 가해자라는 대척점에 서면 보복적 정의만 생각하느라 용서가 끼어들 여지가 없다. 그러나 보편적 인간의 입장에서 공감하면 적의에 찬 수동적 피해자에 머무르기보다 인지적·정서적·영적으로 자유로운 인간으로 거듭나게 된다. 가해자의 참회보다 피해자의 공감이 더 중요한 이유가 여기에 있다.

12장 / 현자의 선물

지금까지의 고찰을 바탕으로 용서에 관해 내릴 수 있는 결론은 "용서란 과연 무엇인가?" "어떻게 용서할 것인가?"라는 질문에 한마디로 요약할 정답은 없다는 것이다. 용서라는 말의 의미가 본래 광범위한 탓에 그 실질적 적용을 한정지어 말하기 어렵기 때문이다. 이미 언급했듯이 우리가 생각하는 이상적이며 완전한 용서라는 것도 거의 찾아보기 힘들다. 용서는 대개 불완전하며 그 자체로 엄청난 정신적 도전이다. 때문에 불완전한 용서라도 용서하는 마음의 충분한 징표가 될 수 있다.

맨 처음 이 연구의 계기가 되었던 질문으로 다시 돌아가보자. "심각한 상처로 인한 엄청난 고통 속에서도 증오와 비통, 복수를 뿌리치려 애쓰는 피해자를 우리가 어떻게 하면 도울 수 있을까?" "용서가 아직 지평선 아래에 가려진 어둡고 막막한 상처의 황무지에서 홀로 길을 잃고 헤매는 피해자에게 우리가 과연 어떤 도움을 줄 수 있을까?"

생각만으로도 이 질문이 부담스러울지 모른다. 전문 카운슬러나 심리치료사가 아닌 이상 도저히 감당하기 어려운 일이라며 대부분은 몸을 사릴 것이다. 그러나 현실적으로 최선의 도움은 전문가로부터 나오는 것이 아니다. 그보다는 피해자 곁에 함께 있어줄 사람, 사려 깊은 마음을 가진 길동무로부터 나온다. 이 자질은 특별한 소수의 전유물이 아니라 많은 사람들에게 이미 내재된 것이다. 그런데도 막상 용서의 여정에 있는 누군가를 동행할 때 그 자질이 구체적으로 떠오르질 않아 애를 먹기도 한다. 그런 측면에서 이제라도 그 자질을 명명하고 반추해보고자 한다.

내가 찾아낸 세 가지는 실제 피해자를 보살피고 도와야 할 경우에 가장 필수적인 자질이다. 이 자질을 동방박사가 아기예수에게 바친 황금, 몰약, 유향이라는 세 가지 선물로 표현한 이유는 우선 우리 마음속에 잘 새겨두기 위함이며 그 다음은 세 가지 선물이 가진 본래의 의미와 가치를 그대로 전하기 위함이다.

황금

　용서라는 도전에 직면한 사람을 도울 때 꼭 지녀야 할 첫 번째 자질은 우리가 얼마나 모르는 게 많은지를 깨닫는 지적 겸손함이다. 그런 겸손함을 갖춘 사람만이 타인의 이야기를 귀 기울여 들어줄 수 있다. 이러한 *경청*은 피해자가 최우선적으로 필요로 하는 자질이다(에릭 로맥스가 헬렌 뱀버와 그녀의 동료들에게 표했던 고마움을 떠올려보라).[1] 겸손함은 경청의 일부다. 경청은 열린 마음으로 온 힘을 다해 상대와 공감하는 일이다. 좋은 길동무는 지적인 유대감이 아닌 정서적 유대감에 관심을 쏟는다. 피해자의 감정, 마음, 영혼의 목소리 어느 하나라도 놓치지 않으려 애쓴다. 용서의 여정에서 경청은 필수불가결하다. 왜냐하면 용서는 마음 깊은 곳으로부터 우러나오는 것이기 때문이다.

　물론 우리가 경청해야 할 말이 듣기 좋거나 흥미로운 내용은 아닐 것이다. 쓰라린 고통, 불타는 증오, 깊은 슬픔, 복수의 욕망마저도 경청하지 않으면 안 되며 그러한 감정을 자연스러운 현실의 일부로 수용해야 한다. 그렇다고 경청이 감정의 부추김은 아니다. 그런 감정이 출구를 찾아 흘러나오도록 독이 서서히 빠져나오도록 돕는 일이다. 그러므로 길동무에게는 인내와 포용의 자세가 요구된다.

　이 자질은 소중한 사람을 잃은 사람, 죽음이 얼마 남지 않은 사람,

---

[1] 이 책, pp. 54-55.

고통을 겪는 사람, 실의와 절망에 빠진 사람, 배신감으로 몸부림치는 사람 모두에게 필요한 전부라고 해도 과언이 아니다. 피해자에게 가장 큰 도움을 주는 길동무는 일반적인 경청을 뛰어넘어 해당 상황에 적합한 경청을 할 수 있어야 한다.

이제까지 공감의 중요성에 대해 누누이 말해왔지만 피해자가 자신에게 돌이킬 수 없는 상처를 준 가해자의 마음속으로 들어가는 달갑지 않은 공감은 특히 더 중요하다. 치유의 고통이라는 현실을 외면하기 힘든 까닭이다. 치유의 고통 속에는 피해자 자신뿐만 아니라 가해자에게도 마음의 문을 여는 공감이 자리잡고 있다. 공감이란 피해자가 자신의 고통을 도저히 잊을 수 없는 상황에서도 가해자의 해명(변명이 아닌)과 심지어 가해자가 느끼고 있을지 모를 일말의 고통이 들어올 자리까지도 자신의 마음속에 남겨둬야 하는 일이다(물론 가해자의 반성이 진심으로 느껴진 뒤여야 가능하다). 이때 피해자의 길동무는 더 큰 도전을 떠안는 셈인지도 모른다. 왜냐하면 피해자의 괴로움은 물론 가해자의 괴로움, 거기에 피해자 가족이나 친구로서 느끼는 괴로움까지 두루 살펴야 하기 때문이다. 더구나 길동무는 피해자에게 닥친 현실이 아무리 참혹하고 고통스럽더라도 망연자실하거나 현실인식과 인간애를 잃어서도 안 된다.

좋은 길동무는 여러 갈래 감정의 여정에서 길을 잃지 않는다. 피해자와 보조를 맞추며 길을 찾아 앞으로 나아간다. 피해자와 공감하는 데서 그치지 않고 용서라는 모험에 나선 피해자의 감정적·정신적 상

카스파르 다비드 프리드리히, 두 명의 남자가 있는 저녁 풍경, 1830~1835년

좋은 길동무는 여러 갈래 감정의 여정에서 길을 잃지 않는다.
용서라는 모험에 나선 피해자 곁에서
보조를 맞추며 길을 찾아 앞으로 나아간다.

태를 고려해 속도를 조절하기도 하고, 필요할 때는 몇 걸음 뒤로 물러날 줄도 알아야 한다.

따라서 길동무가 피해자에게 바치게 될 황금은 이토록 섬세하고 다각적인 *공감 능력과 공감 의지*다. 피해자가 맞닥뜨릴 가장 큰 위험은 자신의 자아정체성에 이어 *목소리*마저 잃게 될지 모른다는 점이다. 이러한 목소리 상실은 여러 가지 징후로 표출된다. 말 그대로 완전히 입을 다무는 철저한 침묵 상태일 수도 있지만 더 큰 문제는 잔인하고 증오에 찬 가해자의 목소리를 그대로 내는 양상이다. 이는 복수의 감옥에 스스로를 가두는 일이다. 복수의 덫에 걸린 피해자를 구하기 위해 길동무가 해야 할 일은 우선 그 반대편의 목소리를 들려주는 것이다. '네가 나를 괴롭혔으니 나도 너를 똑같이 괴롭히겠다'는 마음이 아니라 '너는 나를 괴롭혔어도, 나는 너를 용서한다'는 마음을 품도록 도와야 한다. 피해자에게 실제 용서를 강요하는 것이 아니므로 여기서 가해자의 뉘우침 여부를 논할 필요는 없다. 중요한 건 마음가짐이다. 그 다음 길동무는 피해자가 자신의 자아정체성과 목소리, 자유와 창조성을 되찾을 때까지 공감어린 경청을 지속해나가야 한다. 그러다 보면 어느 순간 피해자는 상처의 황무지 가장자리에 이르게 된다. 이제 길동무는 피해자와 고통스러운 기억의 짐을 나눠지고서 피해자가 자유로움을 느낄 수 있도록 도움으로써 가해자의 마음까지 헤아려볼 방법을 함께 찾아나서야 한다.

이러한 공감이야말로 좋은 길동무가 피해자에게 건네줄 황금이다.

가치를 매길 수 없는, 영원히 변치 않는 선물이다. 그렇다면 유향과 몰약은 각각 무엇일까? 유향은 원래 신의 존재를 상기시키고 기도와 경배로 이끄는 향을 말하며, 몰약은 죽음과 고통을 다스리는 연고를 의미한다. 황금 외에 유향과 몰약도 좋은 길동무가 큰 상처를 입은 피해자에게 전해줄 귀한 선물이다.

몰약

황금과 마찬가지로 몰약이라는 선물도 여러 가지 의미를 내포한다. 잔혹범죄의 피해자는 악마가 할퀴고 간 생채기인 충격과 트라우마에 짓눌려 신음하게 된다. 절대로 일어나지 말았어야 할 일이 일어났기 때문에 그 상처가 미치는 영향은 제3자는 물론 당사자 자신의 상상 그 이상일 가능성이 높다. 지금 내 말은 가해행위가 초래한 결과가 아니라 상처를 치료하는 실질적인 문제를 논하는 것이다. 폭탄테러, 각종 폭행 그리고 수년에 걸친 학대, 고문 같은 폭력 범죄의 경우, 그로 인한 육체적·감정적 상처는 피해자의 일상을 파괴할 만큼 심대한 영향을 미친다.

아울러 길동무는 피해자의 정신적 상처라는 측면도 같이 살펴야 한다. 첫 장에서 언급한 10대 소년의 살인사건을 접한 지 얼마 후, 나는 도움을 청하기 위해 수십 킬로 떨어진 다른 신부의 처소를 찾아간 적이 있었다. 그는 내게 〈악의 유혹 The Fascination of Evil〉이라는 논문집을 권했다.[2] 당시 진지하게 읽을 기분은 아니었지만 악의 유혹이라는 제목은 상당히 관심 있게 다가왔다. 실상 악은 말 그대로 위험한 유혹을 품고 있다. 피해당사자뿐만 아니라 그 주변인에게까지 영향을 미친다. 다시 말해 극악행위의 피해자 곁에 있는 사람도 그 악의 힘에 빨려 들어갈 위험에 처한다. 그러므로 길동무는 그 악의 유혹과 마력을 잘 이해하고 있어야 한다. 특히 높은 수준의 공감 능력을 지닌 사람이라면 더더욱 유의해야 한다.

이 여정에는 가해자가 왜 그런 짓을 저질렀는지 알아나가는 과정도 포함돼 있다. 그러나 사이코패스의 경우 본인은 피해자와 절대 공감하지 못하는 반면, 피해자는 사이코패스의 마음속을 조금이나마 들여다보게 된다. 이 과정에서 사이코패스적인 사고 과정이 자칫 피해자의 머릿속으로 들어올 가능성을 완전히 배제할 수 없다. 이때 필요한 자질이 현명함과 분별력이다. 이해할 수 있는 것과 도저히 이해할 수 없는 것을 확실히 가려야 한다. 극악무도한 행동을 유발한 사고 과정과는 명확히 거리를 두어야 한다. 여기서 길을 잃고 헤맨다면 용서의 정신과는 거리가 먼 앙심과 복수의 길로 잘못 들어서고 만다. 오늘의 가해자가 어제의 피해자이기도 하다는 점을 일면 염두에 두되 언제나 자신의 미래를 잊어서는 안 된다.

---

2 Tracy, D. and Haring, H. 'The Fascination of Evil.'

언젠가 뉴욕에서 어느 신학자와 점심을 먹으며 나눴던 대화가 지금도 생생하다. 당시 우리는 폭력적인 갈등 뒤의 화해 과정에 관해 이야기했지만 주된 논점은 사실 용서였다. 그는 '빨아들이는 악'이라는 표현을 쓰며 그 힘의 의미와 위험성에 대해 열변을 토했다. 나 역시 그의 말에 깊은 동감을 표했다. 단 한 번의 나쁜 행동이 또 다른 나쁜 행동으로 이어지는 예를 수없이 봐왔기 때문이다. 또 남의 악행을 방관하다 어느새 우리가 그 행동의 주체가 돼버리는 경우도 허다하다. 가령 누군가 내게 무례하게 굴면 나도 그 사람에게 예의를 갖추지 않게 된다. 이는 사람을 대하는 존중심 자체를 떨어뜨려 또 다른 사람을 향한 무례한 행동으로 이어진다. 내게서 그런 대접을 받은 사람은 다시 다른 사람에게 함부로 군다. 지금 든 예는 단지 말로만 빚어지는 연쇄반응이지만 물리적 폭력으로 치환해도 전혀 다르지 않은 결과가 빚어진다. 선행이 선행을 낳는다는 속담을 뒤집어볼 때, 한쪽이 폭력을 휘두르면 다른 한쪽은 또 다른 폭력인 복수를 당연시 생각하게 된다는 것이다.

'복수復讐, retaliation'는 "눈에는 눈, 이에는 이"라는 복수법復讐法, lex talionis에서 유래된 말이다.³ 원래 이 법은 설욕과 앙갚음이라는 사고방식이 팽배한 상황에서 폭력의 확산을 조금이라도 저지하기 위한 취지에서 도입됐다. 그러므로 "눈에는 오직 눈, 이에는 오직 이."라는 뜻

---

3 탈출기 21.24; 레위기 24.20; 신명기 19.21.

이다. 하지만 이는 폭력의 시작에 불과하다. 이러 식의 법으로는 결코 용서를 떠올릴 수 없다. 용서하는 사람은 눈앞의 복수만 보지 않는다. 관용의 정신으로 그 너머를 바라본다. 그럼에도 불구하고 이 법이 용서보다 쉬운 선택이 되는 까닭은 악에 대처해 적어도 확실한 무언가를 한다는 생각 때문이다. 그렇지만 악은 사라지는 것이 아니라 다른 곳으로 이동할 뿐이다. 아니, 도리어 처음으로 되돌아간다. "발신자에게 반송." 이것이 바로 복수라는 편지봉투에 적힌 메시지다.

용서는 이와 다르다. 용서는 모든 폭력행위 뒤에 숨은 악을 어떻게든 '흡수해 중화한 다음 변모시킨다.' 방금 언급한 신학자와의 점심 대화에서 내가 가장 인상 깊게 깨달았던 포인트는 인간은 자신을 향해 던져진 악을 그렇게(악을 흡수해 중화한 다음 변모시키는 것) 다룰 능력이 있다는 믿음이다. 피해자가 그렇게 할 수 있도록 곁에서 돕는 일은 정말로 어렵지만 그만큼 중요하다. 확실히 위험부담도 따른다. 그렇다고 포기해서는 안 된다. 포기는 더 큰 위험을 초래하기 때문이다.

몰약은 고통, 암묵적으로는 그 고통을 초래한 악의 근원 그리고 죽음을 지칭한다. 피해자가 헤쳐나갈 험로에 가로놓인 죽음은 두 가지 의미를 품고 있다. 우리는 종종 죽음을 있는 그대로의 사실로만 표현한다. "흉악범죄에 희생된 피해자 가족 또는 살인 사건으로 가족을 잃은 사람"이라고. 그러나 실제로 이런 일을 당한 사람에게는 죽음의 그늘이 깊게 드리워져 있다. 사별만으로도 가슴이 찢어지는 아픔인데 하물며 살인사건에 의한 사별이라면 그 고통은 오죽하겠는가. 길동무는 피해자의 아픔을 달래고 함께 나누며 피해자 스스로 상실감과 공허감을 서서히 극복해나가도록 도와야 한다.

한편 자칫 소홀하기 쉬운 또 다른 피해자는 죽음을 모면하고 살아남은 사람들이다. 그들은 만만치 않은 충격의 여파로 심신이 피폐해진 상태에서 그 사건이 자신들의 *나머지 삶 전체*에 지속적으로 영향을 미치리라는 강박을 떨쳐내지 못한다. 끔찍한 일을 당한 후의 '종결'이란 대부분 비현실적인 희망일 뿐이다. 피해자의 마음속에는 당시의 고통이 생생하고 끈질긴 기억으로 남아 있게 마련이다. 따라서 길동무는 고통이 쉽사리 종결되지 않는 현실을 있는 그대로 직시해야 한다.

어떤 사람들은 용서한다 해도 결코 극복되지 않을 거라고 말하고, 또 어떤 사람들은 완전히 용서하고 과감하게 앞으로 나아가라고 말한다. 좋은 길동무가 되고자 한다면 그러한 문제에 대해 이러쿵저러쿵 함부로 단언하기보다 끔찍한 일을 당한 후 공황상태에서 허덕이는 피해자들로서는 미래를 생각할 여력마저 없다는 인식부터 지녀야 한다. 참담한 현실과 견딜 수 없는 심신의 고통은 시야를 한없이 좁아지게 만든다. 설령 미래를 떠올린다 해도 암울하고 적막한 현재 상태의 연장으로만 여겨질 것이다. 지평선과 맞닿은 상처의 황무지는 아무리 걷고 걸어도 끝날 길 없는 막막한 곳으로만 보일 것이다. 그럴수록 피해자 곁의 길동무에게 필요한 건 신중함과 인내심이다.

긍정적인 미래지향성은 용서하는 마음의 중요한 자질이다. 피해자가 상상할 수 있는 미래는 아무런 희망도 보이지 않는, 두려움과 절망만이 가득한 곳이다. 이런 상태에서 용서가 미래를 조금이라도 견딜 만하게 해준다는 말은 오히려 몰인정한 심지어 모욕적이기까지 한 언사로 간주될 수 있다. T.S. 엘리엇Thomas Stearns Eliot은 자신의 시 〈노후화老朽化, Gerontion〉(19세기를 살아온 노인의 눈으로 제1차 세계대전 후 유럽에 대한 인상과 의견을 담은 독백형식의 시로 1920년에 발표됨. —옮긴이)에서 "전술한 견문을 그토록 하였으니, 어떤 용서를After such knowledge, what forgiveness?"라고 썼다. 참혹한 일을 겪은 피해자들도 대부분 이같은 반응을 보인다.[4] 길동무는 용서가 어떤 피해자에게는 가능할지 모르지만, 또 어떤 피해자에게는 전혀 가능하지도 바람직하지도 않은 일로 받아들여질 수 있음을 깨달아야 한다. 어쩌면 그들에게 용서는 아예 상상조차 할 수 없는 일인지도 모른다. 그러므로 섣부른 시기에 서투른 방법으로 용서를 제안하는 것은 아무런 도움이 되질 않는다.

자크 데리다의 불가해한 역설(데리다는 이를 '아포리아aporia'(명제에 대해 증거와 반증이 동시에 존재하므로 그 진실성을 확립하기 어려운 상태. —옮긴이)라고 지칭했다)은 피해자보다는 오히려 길동무가 기억해둘 만한 글귀다. "용서는 용서할 수 없는 것만 용서한다. 용서는 할 수도 없고 해서도 안 된다. 오직 용서만 있을 뿐이다. 있다 해도 용서할 수 없는

---

[4] 미래의 가능성에 대한 고민 또는 '사후(事後)'의 중요한 의미를 깊이 있게 다룬 내용으로는 다음 논문집 참조. David Patterson & John K. Roth(eds.), *After-Words: Post-Holocaust Struggles with Forgiveness, Reconciliation, Justice*.

것이 있을 때만 있다."⁵ 피해자가 스스로 "미쳐가고 있다."고 느낄 때도 있을 것이다. 자크 데리다는 "용서는 미친 짓"이라고 말했다. "실제적 상황을 넘어선, 상상을 뛰어넘는, 창조적인, 예상 밖의 것"이라는 의미다. 단번에 포착하기는 어려운 개념이지만 이 '조언'이 차라리 니체의 "나를 죽이지 못하는 것은 나를 더욱 강하게 한다."라는 격언보다는 훨씬 더 나은 도움이 되리라 생각한다.⁶ 상처로부터 무언가 긍정적인 이점을 피해자에게 억지로 찾아주려 하기보다 피해자가 먼저 길을 나설 수 있게 해주는 편이 현명한 길동무의 태도다.

그렇다면 몰약과 죽음은 어떤 관계가 있을까? 삶의 종말로 다가올 죽음과 지금 현재 상상력의 한계 사이에 존재하는 기간을 길동무도 함께 견뎌야 할지 모른다. 그 기간은 길면 수십년이 될 테지만 피해자에게는 아마 블랙홀과도 같을 것이다. 이미 언급했듯이 인내심은 공감과 경청의 선물인 황금의 소중한 일부다. 반면 몰약이라는 선물에는 타이밍이 중요하다. 2장에서 언급한 메리 폴리도 딸이 칼에 찔려 죽고 난 후 한 동안은 용서가 도저히 엄두도 나지 않는 일이었다고 말했다.⁷ 그런데도 그녀의 사례가 용서 이야기로 남은 것은 마음에서 우러나온 용서였기 때문이다.

용서는 결코 억지로 할 수 있는 일이 아니다. 용서의 참뜻이 사라져

---

5 Derrida, J. *On Cosmopolitanism and Forgiveness*, pp. 32–33.
6 이 책, p. 43.
7 http://theforgivenessproject.com/stories/mary-foley-england/.

버린다. 피해자에게 용서를 종용해서도 안 된다. 피해자를 더 괴롭히는 일이 된다. 길동무는 나름대로 상황에 맞는 조언을 한답시고 자의적 판단을 강요하거나 생각 없는 질문들을 쏟아내는 사람들로부터 피해자를 멀리 떨어뜨려놓아야 한다. 겉으론 동정을 가장하지만 속으론 이해와 관심이 결여된 사람들로부터 피해자를 보호해야 한다. 좋은 길동무는 공감어린 경청자이자 주의 깊은 문지기여야 한다. 제대로 경청할 줄 모르는 사람들 그리고 아무리 좋은 뜻을 가진 조언이라 해도 그 조언을 강요하려드는 사람들로부터 피해자를 차단시켜야 한다.

용서를 설교하듯 권하는 사람은 피해자에게 절대 좋은 길동무가 될 수 없다. 좋은 길동무는 '불가능하지만 절박한 용서'라는 치유의 고통을 피해자와 같이 진심으로 공감해주는 사람이다. 길고긴 여정을 견딜 수 있을 만큼 지치지 않는 정신력을 가진 사람이다. 조지 허버트 George Herbert(17세기 영국의 목사이자 시인. ─옮긴이)의 "하지만 무엇보다도 마음은 가장 긴 구간을 견뎌내지 않으면 안 된다(But above all, the heart must bear the longest part)."라는 글귀의 진실을 깊이 있게 헤아릴 줄 아는 사람이다. 용서는 목적지 있는 여정이 아닌, 모험이다. 용서는 정신이다. 그러므로 좋은 길동무는 *정신적 길잡이*다.

유향

　유향은 신의 존재를 상기시키는 선물이다. 이 향을 가져온 길동무는 피해자가 마음을 열고 소위 '하느님의 차원'으로 다가갈 수 있도록 도와야 한다. 그렇다고 해서 반드시 매 상황에 하느님을 끌어들이라는 뜻이 아니다. 피해자에게 굳이 하느님을 소개하지 않아도 된다는 의미다. 왜냐하면 피해자는 이미 가난한 자, 약한 자, 어린 아이들과 더불어 하느님의 특별한 친구이기 때문이다. 물론 피해자가 하느님과 하느님의 관여를 늘 상기하며 마음의 안정을 찾는 일은 중요하다. 다만 이 향을 가져오는 길동무가 해야 할 첫 번째 일은 피해자가 신이 아니라는 사실을 상기시키는 것이다. 이상하고 가혹하게 들리지 모르겠지만 이것이야말로 올바른 삶의 제1원칙이다. 내가 신이 아니라는 인식은 겸손의 미덕에 있어 가장 핵심적인 요소다.

　어떤 사람들은 "피해자만이 용서할 수 있다."고 말한다(17세기 영국의 시인이자 극작가, 평론가였던 존 드라이든John Dryden은 "용서는 상처받은 자의 것이다."라고 말했다). 사이먼 비젠탈의 책 《해바라기》의 후속 심포지엄에 몇몇 기고자들이 논지를 펴기도 했던 이 같은 시각은 유대교 가르침의 한 특징이기도 하다. 하지만 다른 사람을 죽음에 이르게 해놓고 용서를 구하는 자에게 이 말은 오해의 소지가 다분하다. 피해자의 길동무는 죽음을 모면하고 살아남은 생존자 또는 사랑하는 가족을 잃은 유족이 이 말을 액면 그대로 받아들이게 해서는 안 된다. 이는 피해자가 아닌 가해자에 대한 메시지다. 또한 하느님께 속한 힘을 피해자가 갖고 있다거나 가질 수 있다는 의미로 잘못 받아들여져서도 안 된다. 피해자가 할 수 있는 용서는 신의 용서와는 본질적으로 다르다. 신의 용서는 피해자로서의 용서가 아니다. 정의와 진실, 평화와 자비가 완전한 균형을 이루고 모두가 참다운 사랑 속에서 살아가는, 하느님 나라의 도래를 향한 모든 기운의 근원으로서의 용서다. 하느님은 진심으로 회개하는 자들을 용서하신다. 회개는 스스로를 하느님의 목적과 뜻, 기운에 맞춰가려는 노력이기 때문이다. 하느님의 용서는 즉각적이다. 그러므로 행해져야 할 모든 일은 우리를 사랑하시는 하느님의 마음 안이 아니라 회개하는 우리의 마음 안에 있다. 그러나 하느님의 본성, 사랑, 목적, 계획에 자신을 완전히 맞춘다는 것은 인간으로서 지극히 어려운 일이므로 하느님의 용서가 현실에서 즉각적으로 실현될 잠재성은 거의 없다.

따라서 문제는 피해자와 가해자 간 용서다. 여기서 가해자에게 필요한 변화는 '뉘우침'뿐인데 반해, 피해자 내면의 변화인 용서는 피해자의 정신, 감정, 마음, 영혼 어쩌면 존재 전부를 쏟아 붓게 만드는 어렵고 지속적이며 상당한 시간을 요하는 일이다. 게다가 용서는 가해자의 '뉘우침'에서 비롯될 수 있지만 꼭 그렇지 않을 수도 있다.

이 시점에서 길동무는 피해자가 가해자에게 어떠한 태도를 취하더라도 그것이 법적 판단과 신의 심판 양쪽 모두의 의미에서 가해자의 유무죄에 대한 최종판결이 아니라는 점을 피해자가 깨닫도록 도와야 한다. 고든 윌슨도 에니스킬렌 폭탄테러범들의 유무죄는 신이 심판할 문제라며 스스로 마음을 비우는 태도를 보였다. 그러한 열린 마음("나는 앙심을 품고 있지 않다. 아무런 원한도 없다.")이 그가 용서하는 마음을 지니는 데 일조했으리라.

대부분의 피해자들은 악화일로의 고통 속에서 '용서하는 태도'을 갖는 데 강하게 반발한다. 그런 쪽으로 한 발짝이라도 내디딜 경우 가해자를 아무런 처벌도 받지 않는 자유의 몸으로 풀어주는 게 아닐까 우려하기 때문이다. 여기서 아무리 강조해도 지나치지 않을 중요한 사실은 사면은 국가에, 면죄선언은 하느님께 귀속돼 있다는 점이다. 피해자의 선택권은 복수나 관용 또는 용서뿐이다. 이를 직시해야만 지혜로운 용서의 길이 좀더 명확해진다. 진정한 용서는 결코 강요돼서는 안 된다. 용서는 자유와 삶, 정신 그 자체이기 때문이다.

유대교의 가르침 중에 만약 네가 이웃에 해를 끼치고 나서 이를테면 그들의 물건을 훔치고 나서 그 이웃이 아닌 신께 용서를 구하는 것은 사리에 맞지 않은 행동이라는 말이 있다. 선명한 요지를 담은 이 예는 기독교의 가르침과도 배치되지 않는다. 이 말은 다시 이렇게도 해석할 수 있다. 만약 네가 이웃의 물건을 훔치고 난 뒤 훔친 물건을 되돌려줄 마음이 없다면 그 이웃에게 찾아가서 반성을 표하고 용서를 구해도 아무런 소용이 없다. 가해자의 반성만으로 충분치 않음을 보여주는 이 사례는 절도와 같이 비교적 낮은 단계의 상처에 해당한다. 높은 단계의 상처일 경우 전혀 다른 논리를 적용해야 한다. 왜냐하면 자식이 유괴, 살해당했거나 본인이나 가족이 강간, 폭행을 당한 경우는 무엇으로도 보상받을 수 없고 다시는 돌이킬 수도 없는 피해이기 때문이다. 갚을 길 없는 빚이다. 궁극적으로 용서가 정의보다 어렵고 중요한 까닭이 여기에 있다.

되짚어보기

피해자가 비로소 용서의 길로 나설 때 몇 가지 선물을 가져다줄 누군가의 도움이 필요하다. 나는 그 선물을 세 명의 동방박사가 아기예수에게 바친 예물들의 이름으로 표현했다. 우선 첫째는 공감과 인내심을 갖춘 경청이라는 황금이다. 그 다음은 악의 유혹을 끝까지 견뎌낼 정신적 강인함과 고통과 죽음 앞에서도 굴하지 않을 자신감으로 미래를 두려움 없이 긍정적으로 가슴에 품도록 만드는 몰약이다. 그리고 마지막은 신의 용서와 인간의 용서의 차이를 알게 하고 반성과 후회, 보상이 적용될 만한 상황이 각기 다름을 인식하도록 돕는 유향이다.

무엇보다도 중요한 사실은 피해자가 단정적이고 최종적인 면죄선언 방식으로 용서할 수 없음을 잘 알고 있어야 한다는 점이다. 그러한 용서는 죄악의 모든 흔적을 완전히 닦아낼 능력을 가진 신만이 할 수 있다. 그런 힘을 인간은 결코 행사할 수 없다. 분노와 증오에 휩싸인 피해자에게는 가해자를 지옥에 빠뜨리고 싶은 욕구가 더 클지 모른다. 신이 죄악을 아예 뿌리뽑을 수 없다면 신조차 그런 힘을 행사할 수 없다고 항변하며 마음속에 분개와 원한을 담고 살아갈지 모른다. 하지만 거기에 온 힘을 쏟느라 치러야 할 대가는 너무나 크다. 가해자를 지옥 속에 영원히 가두기 위해서는 그와 함께 묶인 자신도 그곳에 영원히 머물러야 하기 때문이다.

이 점이 바로 극악무도한 범죄 피해자들이 더 비극적일 수밖에 없는 이유이며 또한 이들에게 용서가 더 절박한 문제가 될 수밖에 없는 이유다. 서로에게 이방인이었던 두 사람이 범죄와 그 범죄의 결과로 인해 가해자와 피해자로 어쩔 수 없이 묶여 있을 때 그 끈을 끊어낼 유일한 방법은 피해자의 용서다.

그래서 용서는 어떤 의미에서 보면 높은 경지의 자기이익이다. 용서를 통해 가해자에게 묶여있던 족쇄와 피해자라는 굴레에서 풀려나올 수 있기 때문이다. 줄곧 혼동되는 용서와 화해의 차이를 여기에서 찾을 수 있다. 용서가 비극적인 연결 상태를 끊는 것인 반면, 화해는 단절된 상태를 다시 잇는 일이다. 그렇지만 진정한 용서는 결코 자기이익을 추구하는 데서 나오지 않는다. 달갑지 않은 공감을 거쳐 내 안의 감옥 문을 열고 피해자로서의 나를 내어주는 모험으로부터 나온다. 피해자로서의 나를 내어주는 대신 치유의 강물에서 얻을 수 있는 건 바로 승리자로서의 나다.

가족, 친구, 종교인, 카운슬러, 선생님, 사회사업가, 이웃, 어느 누구든 길동무의 소명은 피해자에게 꼭 필요한 선물을 전함으로써 피해자를 바로 이 전환의 길로 이끄는 일이다. 길동무로부터 세 가지 귀한 선물을 건네받은 피해자는 상처의 황무지에서 치유의 고통이라는 강물을 건너 새로운 땅으로 나아가는 '관대하고 창조적인 모험'을 슬기롭고 꿋꿋하게 헤쳐갈 수 있게 될 것이다. 그리고 마침내 도착한 새로운 땅은 더 이상 피해자가 아닌 용서하는 마음을 가진 이의 손길로 어느새 다시 새 생명과 사랑이 움트게 될 것이다.

| 역자후기 |

이 책을 번역하면서 그동안 스쳐갔던 온갖 영상, 책, 기사들이 한꺼번에 눈앞에 어른거렸다. 이창동 감독의 〈밀양〉과 이정향 감독의 〈오늘〉부터 작가 자신의 경험과 고뇌가 담긴 한수산의 《용서를 위하여》, KBS 다큐멘터리를 책으로 엮은 《마음》, 학교폭력의 피해자와 가해자의 심리를 생생하게 다룬 연극 하타사와 세이고畑澤聖悟의 〈니 부모 얼굴이 보고 싶다〉 그리고 TV 뉴스와 신문 사회면을 가득 메운 살인, 성폭행, 집단따돌림 같은 각종 폭력 사건 기사, 종군위안부(본질을 왜곡한 잘못된 용어이기 때문에 일본군 성노예라는 표현이 더 적합하다는 지적이 있다) 할머니들의 수요 집회와 한일 과거사까지…….

영화 속에서 자식을 잃은 엄마는 하느님께 이미 다 용서받았다고 주장하는 유괴살인범에게 더 이상 할 말을 잃은 채 삶을 포기하려 하고, 애인을 잃은 여성은 자신의 용서가 뜻하지 않은 또 다른 살인을 불러왔다는 사실에 절규하며 자살을 기도한다. 왕따로 인한 자살 사건을 다룬 연극 속에서는 죄의식마저 없는 가해학생들, 자식의 앞날을 내세워 발뺌하려는 부모들, 감추고 덮기에만 급급한 학교당국에 의해 말 없는 희생자는 성격이상자로 낙인찍히고 남은 가족은 더 큰 상처를 입는다.

하물며 악의적인 학교폭력이나 대상을 가리지 않는 무자비한 성폭력, 그 어디에도 억울함을 호소할 길 없는 소위 '묻지마 범죄' 같은 충격적인 사건을 겪은 피해자들의 마음은 직접 경험해보지 못한 사람으로선 결코 헤아릴 수 없는, 아니 감히 말조차 꺼낼 수도 없는 고통일 것이다. 한순간에 삶의 궤도를 뒤엎어버린 엄청난 일을 당한 사람들, 어느 날 갑자기 상처의 황무지에 떠밀려 들어가 용서할 힘마저 잃어버리게 된 피해자들, 증오감에 몸부림치고 죄의식으로 자책하는 이중적인 고통을 겪는 사람들이 그 깊은 상처를 어떻게 극복할 수 있을까?

저자도 말했듯이 단지 복수의 문제라면 계획대로 실행하면 그만이다. 인과응보의 문제라면 적절한 처벌을 가하면 될 일이다. 인내의 문제라면 참고 견디기만 하면 된다. 하지만 용서는 끊임없는 내적 갈등의 긴장상태와 결부된다. 이 책에 언급된 연극 〈고곤의 선물〉에 나오는 헬렌의 대사처럼 "창자까지 딸려나오지 않게 하면서 내 몸 깊숙이 박힌 창을 스스로 뽑아내는 일"이다. 그래서 저자는 용서를 '고통'이라 말했다. 이 책은 '용서의 기술'이나 '용서 치유' 또는 '종교적 신념으로서의 용서'에 관한 내용이 아니다. 오히려 저자는 '용서 부추기기'나

'용서자 신드롬'을 경계해야 한다고 주장한다. 대신 복수와 정의의 문제를 던져놓고 독자가 자신의 내면을 응시함으로써 용서에 관한 성찰을 이끌어내도록 유도한다.

이 책에는 여러 실제 사례들이 등장한다. 제2차 세계대전 당시 포로수용소 고문 피해자, 홀로코스트 생존자, 남아프리카공화국의 아파르트헤이트 피해자, IRA 폭탄테러로 눈앞에서 딸을 잃은 아빠, 증오범죄로 아들을 잃은 엄마, 성폭행 살인사건으로 여동생을 잃은 언니, 강도 살인사건으로 하루아침에 일가족을 잃은 가장의 이야기들은 쉽사리 접근하기 어려운 '용서'라는 무거운 주제에 읽는 이의 관심을 깊이 끌어당김과 동시에 용서가 어떤 하나의 과정이나 전형으로 일반화될 수 없는 복잡 미묘한 문제임을 상기시킨다. 아울러 저자는 용서를 '창조성'과 '모험'이라는 단어와 연결시키는 한편, 용서를 거부한 사례 제시를 통해 용서의 한계를 보여줌으로써 용서가 자칫 '완성'이나 '종결'의 의미로 혹은 '의무'로 잘못 받아들여질 위험성을 일깨운다.

솔직히 처음 이 책을 검토하면서 곳곳에 언급된 성서 내용으로 인해 특정 종교에 치우친 책이 아닌가 하는 인상을 받았었다. 물론 저자가 신부님이라는 점을 감안하더라도 성경의 예화들을 차례로 짚어가며 설명한 4장과 7장이 (번역자인 나와 같은) 비신자들 또는 타종교 신자들에게 혹여 거리감을 주지 않을까 하는 우려도 없지 않았다. 하지만 신의 용서와 인간의 용서 간 차이를 설명한 4장과 용서하는 마음과 용서의 정신을 강조한 7장을 찬찬히 읽어본 결과, 정작 그 내용은 용서를 종교적 신조나 의무로 간주해서는 안 된다는 것이 주된 골자였다. 번역작업을 계속해나갈수록 전체적으로 볼 때 이 책은 특정 종교의 신앙적 메시지를 전하는 종교서라기보다, 용서라는 보편적 주제에 관한 인지적·심리적·영적 고찰을 종합적으로 담아낸 인문서라는 결론에 가까워지게 되었다.

아무쪼록 저자의 진지한 의도가 내 부족한 번역을 작은 징검다리 삼아 피해자들의 마음뿐만 아니라 가해자들의 마음에도 가닿기를 간절히 바랄 뿐이다. '용서라는 고통'이라는 제목만 보면 피해자들에게 초점을 맞춘 책으로 여겨지기 쉽지만 이 책이 피해자들에게는 조금이나마 위로와 힘을, 그리고 가해자들에게는 반성과 성찰을 가져다주길, 또한 크건 작건 누군가로부터 상처를 입은 피해자임과 동시에 또 다른 누군가에게 상처를 준 가해자일 수도 있는 우리 모두에게 이 책이 자신의 마음을 비춰볼 수 있는 거울이자 차분히 곱씹어볼 만한 쓴 약이 돼주길 빌며 이 글을 마친다.

계사년 초여름에, 송연수

| 참고문헌 |

Alison, J. *On Being Liked* (London: DLT, 2003).
Arendt, H. *The Human Condition* (Chicago: University of Chicago Press, 1958).
Bash, A. *Forgiveness and Christian Ethics* (Cambridge: Cambridge University Press, 2007).
Bash, A. *Just Forgiveness Exploring the Bible, Weighing the Issues* (London: SPCK, 2011).
Bishop, B. '"The Visage of Offence": A Psychoanalytic View of Forgiveness and Repentance in Shakespeare's Plays,' *British Journal of Psychotherapy* 23(1): 2006, pp. 27-36.
Bloch-Schulman and White, D. (eds) *Forgiveness: Probing the Boundaries* (Oxford: Interdisciplinary Press, 2009).
Brudholm, T. *Resentment's Virtue: Jean Amery and the Refusal to Forgive* (Philadelphia: Temple University Press, 2008).
Butler, J. *Butler's Fifteen Sermons Preached at the Rolls Chapel and a Dissertation on the Nature of Virtue* (London: SPCK, 1970).
Cassidy, S. *Audacity to Believe* (London: DLT, 1992).
Cavanaugh, W. T. *Torture and Eucharist* (Oxford: Blackwell, 1998).
Davidson, M. *Sorry: The Hardest Word and How to Use It* (London: Constable, 2010).
Derrida, J. *On Cosmopolitanism and Forgiveness*, trans M. Dooley and M. Hughes (New York: Routledge, 2001).
Dorfman, A. *Death and the Maiden* (London: Nick Hern Books, 1992).

Flanigan, B. *Forgiving the Unforgivable: Overcoming the Bitter Legacy of Intimate Wounds* (New York: Macmillan, 1992).

Garrard, E. and McNaughton, D. *Forgiveness* (Durham: Acumen, 2010).

Gobodo-Madikizela, P. *A Human Being Died That Night: A South African Story of Forgiveness* (New York: Houghton Mifflin Company, 2003).

Gobodo-Madikizela, P. and Van Der Merwe, C. (eds) *Memory, Narrative and Forgiveness: Perspectives on the Unfinished Journeys of the Past* (Newcastle: Cambridge Scholars Publishing, 2009).

Griswold, C. L. *Forgiveness: A Philosophical Analysis* (Cambridge: Cambridge University Press, 2007).

Haber, J. G. *Forgiveness* (Savage, MD: Rowman and Littlefield 1991).

Holloway, R. *On Forgiveness* (Edinburgh: Canongate, 2002).

Jones, L. G. *Embodying Forgiveness: A Theological Analysis* (Grand Rapids, MI: Eerdmans, 1995).

Kolnai, A. 'Forgiveness' *Proceedings of the Aristotelian Society* 74, 1973-1974, pp. 91-106.

Kraybill, D. B., Nolt, S. M. Weaver-Zercher D. L. *Amish Grace: How Forgiveness Transcends Tragedy* (San Francisco, CA: Jossey Bass, 2007).

Lamb, S. and Murphy, J. G. (eds) *Before Forgiving: Cautionary Views of Forgiveness in Psychotherapy* (Oxford: Oxford University Press, 2002).

Lewis, C. S. *Mere Christianity* (London: Fontana, 1952).

Lomax, E. *The Railway Man* (London: Vintage, 1995).

McCabe, H. God, *Christ and Us* (London: Continuum, 2003).

McFadyen, A. and Sarot, M. *Forgiveness and Truth: Explorations in Contemporary Theology* (Edinburgh: T & T Clark, 2001).

Mackintosh, H. R. *The Christian Experience of Forgiveness* (London: Nisbet, 1927).

Minow, M. *Between Vengeance and Forgiveness: Facing History after Genocide and Mass Violence* (Boston, MA: Beacon Press, 1998).

Nouwen, H. J. M. *The Return of the Prodigal Son: A Story of Homecoming* (New York: Doubleday, 1992).

Nussbaum, M. C. *Upheavals of Thought: The Intelligence of Emotions* (Cambridge: Cambridge University Press, 2001).

Partington, M. *Salvaging the Sacred: Lucy, My Sister* (London: Quaker Books, 2004).

Partington, M. *If You Sit Very Still* (Bristol: Vala Publishing Cooperative, 2012).

Patterson, D. and Roth, J. K. *After-Words: Post-Holocaust Struggles with Forgiveness, Reconciliation, Justice* (Washington: University of Washington Press, 2004).

Patton, J. *Is Human Forgiveness Possible? A Pastoral Care Perspective* (Lima OH: Academic Renewal Press, 2003).

Robinson, M. *Gilead* (London: Virago, 2005).

Robinson, M. *Home* (London: Virago, 2008).

Sacks, J. *Covenant and Conversation: A Weekly Reading of the Jewish Bible* (London: Maggid Books, 2009).

Scott, J. *A Poetics of Forgiveness: Cultural Responses to Loss and Wrongdoing* (New York: Palgrave McMillan, 2010).

Self, D. *Struggling with Forgiveness: Stories from People and Communities* (Toronto: Path Books, 2003).

Shaffer, P. *The Gift of the Gorgon* (London: Viking, 1993).

Spencer, G. (ed.) *Forgiving and Remembering in Northern Ireland: Approaches to Conflict Resolution* (London: Continuum, 2011).

Stephenson, S. *The Long Road* (London: Methuen Drama, 2008).

Swinton, J. *Raging with Compassion: Pastoral Responses to the Problem of Evil* (Grand Rapids, MI: Eerdmanns, 2007).

Tracy, D. and Haring, H. 'The Fascination of Evil' *Concilium* Volume 1, 1998.

Tutu, D. *No Future without Forgiveness* (London: Rider, 1999).

Twenge, J. M. and Campbell, W. K. *The Narcissism Epidemic: Living in the Age of Entitlement* (New York: Free Press, 2009).

Vitz, P. C. and Meade, J. M. 'Self−forgiveness in Psychology and Psychotherapy: A Critique,' *Journal of Religious Health* 50(20): 2011, pp. 248−263.

Volf, M. *Exclusion and Embrace: A Theological Exploration of Identity, Otherness*

and Reconciliation (Nashville, TN: Abingdon, 1996).
Watts, F. and Gulliford, L. (eds) *Forgiveness in Context: Theology and Psychology in Creative Dialogue* (Edinburgh: T & T Clark, 2004).
Wiesenthal, S. *The Sunflower: On the Possibilities and Limits of Forgiveness*, 수정증보판 (New York: Schocken Books, 1998).
Williams, C. *He Came Down From Heaven and The Forgiveness of Sins* (London: Faber and Faber, 1950).
Wilson, G. and McCreary, A. *Marie* (London: Marshall Pickering, 1990).
Wright, N. T. *Evil and the Justice of God* (London: SPCK, 2006).

| 찾아보기 |

ㄱ

게슈타포 15
겟세마니 동산에서의 고뇌 175~178, 180, 194, 195
〈고곤의 선물〉 21, 312
〈고백의 기도〉 10
고든 윌슨 141~147, 149~154, 165~167, 170, 171, 307
고문 피해자 33, 48, 51, 52, 54, 313
고문 피해자 보호 의료재단 54, 56, 60, 68, 71, 72, 80
《고문과 성체성사》 52
공감의 강물 265, 266, 268, 269, 275, 276
관대한 신뢰의 모험 8, 260
그레고리 존스 120
그리스도인 9, 87, 93, 96, 97, 99, 100, 113, 191, 197, 219, 280, 282, 295
기독교 9, 10, 17, 30, 39, 96, 97, 101, 103, 113, 126, 173, 182, 195, 197, 198, 201, 202, 205, 211, 218, 242, 253, 255, 259, 280, 307
길동무 292~298, 301~306, 310
《길리아드》 192, 219, 220

ㄴ

나가세 타카시 56, 57, 59~67, 69, 71, 72, 75, 76, 80
나치 15, 72~77, 79, 80, 82, 247
남아프리카공화국 11, 12, 201, 204, 207, 209, 225, 234, 239
남을 위함 192, 193, 195
뉴욕 11, 14, 209
니체 43, 44, 303

ㄷ

데스몬드 투투 13, 201, 202, 204, 209, 210, 235, 285
데이비드 볼턴 146, 148
데이비드 클레먼츠 148, 154
되찾은 아들의 비유 87, 104~106, 192, 193, 218~220, 222

ㄹ

라이베리아 14
런던 27, 47, 125
루드비히 비트겐슈타인 18
루카 복음 87, 89, 104~106, 111, 112, 132, 175, 178, 180, 182~184, 190, 193, 221, 286
리처드 홀로웨이 13

ㅁ

마르코 복음 87, 89, 91, 111, 112, 183, 190, 286
마사 누스바움 118
마사 미노우 169, 213, 214
마이클 랩슬리 206~209
마태오 복음 86~90, 92, 93, 99, 111
〈머나먼 길〉 118, 119
메리언 파팅턴 155, 167, 168, 170, 171, 218, 263
묻지마 범죄 23, 312

ㅂ

버너딘 비숍 17
베드로 88, 92, 178, 186~189
베풀기 위함 192, 193, 195
북아일랜드 프로테스탄트 145, 147
비벌리 플래니건 44

ㅅ

사면 18, 19, 74, 76, 77, 78, 100, 103, 104, 113, 203, 205, 206, 243, 254, 273, 287, 307
사소한 상처 31~33
사이먼 비젠탈 72~82, 305
사죄경 10
상처의 황무지 38, 99, 231, 246, 248, 254, 265, 266, 268, 269, 271, 276, 282, 285, 286, 292, 296, 301, 310, 312
성 안토니우스 286
《순전한 기독교》 15
《신성의 회복》 156, 163
신의 용서 18, 103, 176, 249, 262, 272, 306, 308, 313
신학 8, 9, 17, 52, 77, 86, 125, 148, 152, 162, 175, 181, 202, 205, 211, 220, 221, 235, 253, 255, 257, 262, 272, 299, 300
실제적 상처 31, 33, 35, 260
심각한 상처 31, 33, 38, 101, 250, 273, 274, 279
심리학 8, 25, 52, 205, 215, 225, 229, 242, 243, 255, 257, 264
《십자가와 호랑이》 62, 69

ㅇ

아미쉬 공동체 85, 86, 97, 98

《아미쉬의 은총》 85
아우렐 콜나이 8, 260
아일랜드공화국군(IRA) 21, 142, 143, 165, 214, 313
아파르트헤이트 11, 209, 210, 225, 228, 234, 242, 256, 313
아페시스 103, 190
아피에미 103, 189
앤서니 배쉬 30, 32, 90, 91
에니스킬렌 폭탄테러 142, 146, 147, 150, 151, 152, 154, 307
에릭 로맥스 53~72, 75, 76, 80, 263, 293
에릭 에릭슨 25
에페소서 88, 91, 116
요한 복음 109, 186~189
《용서》 30
용서 부추기기 198, 200, 204, 211, 222, 223, 242, 272
용서 이야기 12, 19, 20, 21, 53, 54, 68~72, 74, 78, 80, 105, 106, 110, 111, 168, 170, 186, 188, 189, 209, 223, 242, 243, 281, 282, 303
용서 프로젝트 26, 54, 155, 156
〈용서받지 못한 자〉 119~121
《용서와 기독교 윤리》 30
《용서의 구현》 120
《용서의 시학》 13, 257
용서의 정신 92, 97, 113, 139, 149, 153, 170, 185, 254, 314
용서자 신드롬 216, 217, 218, 223, 224, 272, 273, 313
용서하는 마음 92~94, 96, 97, 99, 100, 102, 106, 113, 135~139, 149, 151, 154, 163, 166, 168, 170, 171, 173, 183, 195, 202, 209, 248, 251, 253, 254, 275, 282, 283, 284, 287, 288, 291, 301, 307, 310
《용서할 수 없는 일을 용서한다는 것》 44
용선 38, 39, 104
우분투 205, 234, 237
윌리엄 캐버너 52
유대인 15, 72, 74~75, 77, 79, 247
유진 드 콕 225~232, 239, 243, 246, 247, 249, 253
윤리학 8, 255, 257
인간의 용서 18, 19, 90, 103, 105, 106, 108, 111~113, 174, 183, 189, 224, 262, 264, 266, 281, 308, 313

ㅈ
자기용서 18, 19
자기인식 27, 28, 56, 68
자존감 22, 28, 46
《자아도취병》 121
자크 데리다 239, 257, 302, 303
제2차 세계대전 15, 53, 60, 61, 313
제프리 머피 128~131, 200

조셉 버틀러 125~127
죄의식 24, 34, 36, 74, 103, 227, 312
〈죽음과 소녀〉 47, 50
진 트웬지 121
진실화해위원회 11, 201, 202, 204, 206, 209, 210, 225, 226~228, 235, 240, 242
질 스코트 13, 38, 104, 162, 168, 170, 214, 237, 244, 256, 257, 261
《집》 219

ㅊ

《철도원》 53, 60, 75, 76, 80, 176
치유의 고통 9, 137, 180, 195, 268, 269, 273, 294, 304, 310

ㅋ

카리조마이 104, 188
콜로새서 88, 91, 101
키스 캠벨 121

ㅌ

태국 칸차나부리 63, 65, 68
토머스 브러돔 200, 201, 203, 204, 210, 240, 241
톰 라이트 90, 91
파괴적 상처 31~33, 42, 101, 274, 275

ㅍ

펜실베이니아 85
포로수용소 54, 62, 69, 72
품라 고보도-마디키젤라 225~227, 229, 232~235, 238, 239, 243, 244, 246, 248~250, 253, 256, 263
프레드 웨스트 로즈마리 웨스트 155, 157, 159, 160, 161, 163, 164, 167, 168, 247
프레이저 와츠 103
피터 셰퍼 21

ㅎ

한나 아렌트 13, 270
《해바라기》 72~74, 80, 82, 305
헬렌 뱀버 54, 80, 293
홀로코스트 77, 241, 313

옮긴이 송연수

고려대학교 사범대학 영어교육과를 졸업하고, 동 대학교 국제대학원에서 북미유럽 분야를 전공해 석사학위를 취득했다. 1995년부터 2005년까지 외교통상부 외교안보연구원(현 국립외교원) 아태연구부 선임연구원을 지냈다. 현재 전문번역가로 활동 중이다.

용서라는 고통

첫판 1쇄 펴낸날 2013년 6월 24일
첫판 2쇄 펴낸날 2013년 10월 1일

지은이 | 스티븐 체리
옮긴이 | 송연수
펴낸이 | 지평님
본문 조판 | 성인기획 (070)8747-9616
필름 출력 | 스크린출력센터 (02)322-4467
종이 공급 | 화인페이퍼 (031)955-0135
인쇄 | 중앙P&L (031)904-3600
제본 | 서정바인텍 (031)942-6006

펴낸곳 | 황소자리 출판사
출판등록 | 2003년 7월 4일 제2003-123호
주소 | 서울시 영등포구 양평동 5가 1-1 선유도역 1차 IS비즈타워 706호 (150-105)
대표전화 | (02)720-7542   팩시밀리 | (02)723-5467
E-mail | candide1968@hanmail.net

ⓒ 황소자리, 2013

ISBN 979-11-85093-01-7 03180

* 이 도서의 국립중앙도서관 출판시도서목록(CIP)은 서지정보유통지원시스템 홈페이지
 (http://seoji.nl.go.kr)와 국가자료공동목록시스템(http://www.nl.go.kr/kolisnet)에
 서 이용하실 수 있습니다.(CIP제어번호: CIP2013007696)

* 잘못된 책은 구입처에서 바꾸어드립니다.